吉林文化丛书

吉林文脉
传承工程

故事吉林 上

曹保明 ◎ 主编

北方妇女儿童出版社

· 长春 ·

图书在版编目（CIP）数据

故事吉林．上 / 曹保明主编．— 长春：北方妇女
儿童出版社，2023.12
（吉林文化丛书）
ISBN 978-7-5585-8163-2

Ⅰ．①故… Ⅱ．①曹… Ⅲ．①非物质文化遗产－介绍
－吉林 Ⅳ．① G127.34

中国国家版本馆 CIP 数据核字（2023）第 247809 号

故事吉林 上
GUSHI JILIN SHANG

总 策 划　于　强
出 版 人　师晓晖
策　　划　陶　然
责任编辑　刘聪聪
版式设计　长春市一行平面设计有限公司
开　　本　787mm×1092mm　1/16
印　　张　20.25
字　　数　400千字
版　　次　2023年12月第1版
印　　次　2023年12月第1次印刷
印　　刷　吉林省恒盛印刷有限公司
出　　版　北方妇女儿童出版社
发　　行　北方妇女儿童出版社
地　　址　长春市福祉大路5788号
电　　话　总编办：0431-81629600
　　　　　发行科：0431-81629633

定　　价　138.00元

《故事吉林·上》编辑委员会

主　编：曹保明

统　筹：杨昕艺

编　委：（按姓氏笔画为序）

于占忠　王立夫　吕　健　巩志强　张靖鑫

杨雪冰　梁亦璇　萨日朗　鲍　杰　解小洲

目录

目录

在吉林市龙潭乌拉古城，有一座十米多高的圆形土墩，这就是著名的百花点将台。关于这个点将台的美丽传说，至今流传在当地人的心中……

（姜山供图）

百花点将传千古

百花公主

乌拉山水有情义，人间真情爱第一。

长白山，巍峨兮，松花江水歌一曲。

千年传咏，代代延续。

百花公主，一部传奇。

这是一首流传于吉林民间的小调，说的正是"百花公主"的故事。若要追溯这位传奇女子的历史传说，则要从位于吉林市龙潭区的乌拉古城说起……传说女真族有一位巾帼不让须眉的"百花公主"，在外敌入侵时她操练兵马收复了失地，英勇非常。这位"百花公主"练兵时所筑的高台就位于乌拉古城，百姓们将其命名为"点将台"，这个故事也被称为"百花点将"。

天赐神女

"百（白）花点将台"在吉林甚至东北几乎家喻户晓。

它坐落在吉林市北 40 千米的乌拉满族镇旧街村，是一座长约 50 米、宽约 28 米、高约 10 米的土筑高台。

清康熙四十九年（1690 年）台上建三霄殿（娘娘庙），20 年后建灵官阁（圆通楼），高台四周有土筑城墙。（姜山供图）

　　这个流传悠久的故事发生在辽金时代，在松花江西岸，有一个海都国。这个部族大多是女真人，他们的国主被称为海陵王，他带领着部族的子民一直在这片水草丰美的土地间繁衍生息。

　　那是一个春末，阳光温柔地洒在山地上，天空中盘旋着凶狠的鹰隼，用锐利的目光直盯着下方飞翔的大雁。经历了漫长的寒冬，松花江面凝结的坚冰已经化开，一条条坚硬的菱形背脊划破幽蓝的水面，带出一片片翻腾的浪花，那是硕大的鲟鱼从江底上游上来透气，茂盛的芦苇荡中传来一声声"嘎，嘎，嘎"的野鸭叫声，岸边的嫩草冲破未完全融化的雪层，在黑褐色的泥土和雪白融雪之间挤出一抹抹翠绿的色彩，牛羊们或是低着头在岸边畅饮着清冽的江水，或是用坚硬的蹄子在泥土中翻找着嫩绿的草料，野马群则嘶鸣着沿着江边一路向前狂奔，"嗒嗒，嗒嗒"的马蹄声延绵不绝，坚实的马蹄把泥土从地里抠出来沾染着雪水又扬起到空中，所到之处形成一蓬蓬的水雾，站在西岸望去是一望无际的松嫩平原，天际线的边缘耸立着女真人心中的"圣山"——长白山。它的顶峰依旧戴着一顶白绒绒的帽子，但山顶往下依稀露出一抹抹深绿，这是孕育生命的色彩，是严寒之后，自然之神赐给世间万物的生存乳汁，是新生命降临的信号。

此时，生活在松花江西岸的海都国的人们也呈现出一派繁忙热闹的景象，族人们正在为国主海陵王即将出生的孩子期待和忙碌着。

这是一片白色的帐篷，外围是一圈圈的毛毡房，细数之下竟有几百个之多，而在毛毡房的内侧则是一个个洁白的帐篷，最引人注目的是被簇拥在最中间的那座高大洁白的帐篷，篷顶是一个金色的篷冠，在阳光的映衬下显得熠熠生辉，彰显着帐篷主人身份的尊贵，这正是国主海陵王的王帐。

"百（白）花点将台"兴建于何时？学术界有五种说法：

一说为：金代完颜宗弼（兀术）的三妹白花公主所建。

二说为：金代海陵王（完颜亮）之女白花为屯兵点将之用。

三说为：金太祖完颜阿骨打三女儿白花镇守洪尼（乌拉）时所建。

四说为：金代海都部贝勒三女儿白花与蒙古作战，令军民每人带一包家乡土筑成此台。

五说为：明代乌拉部始祖纳齐布录的三女儿白花守乌拉时建台点将阅兵。

但根据元代就已流传的元杂剧《百花亭》来看，第五种假设可能性较低。（姜山供图）

海陵王在王帐外紧张地来回踱步，壮硕的身材，晒成麦色的皮肤，两笔浓密的眉毛下是一双如海东青般锐利的双眸，头戴着白色的上好紫貂帽子，额上附着一块硕大的玉片，留颅后发，栎发垂肩，耳重金环，以色丝系好，身穿白色皮袄，盘领衣，左衽，窄袖口，衣领和袖袍都绣着彩色的花纹，右腰佩刀，脚着乌皮靴，此时的他神情却十分紧张。

海陵王如今正值而立之年，身强力壮，之前已经有过两个女儿但他一直想要一个儿子，以继承他的部族。

此时，王帐里的妻子正在分娩，负责接生的虽是部族里最有经验的稳婆，但帐中妻子艰难的

闷哼和稳婆的呐喊声还是传了出来。

一直跟在他旁边的将领巴力铁头上前说："国主，您大可放心，稳婆是咱们部族里最有经验的，天神这次保准能赐给您一个大胖儿子。"

巴力铁头是跟随海陵王四处征战的将领，深得信任，只见他身着袍子，

头戴盔，右手握鞭，足着长靴，盔顶附有玉片，可谓其为全副武装。

海陵王听了下属的话，抬头望天，哈哈笑道："铁头啊铁头，真希望如你吉言，天神腾格里能赐我一个儿子，不然这偌大的部族不知要交给谁啊！"

霎时间，天空一暗，乌云汇聚，雷鸣轰轰。海都国的族人们齐齐停下了手里的活计，看着天空，都以为天神发怒，便纷纷跪下磕头，向天神祈祷，祈求天神的宽恕。海陵王看到这惊人的景象也慌了神，刚想喊萨满过来问清情况，突然间，"哇"的一声婴儿啼哭，从身后的王帐里传了出来，那声啼哭清脆嘹亮，穿过厚重的帐篷顶，冲向昏暗的天空和四野，让匍匐在地的族人们心里一惊。紧接着，稳婆抱着啼哭的新生儿从王帐里走出来，边走边恭贺道："恭喜国主，是个美丽的小公主！"

海陵王这时才反应过来，接过稳婆怀里的婴儿，那婴儿又是一声啼哭，神奇的一幕发生了：天上的雷鸣间歇，乌云散去，一缕缕温暖的阳光照射下来，族人们感觉到一身温暖，而且部族的帐篷四周突然开满了一片又一片的白色花朵，连接在一起形成一汪白色的花海。海陵王和族人们都被眼前的景象震惊得说不出话来。这时，一位头戴金色帽饰和遮眼，身穿蓝、红、黄三色袍子的萨满向国主跑过来，边跑边喊道："国主，此乃天生异象，我族史上从未有过此类现象的记载，公主的诞生肯定是伴随着天神的恩赐啊！恭喜国主，天佑我族，我族大兴啊！"

在乌拉古城的核心地带，离点将台不远有处老榆树林，这榆树林至少有数百年的历史。

老榆树枝繁叶茂，树音呢喃，似乎也在向我们诉说着百花公主的一幕一幕。

芳草萋萋，清风习习。

站在点将台上，脑海中描画着那位古代奇女子的英姿，不知她手捧故土立于高台之上，彼时彼景与此时此景又有几分相似？

（姜山供图）

"乌拉"是满语"沿江"意思。这个沿江的小镇，400多年前是一个叫乌拉国的小国的都城。当时这里的繁华程度和地位，远超过现在所属的吉林市。明代中叶，女真人强大起来，当时的女真族共分为三大支系：建州女真、海西女真、野人女真。

其中海西女真部落之一的乌拉部势力逐渐强大，相继吞并了附近女真族的各个部落。乌拉部主于1562年建立起了自己的王国，并把乌拉街作为乌拉国的都城。

图为乌拉古城内城遗址轮廓，四周城墙已变成矮矮的土墙。

（姜山供图）

族人们也对萨满这番话十分信服，纷纷向着国主海陵王跪拜和恭贺："恭喜国主！我族大兴！"

海陵王此时也从惊愕中反应过来，听着萨满的祝贺，看着怀中的新生儿，越看越欢喜，口中喃喃道："看来真是天佑我族啊！哈哈哈……"

接着他用双手将婴儿举向天空，向族人们喊道："既然我女的诞生伴随着这白花绽放，那便取名白花！"族人们此时闻着空气中弥漫的花香，纷纷站起身聚拢在国主身旁，欢呼道："白花公主！白花公主！白花公主……"

高兴的族人们跳起了传统的舞蹈，此时的海都国一扫之前的恐惧，沉浸在一片欢歌笑语之中。

兵败松花江

有了白花公主之后，海陵王一门三千金，分别是金花、银花和白花。白花是老三，但白和百发音相似，也被人们称为"百花公主"。

百花自幼便显现出与姐姐们不同的独特天赋，她不像别家女子在帐篷里跟额娘绣花做饭，而是从小喜欢舞枪弄棒，好武爱武，且女真人向来尚武，"喜骑马，上下崖壁如飞"，"精射猎，每见野兽之踪能蹑而摧之，且勇悍不畏死"。海陵王见她如此，便让巴力铁头做她的老师，让族内的青年才俊陪百花一起练武，其中就包括姜海瑞。姜海瑞比百花大三岁，不仅学

14

武有天分，而且能读书识字，能说会道，自小便让百花对他暗生好感。

百花公主的尚武精神为她在部族里赢得了良好的声望，族人们都用"马上步下人人夸"来形容百花过人的武功。此时年幼的百花不知道，恰恰是自己的天赋为她日后成为"百花将军"打下了基础。

百花公主每天就在练武和陪伴家人的日子里，在阿玛和额娘的呵护下一直成长到17岁。

但好景不长，草原上还有一支强大的部族，那便是他们的邻居蒙古人。那时的蒙古大汗是成吉思汗，这是一位心比天高的人物，当时的蒙古族到达了历史最强盛的阶段，灭辽之后，兵锋直指水草肥沃的松嫩平原。在百花公主17岁的那年夏季，蒙古骑兵踏上了松花江西岸的草地。因为海都国一直与蒙古草原接壤，所以两个部族间多年来征战不断，但海都国始终是弱势的一方。这次蒙古灭了辽，海陵王知道蒙古势必不会放过接壤的海都国，所以开战前便将部族的青壮全部召集在一起，约有两万兵马抵御外敌。

开战前几天，王帐内，海陵王端坐在中间的虎皮大座上，海都国各部的将领分两列坐在他的下手处，右边的首位便是一身戎装的巴力铁头，左边的则是一个年轻的将领，他便是陪百花公主练武的姜海瑞，他在之前与蒙古的几次战斗中立下了诸多军功，俨然成了海都国未来的将星，所以能坐在仅次于巴力铁头的位置，其他将领们坐在他俩后边。此时众人都看着王座上的海陵王，海陵王已经老了，虽然厚实的貂帽戴在头上，但花白的头发还是跟着辫子露了出来，他的双眼在岁月的摧残下失去了往昔的锐

乌拉古城面积约90万平方米，由内中外三道城组成。内城中有高台，为百花公主点将台。

东西长50米，南北宽25米，高7.9米，内城呈梯形，周长786米，城墙高4米多，城的四角建有角楼，城外有护城河。

中城周长3521米，高3米。现今只剩下残垣断壁，依稀可追溯昔日的辉煌。（姜山供图）

乌拉古城的中城墙，墙上古树茂密，承载着千年历史。

（姜山供图）

利，皱纹爬满了他的脸颊和双手。他看向众位将领，说道："蒙古人派了使者过来，让我们投降，各位将军们怎么看？"

此言一出，群声鼎沸，大多是宁死不降的，其中以姜海瑞为首的青壮派最为坚定。姜海瑞上前单膝跪下，对海陵王激愤道："国主，我部素来与蒙古不和，多年来更是征战不休，两族之间的仇恨已是不死不休。若是降了，我部高于车轮的男子都会被蒙古屠杀，妇女更是会沦为奴隶。属下宁战死不愿降！"

"宁战死，不愿降！"

他身后的一众将领也单膝跪下跟着请战。

海陵王看向右手边的巴力铁头问道："铁头，你呢？"

而此时的巴力铁头看了看众人，又看向海陵王，有些犹豫地答道："虽然蒙古此次有六万大军，倍数于我，但王旗指引的方向，我必追寻。"

"好！我还以为那个热血的铁头已经老了呢。"海陵王霸气地说道。

接着海陵王下令将蒙古派来的使者斩了祭军旗，择日开战。

三日后，海都国与蒙古两军战于松花江西岸。在那一天，天空中的雄鹰早已不见，只剩下等待啃食尸体的秃鹫，芦苇荡已被战火烧毁，河流里的鳇鱼早已躲藏在江底，岸边的牛羊、野马已经绝迹，天空仿佛都被战火和鲜血染成灰红的色彩。松花江左岸。喊杀声震天，鲜血流进了松花江，把这一段的江水染成了红色，两族战士的尸体漂浮在松花江上……

百花公主被海陵王关在帐篷里，直到海陵王战败回到部落的那一天，她才被父亲召见。海陵王快死了，但死之前他要见百花公主，这个自己最爱的女儿一面，他要把王位传给百花公主。百花公主看见自己的父亲躺在床上，海陵王拉着百花公主的手，虚弱地告诉她："白花，如今的你也长大了，现在看来我要归天了，你要把剩下的兵将和愿意跟你走的百姓带走，过江到乌拉城那个地方，到那里休养生息，日后强盛了再找机会回来。切记，羽翼尚未丰满则千万不要跟蒙古开战，切记！切……"

话未说完，海陵王便撒手人寰。百花公主号啕大哭，但她知道自己现在身为国主的继承人，要坚强起来，带领族人走出困境。

乌拉再起

当天，百花把父亲的丧事料理完，便收拢族内仅剩的残余力量，召集将领们到王帐开会。

百花公主坐在王座上，头戴白色的雪貂绒帽，辫发盘髻，额头上附着一块镶嵌着金珠的宝玉，耳朵戴着金色的耳环，光洁的额头下是两笔细长的柳眉，扑闪扑闪的大眼睛，高挺的琼鼻，薄薄的唇翼，映衬着略微泛红的脸颊，远看让人心生怜惜，近处一看那坚毅的眉眼却又让人感到此女子不是个寻常人。她穿着白色的丝织衫裳，衫裳的领口袖口都绣着彩色花纹，左衽，窄袖，盘领，缝腋，腰束金带，左佩牌，右佩刀，下为襞积，穿着乌皮靴。将领们大部分都在松花江西岸为国战死，只剩少部分精锐和一些老弱病残的族人。但好在姜海瑞和巴力铁头这两位干将遵循海陵王的遗诏继续追随着百花公主。

看着如今士气低落的将领们，她拔出腰间的佩刀，向将领们说道："如今我欲带领族人渡过江河，往东岸去寻找乌拉城，在那里修养生息。待我族日后强盛，必定重新夺回故土，重返家园！愿意追随我的，跟我一起走；不愿的，白花也不强求。"

说着看向姜海瑞，姜海瑞看着眼前已经成长起来的百花公主，压下内心深处的爱慕，以大局为重，向公主单膝跪下，回应道："我姜海瑞誓死追随百花公主！"

旁边的巴力铁头也知道，事到如今，只能先暂避蒙古的锋芒，便如同姜海瑞般，喊道："臣等愿意追随百花公主。"

其他将领们见海都国最得力的二位将军都如此，纷纷下跪表态。就这样，百花公主带领着海都国仅剩的将领和数千士兵，以及族人们开始渡江往乌拉古城迁徙，百花公主让族人们走的时候一人装一兜家乡的土，带着过江。由于他们当日快速迁徙，蒙古人的骑兵没能追上，只得望江而叹。

渡过松花江后，经过一个月的赶路，百花公主终于带领军士和族人们来到了乌拉古城并驻扎下来。由于年月久远当时的乌拉古城已经破败不堪，几乎没什么人烟，百花公主命令将领们就地扎营，待第二日天明之后再挖土修建城墙。

当晚，百花公主在营帐中休息。她做了一个奇怪的梦，梦中的她仿佛来到了仙境，两位身着霓裳华服，头戴金黄凤冠的仙子在一处仙亭中与她相谈甚欢，并且告诉她，她本是上代花仙留在人间的一缕魂魄，这两位仙子是花仙的侍女，如今看到百花公主遭逢劫难，便前来相助，明天只需在百花盛开的地方挖土建城，便可在前人的基础上建成一座更坚固的城池，在此休养生息，等待花仙指示，几年之内必定能在花仙的神助下收复故土。

百花公主还未向仙子道谢，便醒了过来，一看已经天亮。她往帐篷外一瞧，发现四周果然开满了白色的花，便召集将领们，让他们在百花开放的地方挖土建城。百花公主和族人们日夜挖土运石，经过他们一个多月的辛苦劳作，一座新的"乌拉城"建立起来了。这座乌拉城地处松花江岸边，三面环山、一面滨水，乌拉古城总面积约 90 万平方米，总体呈方形，夯土构筑，分内、中、外三道城墙。城内四隅有角楼，中心有高台，城外有夯土筑成的护城河，土皆为挖护城河而来，故有"开河背土筑古城"之说。土城墙底下宽大，有五六米宽，到顶部也有两米半到三米，高四五米，不仅易守难攻，而且对内也好管理部族。

百花公主还在城中央的一块高地上建造了一个用于训练士兵和指挥将领的点将台。硕大的点将台东西长接近 50 米，南北宽 25 米左右，台面略呈龟背式。整个夯土台垂直高度达七八米，南面还有花岗条石铺砌的 34 级台阶，直达夯土台顶部。站在顶部居高临下，训练兵马，下边则是族人们搭建好的牛皮帐篷。

百花公主白天指挥练兵，夜里独身巡营查哨，将士们都很佩服这位年轻的女首领！尤其以姜海瑞对这个自己看着长大的公主最为支持和爱戴。在众将士和族人们的齐心协力之下，乌拉城的海都国旧部呈现出一派欣欣向荣的景象。建好城池，让部下和族人们都有了栖身之所后，接着便是厉兵秣马，应对蒙古派来的追兵了。

惩奸扬善

　　姜海瑞曾跟随百花公主的父亲南征北战，且自小跟百花公主一起练武，她对他早有好感。百花的父亲死后，姜海瑞又忠心耿耿地护着百花，四路奔杀，打击敌人。姜海瑞作战勇敢，有勇有谋。建好乌拉城后，姜海瑞便跟随百花公主带领人马杀退了蒙古派来的追兵，百花公主虽然自幼习武，且武艺高强，但毕竟缺乏战场经验，紧接着便对蒙古骑兵穷追猛赶起来。而姜海瑞几经征战，经验丰富，意识到其中可能有诈，打马追赶百花公主，边追边喊：

　　"穷寇不可追！公主，穷寇不可追！"

　　一语未了，飞来一支响箭，直射公主的前心。就在这千钧一发的时候，姜海瑞赶到了，一把抓住箭翎，救了百花公主。谁知这时从四周起了伏兵，杀声连天，包围了百花公主。姜海瑞东挡西杀，护着公主突围出去。从此百花公主更觉得这从小陪自己习武，教授自己战场经验的姜海瑞忠心耿耿，军功卓著，于是封姜海瑞为马前先行官。将士们一致拥护，都说百花公主有眼力，唯独老将巴力铁头闷闷不乐。

　　老将巴力铁头，已年过半百，虽然作战比较勇猛，武艺也非常高强，但为人奸诈，蛮横骄傲，对百花公主起了贪恋之心。自从海陵王去世后，他对百花公主都欺辱三分，对姜海瑞就更不在话下了。所以，他看公主封姜海瑞为先行官，心里很不服气！他想：论武艺，我不比姜海瑞差，讲资历，更是比姜海瑞强，姜海瑞根本不能和我比。可为什么百花公主不提我当先行官，偏偏提个后辈当她的马前先行官呢？巴力铁头百思不解，总觉得姜海瑞像一块石头压在他的心上。从此，巴力铁头就想方设法要谋害姜海瑞，一心想把先行官的大印夺到手。他表面上却更加接近姜海瑞，阿谀奉承，姜海瑞万万没想到巴力铁头竟会笑里藏刀。

　　这一天，百花公主操练完毕，将领们各自回到帐篷。巴力铁头一把拉

住姜海瑞，说："海瑞将军，请到我的帐里坐坐吧。"姜海瑞说："天已不早，该回去吃饭了。晚上还得查哨呢。"

巴力铁头见姜海瑞不想去，就拿话激他："怎么，当了先行官连老哥的帐篷都不能进了？ 连这点儿脸都不赏给老哥吗？"姜海瑞被说得没法儿拒绝，只好跟着巴力铁头进了帐篷。一进帐篷，巴力铁头立即吩咐手下人煎炒烹炸，不一会儿，鸡鱼肉蛋摆满了桌子。巴力铁头斟上人参酒，假模假式地对姜海瑞说："来，今天老哥设宴为弟弟庆功，先行官要多喝两盅啊！哈哈哈。"

姜海瑞性情直爽，不假思索，端起酒盅说："来，巴力将军的盛情我领了，为咱们同心杀敌、百战百胜干一杯！""好，干一杯！"两个人一饮而尽。

他们推杯换盏，猜拳行令，越喝越盛。姜海瑞实心实意，大口喝酒，大块吃肉。巴力铁头自己却把一盅盅烈酒倒入手心，让酒水顺袖口流入战袍。一个喝酒，一个倒酒，不一会儿，姜海瑞就被巴力铁头灌醉了。巴力铁头一看姜海瑞醉得不省人事了，便趁百花公主巡营查哨的空当儿，派手下把姜海瑞背着送进了百花公主的大帐，放在公主的床上。巴力铁头心想："姜海瑞呀！姜海瑞，这回看你还能不能活得过今晚。"

这天白天，百花公主率领将校兵卒练武，已经很累了。晚上，她和往常一样，到各哨所去巡查。她走遍了所有哨所，见士兵们都很认真地把守，没出什么差错，才放心地往回去。已经是三更天了，百花公主疲乏地来到自己帐篷前，轻轻推开门，想扑到床上痛痛快快地睡一觉。当往自己的床上一瞅，她惊呆了，一个男人正睡在上面。

百花公主才是一个17岁的姑娘，在男女之事方面像雪花一样洁白。以往，将校兵卒在她床上坐一下都不行，今天竟有人深更半夜睡在她的床上，这还了得！她火冒三丈，立刻上去抓住了这个男人，一看，是自己的先行官姜海瑞，便打消了处决他的决定。

姜海瑞酒醒后，发现自己竟然身处百花公主的营帐内，便意识到自己中了巴力铁头的奸计，急忙跟一旁盯着他的百花公主解释整件事情的来龙去脉。百花公主本来就对姜海瑞有好感，听到他竟然是被陷害的，紧皱的眉头也舒展开来，便决定让姜海瑞带领部下仔细调查这个老将巴力铁头。

等到第二天升帐的时候，巴力铁头想，姜海瑞一定会被砍头，就算当时没杀，之后肯定得杀。结果呢，听说百花公主只是和姜海瑞谈了一些兵事，没杀姜海瑞。巴力铁头更加仇恨姜海瑞了，干脆一不做二不休，打算夺了百花公主的王位。

晚上巴力铁头以查哨为由，溜出城门，偷偷和蒙古追兵联系，和蒙古追兵商定八月十五那天晚上来偷营，他来里应外合。

所幸这桩密谋被暗中调查的姜海瑞发现并上报百花公主。百花公主知道巴力铁头的狼子野心之后，愤恨得一拍炉案，说道："大胆的巴力铁头投敌叛国、勾结外贼，绑起来！拉到帐外砍了。"

而此时的巴力铁头还在自己的帐篷里，接着便被几个将领带着精兵进来拖出去斩了，百花公主当众宣布巴力铁头的罪行，解决了一个极大的内患。

因为巴力铁头的心坏，淌着的都是黑血，就不让他葬得离城墙太近，要离远点儿的，就用一个石棺，装下他的头和尸首，扔在乌拉城以东六里处，日后这里被人们称为"铁头坟"。

也真怪，这个地方自从埋葬巴力铁头以后，坟墓一天天下沉，越沉越深，越陷越大，方圆一里多地都沉下去了，成了一个大深坑。日久天长，雨水流灌，这个大坑存水越来越多，连巴力铁头的坟都淹没了，变成个大水泡子。

天助百花

解决内患之后，百花公主继续带领族人们休养生息，厉兵秣马，等待日后收复故土的机会。一年后，百花公主成年了。相互爱慕的百花公主和姜海瑞二人成婚，后来还生下五个儿子。其间，百花公主仍操练人马，寄望于收复被蒙古侵占的故乡。

功夫不负苦心人，几年后，乌拉城再次响起了牛角号声，百花公主披甲上阵，向全军发出了收复故土的命令。

在战争中，百花公主得到花仙们的神助。蒙古人驻扎下来后，凡是吃过这里草的战马们，第二日都会腹泻不止，因为花仙掌管这一地的花草，一旦蒙古骑兵没有战马，战斗力便大打折扣，都不是百花公主军队的对手，被打得丢盔弃甲，落荒而逃。

经过征战，百花公主终于带领族人们收复了故土，重振海都国的荣光。战争结束后，人们在松花江西岸的故乡重新安顿下来。许多年后，百花公主逝世，她被爱戴她的族人们安葬在她父王身边，心系部族的姜海瑞则当上了国主。

百花公主被爱戴她的族人们赞颂为"东北的花木兰""东北的穆桂英"。族人们还传说，百花公主其实是仙女下凡，在人间过世后，已经重回天宫。

"百花点将台"所承载的是一种家国破碎却不舍故土、不弃信念的精神，歌颂以"百花公主"为代表的女真族人民对国家的忠诚之心。"百花点将台"就在如今距吉林市不远的乌拉街满族镇，该遗址保存了一千多年，解放后这里建立了烈士陵园，烈士陵园竖着牌子：吉林市爱国主义教育基地。

如今，松花江水依然奔流不息，那个连年战乱的背景之下，人们顽强生存、挚爱故国的历史故事依旧在吉林乌拉百姓中口口传诵。

石人吸上一口烟

完颜希尹墓地石雕

完颜希尹古墓共分五个墓区，墓地坐北朝南，后依山岭，面朝沟川。

整个墓地是用花岗岩条石筑砌而成的，做工精细、工程宏大。

五个墓群中的部分古墓被日本在其侵占东北时期所盗。由于严重破坏，墓地已面目全非，现存大部分文物珍藏在吉林省博物馆。（姜山供图）

吉林省舒兰市的小城镇马路村，有一处地方一直披着一层神秘面纱，那就是金国完颜希尹的家族墓地，当地流传着有关墓地石人、石兽显灵的传说。

石头显灵

有一天，一位叫作贾先生的老农忙完了地里的活计，回到家中歇息，刚倚在炕上悠闲地抽大烟袋，迷迷糊糊之中好像看见一个人影突然从门口

慢慢地走了进来，动作看着十分僵硬。那人边走边对着贾先生说："给我抽两口，给我抽两口……"

声音听起来十分滞涩。

这将倚在炕上的贾先生吓了一个激灵，他大喊："你谁啊！想干啥！"

贾先生定睛一看，被他吓了一跳，这哪是人啊！这明明是村外那完颜希尹的家族墓地里守墓的石人！那石人却不管贾先生，径直走向炕边，伸着坑坑洼洼的石头手臂，眼看就要抢走贾先生手里的大烟枪。贾先生看这石人就想抢烟枪，也不知道这玩意儿要是跑出去会不会伤着村里的乡亲们。他急中生智，把怀里的大烟枪扔给这个石人，翻身下炕，立马冲着后厨跑。不一会儿，贾先生手里就握着把明晃晃的大菜刀，见那石人还在拿着他的烟枪，他三步并作两步，大喊一声："看刀！"

从石人后边给它来了个"一刀切"，"咔嚓"一声，那石人的头颅滴溜溜地从脖子上滚下来，石身也"轰"的一声倒在地上。贾先生跑出屋外叫乡亲们一起来解决这奇怪的石人，后来这石人也再没起来要烟抽，乡亲们把这石人用驴车运回了完颜希尹家族的墓地。现在，这个断头石人依然矗立在墓地中。

关于这块墓地还流传着一个"石羊显灵"的故事。

话说这村里的一个小猪倌，有一次赶着几头大肥猪路过这个完颜希尹家族的墓地，这几头牲口路上都好好的，到了这里突然开始一惊一乍地"嗷嗷"叫，前边有个石羊杵着，这几头猪不敢往前走，小猪倌无论怎样朝猪屁股上甩鞭子猪都不肯走，小猪倌气坏了，以为是前边的石羊吓着了这几头猪，便从路边抄起块大石头往那石羊头上砸去，石羊的眼睛被砸坏了，但这好像有用，那几头肥猪之后便肯往前走了。

小猪倌也没多想，扔下石头赶着猪继续赶路。没想到，第二天一早，小猪倌从家里起来的时候，眼睛刺痛得厉害，到镇上让大夫看，大夫说他

完颜希尹家族墓地有一定的分布规律，大体是后依山岭，前向沟川，坐北朝南，背风向阳。

吉林省文物工作队对完颜希尹家族墓及其附属物——石雕刻物进行了复查、清理、发掘和修复工作。

东沟为一、二、三墓区，西沟为四、五墓区。五个墓区共有七组石雕刻物，每组石雕刻物基本上都是由成对儿的石柱、石虎、石羊和石人组成。石人分文臣、武将两种。个别墓地还有石供桌。同时，墓地中还有数块墓碑，由此，人们初步清楚了各墓区埋葬的一些墓主人的姓名和官职。（姜山供图）

这是患了眼疾，治不好会瞎了眼。这可把他吓坏了，小猪倌便在这十里八乡到处寻医治他的眼疾，可都不见好，他急得天天吃不下饭。

有一天，一个赤脚大夫来到小猪倌村里治病，赤脚大夫自称能治一些疑难杂症，小猪倌赶忙寻去，这赤脚大夫却跟他说：

"你这病呀，活人可治不了。你最近有没有犯了啥禁忌的事儿？"

小猪倌左思右想，想起了自己把那个墓地上的石羊给砸坏眼睛的事儿，便把这事儿讲了出来。赤脚大夫说："这就对了！你赶紧趁眼睛还能看见，去给那石羊神仙烧香上供，以求宽恕你的不敬之罪。"

小猪倌一听，心里也没啥办法，便带着家人去给那墓地的石羊烧香上供，到了第二天，他的眼疾便开始好转，几天后小猪倌的眼睛顺利康复了。

后来，人们都说这是石羊显灵了，以后路过那墓地要恭敬些，别触犯了神灵。如今，那头石羊也在完颜希尹家族的墓地中矗立着。

当地的这些传说让这块墓地的神秘色彩越来越重，而完颜希尹这个人物也引起了人们的关注和讨论。

少年英雄

完颜希尹，女真名为"谷神"，又译作兀室、悟室、骨舍，女真完颜部人，完颜欢都之子，他是金国的开国功臣，也是一位女真英雄人物。

在那个金戈铁马的年代，女真族世世代代在富饶的东北平原上过着渔猎生活，当时的女真有了相当大程度的发展，已经由各个部族组成了一个强大的部落联盟，完颜希尹就属于后来建立金朝的金太祖完颜阿骨打统领的完颜部。

完颜希尹很早就和完颜阿骨打相识，二人关系十分密切。完颜希尹自小武艺精湛，马上马下都是一名优秀的女真战士，而且他对中原的文化十分感兴趣，能读书识字。所以一直受到阿骨打的赏识，是完颜阿骨打时期女真贵族集团里面的一个重要人物，也是完颜阿骨打起兵反辽、立国称帝时重要的谋士之一，在后续反辽战争和建立金国中立下了汗马功劳，更是肃慎族系第一个创制文字"女真大字"的人。

辽末，东北地区的女真人受到契丹统治，辽国皇帝每次到北方来"春捺钵"。按照祖制，女真酋长、女真部落联盟的贵族，要到辽国皇帝的捺钵地陪辽国皇帝钓鱼、打猎、饮酒，而且在辽国皇帝饮酒的时候，这些当地的附庸民族要给皇帝跳舞唱歌来助

石人吸上一口烟

27

在墓前数十米处，两个青花岗岩柱座，象限角为南偏东60度。方向是西北、东南向。（姜山供图）

兴。辽代末期，完颜希尹曾经跟随完颜阿骨打参加过辽国的"春捺钵"仪式。

此外，辽国的军队不断侵扰生活在东北地区的女真人，对女真人实行奴隶政策，女真人不堪其扰，后跟随完颜部起兵反辽，而作为女真贵族的完颜希尹就在这样的历史背景下走上了政治舞台。据《金史·希尹传》中记载："自太祖举兵，常在行阵，或从太祖，或从撒改，或与诸将征伐，比有功。" 年轻的完颜希尹英勇善战，随金太祖完颜阿骨打东征西讨，屡立战功。

完颜希尹在军事方面天赋杰出，不仅是个能征善战的将领，而且在军事战术上也是奇正并用。更重要的是，完颜希尹被部族的族人们称为"萨满""通神人"的智者，每次在金辽两军开战前，完颜希尹都会大肆地宰杀牛羊，摆上好的酒食，跳神舞，向守护女真人的天神们祭祀，以祈求在战争中得到天神对胜利的指示。

在一次次的胜利后，士兵们对于这位将领的祭祀更加信任，所以每次开战前的祭祀都能极大地鼓舞士气，让女真族的士兵在战斗中愈战愈勇。完颜希尹自小在东北生活，对这片土地十分熟悉，又吸收了族中前人的经验，所以在与辽国的对战中总能在天时、地利、人和三者中占据优势。

拜将封侯

辽天庆四年（1114年），完颜部首领完颜阿骨打举兵反辽。身为完颜部女真贵族集团的重要成员，完颜希尹出兵跟随完颜阿骨打，同年完颜阿骨打出兵得胜，射死辽将耶律后，完颜希尹、完颜宗翰向完颜阿骨打致贺，并且完颜希尹认为得胜是天神给予女真人的恩赐，是立国称帝的绝好时机，便劝完颜阿骨打立国称帝。于是在辽天庆五年（1115年），完颜阿骨打称帝，金朝建立。

在青花岗岩柱座西有一残碣，因风化严重，已看不到任何字痕。此墓区主要墓主人官职较高。由残碣"金紫光禄"推知该墓碣上刻字全文应为"金紫光精狱夫之墓"。据《金史·百官一》记载："吏部文官正二品上曰金紫光禄大夫，下曰银青荣禄大夫"，由此可知此墓主人为正二品官员。

完颜希尹蒙冤遇难，受连累的右丞相肖庆，在希尹平反时一同得到平反。平反后金熙宗追赠给肖庆"银青荣禄大夫"之爵《希尹传》中记述赠肖庆银青光禄大夫，应为银青荣禄大夫之误）。可见此墓主人的爵位不小于右丞相肖庆。

根据各种情况判断，此墓主人很可能是完颜希尹的嫡孙完颜守贞。（姜山供图）

第二墓区座落在第一墓区西北处，从岗梁向南伸出的一个平坦的山包上。完颜希尹就葬在此地。这里曾有"大金故尚书左丞相金源郡贞宪王完颜公神道碑"。

此碑高一丈，幅四尺五寸，厚一尺三寸五，碑额为立体透雕的四龙互相缠绕，龙头向下。中部阴刻篆书"大金故尚书左承相金源郡贞宪王完颜公神道碑"二十个大字。碑身正面阴刻竖读二十七行，碑身背面阴刻竖读汉字二十四行，计二千八百余字，详细地记述了完颜希尹的生平事迹。字属颜体，为金代著名文人王彦潜撰文，大名府路兵马都管判官任询所书。

（姜山供图）

石人吸上一口烟

金太祖完颜阿骨打在领兵作战的时候经常召集部下谈论军事方略，完颜希尹身为领兵的重要将领，所参加的军事行动主要是攻占辽国的上京、中京。金国的军队进入中原以后，分为东路军和西路军，完颜希尹主要跟随西路军作战。

几年后，完颜阿骨打得知辽内部空虚，兵员枯竭，遂对辽再度发起攻势。翌年正月，完颜希尹与完颜忠、完颜娄室、耶律余睹等袭击自辽中京出走的几位将领，得胜之后回师。

完颜希尹带领部队在北安州大败辽奚王霞末，并且通过离间计让投降的奚人落虎劝降奚部西节度使归附金国 。

同时，完颜希尹是一位负责任的将领，每当得胜一次，他便独自领兵巡视地界，以捍卫赢来的疆土。有一次，他在巡视的过程中，擒获辽护卫耶律习泥烈，得知辽天祚帝耶律延禧在鸳鸯泺，且辽内部离心离德、军力羸弱的情报。得此情报金国决定派兵开展追击耶律延禧的重大军事行动。

军队主将完颜宗翰派完颜婆卢火、完颜浑黜等攻击驻守古北口的辽军，后听说辽军数量居于优势，完颜宗翰决定派兵增援。他一度想要亲自赴援，但在完颜希尹的极力劝说下，他改命完颜希尹等领兵援助。此时，辽军步骑兵一万余人主动攻击关口，在完颜希尹等率援军抵达后合力大败辽军，缴获其甲胄、辎重，又击败辽军伏兵。随后，完颜希尹与主力部队会合，前往奚王岭。

同年三月份，完颜希尹作为完颜宗翰军的前锋，仅率八骑与耶律延禧交战，一日之内数次将其击败。第二日，完颜希尹从辽朝降人麻哲的口中得知耶律延禧准备逃奔辽西京的消息，于是再度发起追击，在白水泺南几乎追上了耶律延禧。尽管耶律延禧带领轻骑逃走，但其内库宝物也悉数被金军缴获。同月，辽西京被金军攻占，完颜希尹继续追击耶律延禧，后班师回国。

在与辽军的多年征战中，完颜希尹所带领的部队连战连捷，他灵活运用奇袭、阻击、招降等多种军事手段，数次重创辽军，直至辽灭亡。此时，距金兴师灭辽，仅十年时间。

在金戈铁马的沙场中走出的完颜希尹，锻炼成了一位优秀的军事家。"动静礼法军旅之事，暗合孙吴。"这是后人对完颜希尹军事才能的评价。

开文创字

完颜希尹对于金国的贡献不止于军事方面的开疆拓土，他对女真人在文化建设上的贡献也是无人能及。完颜希尹被称为女真人"制字"之祖。天辅三年（1119年），金国初建，百废待兴，文化建设是一个非常重要的方面。因为国家制度要不断完善，金太祖完颜阿骨打意识到如今已经立国的女真人竟然没有一套属于自己的完整文字体系，《金史》中记载：金初年，女真族"无文字，国势日强，与邻国交好，乃用契丹字"。所以，他便命完颜希尹、完颜宗雄、完颜宗翰负责"商定册文义指"。

据民国二十六年（1937年）《吉林省舒兰县古迹古物名胜天然纪念物》记载："据传二十年前，墓尚可辨，前有石桌，周有土桓高三尺许，桓外小碑数十，今觅不见"。

完颜希尹家族墓地第二墓区有三组石雕刻物。在"神道碑"西偏北50度，距"神道碑"遗址约30米处，现存石人、石羊、石虎各一对，石柱一个。石人为文武各一，文东武西，身高均在1.45米左右。

（姜山供图）

石人吸上一口烟

完颜希尹自小能读书识字，且酷爱中原文化，对契丹文字和汉字都有一定程度的研究。据说，金国在进攻宋国的时候，完颜希尹担任金国军队的元帅右将军，率领军队攻打汴梁。按照当时行军的规矩，攻下汴梁之后，应该让士兵们尽情地搜刮城内的金银珠宝，但据史书记载，完颜希尹不贪恋金银财宝，反而把宋朝宫廷内珍贵的史书子集和各行各业的能工巧匠带回了北方，为金国的文化建设做出了重大贡献。

当时，南宋有个文臣叫洪皓，出使金国后被扣留在那儿，完颜希尹听说洪皓在文学上有造诣，便不像他人对这位南宋文人投去鄙夷的目光，反而常与洪皓交流，跟他探讨中原文化与女真文化的差异。这段经历，更加深了完颜希尹对中原文化和汉字的研究，而且在跟洪皓畅谈古今之余，完颜希尹还请洪皓到家里给子女当老师，洪皓在金国八年，后来回归南宋。

第五墓区在第四墓区西南山谷的坡地上。这里地处西沟，距居民较远，人迹罕至，因而该墓区基本保存完好。

这里原来从南向北竖立着石柱、石虎、石羊、石人各一对。石人为文官、武将各一，与其他墓区不同的是该墓区石人的位置正好相反，是文西武东，大概与墓主人完颜欢都是金最著名的将领之一有关。文、武官员的身高均在 1.80 米左右。

1978 年，当地农民在石人南侧约 50 米处的耕地里，发现已残的"招讨奉斜……"残墓碑一块。1979 年，考古工作者又在石人北侧 5 米左右的表土中采集到刻有"代国公之"残墓碑一块。完颜希尹的父亲叫完颜欢都，死后被追封为开府仪同三司代国公。由此可知这里的墓主人是完颜希尹的父亲完颜欢都。

（姜山供图）

完颜希尹对文学的研究不仅为他的文化造诣打下了深厚基础，而且也得到了金太祖完颜阿骨打的赏识，他在决定创造女真文字时便想到了完颜希尹。

完颜希尹果然不负厚望，他学识深厚，博古通今，在创制女真文字的过程中，汲取世上通用文字的优点，利用汉字楷书的笔画，借鉴契丹字的形成规律，并将其与中原文化融会贯通，形成独具女真族特色的"大字"。

得知完颜希尹成功创制出"女真大字"后，皇帝完颜阿骨打十分高兴，下令颁行，并且赏赐完颜希尹马一匹、衣一袭。

有了完颜希尹创造的女真大字后，女真族就改变了过去依靠结绳、刻画记事的办法，因为有了自己的文字，就可以更广泛地传递文化信息，而且可以让女真儿童入学，学习女真大字，为日清朝培养名臣良将，促进女真族社会发展奠定了基础。女真大字以及以后创制出来的女真小字在其得以使用的几百年间里，对女真文化的发展和政权的巩固起到了相当大的作用。

福祸相倚

"祸兮福之所倚，福兮祸之所伏。"就在完颜希尹位极人臣、志得意满之时，悲剧却发生了。

金熙宗天眷三年（1140 年）秋，完颜希尹在一次宴会之上，与金太祖第四子宗弼，也就是赫赫有名的金兀术，发生了言语争执。金兀术大怒，向皇后述说了此事。不久，金熙宗以"帅臣密奏，奸状已萌，心在无君，言宣不道，逮燕居而窃议，谓神器以何归，稔于听闻，遂致章败"为罪名，赐死了完颜希尹，希尹的七个儿子一同被绞死于城外，而后葬于完颜希尹家族的墓地。

但三年后，金熙宗"知希尹实无他心，而死非其罪"，经摄门下侍郎完颜宗宪劝解，下令恢复希尹官爵，并追封他为豫王、金源郡王，后来的金世宗还下诏立了"大金故左丞相金源郡贞宪王完颜公神道碑"。

完颜希尹生前被族人称为"通神者"，常有神灵相助。其墓地也常常发生一些奇异现象，如"石人抽烟""石羊显灵"等传说，当地人认为这是神灵为完颜希尹降下神力守陵，不让盗贼打扰其身后清净。

第三、第四墓区则根据其出土文物显示，分别为完颜守道之墓、其父昭勇将军与其母乌谷伦氏以礼合葬之墓。这不难看出以儒家思想为文化内涵的中原文明，对北方游牧民族政权的影响之深远。（姜山供图）

五个墓区的墓室结构不尽相同，也比较全面地反映了金代埋葬习俗及各族文化的相互影响。

其中石棺墓是东北中部地区青铜时代濊貊等族普遍流行的葬具；石函墓与佛教传入有着密切的关系；而砖室石椁棺墓显然是仿宋的形制。至于石雕，则明显受中原文化的深刻影响，其结构和造型都与河南巩义宣陵相似。（姜山供图）

完颜希尹是一位真实的人物，曾在金国鼎盛时代官拜左丞相，这位智勇双全的开国功臣，不仅机巧过人，英勇善战，领军重创辽军，而且创制女真文字。完颜希尹家族促成了汉文化向金国的传播，为金国文化繁荣做出了重要贡献。如今，在流传的关于完颜希尹的传说故事中，大都以石人石像显灵来表达对他的纪念，或是在故事中寓意完颜希尹忠君报国，善有善报。

如今的完颜希尹家族墓地安然立于吉林省舒兰市小城镇马路村境内，2001年"完颜希尹家族墓地"被国务院列为第五批全国重点文物保护单位。

根据《宋史·礼二十七》记载："勋戚大臣薨卒，多命诏葬……坟所有石羊、虎、望柱各二，三品以上加石人二人。"完颜希尹家族墓地中的石雕刻物受南方汉族政权影响，也初具规模。（姜山供图）

而查《金史》，则并无具体规定。宋朝还规定"棺椁皆不得雕镂彩画，施方牖槛，棺内不得藏金宝珠玉。"从发掘的墓葬中可以看到希尹家族墓葬基本符合这些要求。

作为我国东北地区现有为数不多的金代重要遗存之一，完颜希尹家族墓地是研究金代军事、政治、文化等方面重要的实物资料，它不仅可以补充《金史》记载的不足，而且可以纠正《金史》记载的偏差。

（姜山供图）

渔楼传奇

吉林打渔楼

传说当年顺治曾在松花江两岸选妃，大臣根据天象选中了一个天生秃头的姑娘，姑娘随即长出了一头黑发，被称为"黑头娘娘"。这个传说中的"黑头娘娘"，其家乡恰好与现今吉林市土城子乡渔楼村吻合。当地人从小便十分熟知"黑头娘娘"的故事。

渔楼古村

渔楼村的历史漫长而久远，早在明末清初，这里就有人居住，当时，渔楼村属于乌拉国金珠哈达城属地。当地物产富饶，景致优美，连绵起伏的长白山脉将整个渔楼村掩盖，为这座古老的村庄平添了几分神秘色彩。

波涛滚滚的松花江水，从村旁蜿蜒穿行，流过了数百年的光阴岁月。

数百年间，打渔楼村传承了古老的鹰猎文化，培养了诸多驯鹰和养鹰能手。至今这里300多户满族人家仍然保持着捕鹰、驯鹰、养鹰的传统，全屯有鹰把式50余名，其中著名的鹰把式赵明哲已被认定为中国民间文化"海东青驯养"的杰出传承人，并被誉为"鹰王"。现在居住在此村的满族关（罗）、赵、杨、奚、付、曾、刘等家族，都是满族鹰猎文化的直接传承家族。打渔楼村已成为中华民族古老的生态基地，并且有了另外一个真实而又具体的名字——鹰屯。

（姜山供图）

在漫长的时光里，生活在这里的满族先民，以渔猎为生，过着日出而作、日落而息的生活。然而，战争打破了这里的宁静。

1613年，浩浩荡荡的建州女真军队向这里驶进，其首领努尔哈赤以迅雷不及掩耳之势灭掉了乌拉国，占领了渔楼村，在随后的百年里，这里成为了清皇室贵戚的渔猎之地。1648年，大清皇帝顺治在今天的乌拉街，建立了打牲乌拉总理衙门，专门负责给皇室进贡，渔楼村就是打牲乌拉总管衙门的管辖之地。

渔楼村里有一座打渔楼，楼里不供奉什么神仙，也没藏什么宝物，只有一挂渔网。这网足有十丈长，一丈宽。

秋天，渔民用它捕鳇鱼给皇家进贡，用过后，就把它晾在那座楼上，供奉起来。平时，不论是旗人还是汉人都不准到渔楼附近。

当地人为何对这座渔楼如此恭敬呢？

原来这座打渔楼大有来历，在当地一直流传这座打渔楼是"黑头娘娘"留下的。

鹰，是北方民族心中的神鸟，驯化猎鹰是满族人古老的传统技艺，其渊源可追溯至满族的先民——女真人。

女真人狩猎，以鹰犬为伴，他们把猎鹰叫作海东青，意为从大海之东飞来的青色之鹰，驯鹰的传统在这里流传了近千年。

（姜山供图）

渔楼传奇

37

天意昭昭

"黑头娘娘"究竟是何方神圣呢？这便要从当地流传久远的民间故事《黑头娘娘》说起了……

大清朝规矩，给皇帝选妃，得从皇亲国戚、王公大臣和满洲贵族的格格们中间挑选。可偏偏碰上了一位笃信天神的皇帝，他决心要遵从天意选一位妃子。于是他沐浴更衣，斋戒，虔诚地祭祀天地、先祖，祈求能选到一位贤德、美丽的妃子。他降旨给钦天监，让他们观天、推算，看看要选的妃子星辰落到了哪一方？

钦天监便请神下梦，梦醒后，钦天监便向皇帝回报说：

"神灵下梦指示，在北方有个女子，今后会辅佐陛下治理朝政。那个女子头顶金冠，歌如凤鸣，手托金印，身骑土龙。万岁爷，这北方便是咱们祖先的龙兴之地啊！娘娘星落到了咱们的先祖发祥地了。"皇帝听了满心欢喜，降下御旨，派一位钦差大臣去关外选妃。

钦差大臣领了旨，回到府里，特地请来萨满烧香祭祀，恳求各位家神，保佑他一路吉祥，选回娘娘来。动身那天，钦差大臣头戴围帽，帽顶上是珊瑚制的亮红顶子，身上穿着天蓝色的箭衣，外面罩着绛紫色的马褂，腰间系着两根忠孝带。什么是忠孝带呢？那是两条白色的丝带，一条绣着"忠"字，一条绣着"孝"字。原来，大臣离开朝廷，都要系这种带子，表明他的心永远向着朝廷和皇帝。

钦差大臣坐着八抬大轿，前顶马，后跟随，带着百十号人马，鸣锣开道，吹吹打打，浩浩荡荡地出了北京城。一路上，他无心观赏沿途的风光，心里不住地思忖："偌大的关外，北至黑龙江，东至朝鲜，西至山海关，南至渤海，地域辽阔，可上哪去找娘娘呢？"好在临行前，钦天监密嘱过他："要找的这个娘娘，手托方印、身骑土龙，不同于一般凡女。"

捕鹰是一种古老的手艺。捕鹰，一般都是在深秋初冬。深秋，当漫山遍野的草黄了，树叶脱落了，只剩下松树和柏树的叶子翠绿时，民间称"草开堂了"，这时的天气往往十分寒冷。

当年，著名的猎手就属吉林永吉打渔楼村的赵明哲了。这个村和他的家族，有400多年为朝廷捕鹰、贡鹰的历史。（姜山供图）

得到钦天监给的重要情报，他心里多少算是有了点儿底儿。钦差大臣的浩大队伍出了山海关，过了盛京，又过了兴京，累得人困马乏，也没见到一个手托方印、身骑土龙的姑娘。钦差大臣急得心焦火燎，因为他心里门清儿得很，这个帮万岁爷找"娘娘"的差事看起来光鲜体面，体现皇帝陛下对臣子的信任，只要把这桩差事漂漂亮亮地办好了，自己日后必定能平步青云；但"伴君如伴虎"，这差事要是办不来，往小了说是办事不利，顶多丢了脑袋上的亮红顶子，往大了说，这个未来的娘娘可是关系到日后的江山社稷，到时掉的可就是脑袋了！

这位意气风发的钦差大人越想越发愁，都到了寝食难安的地步。

满族文化的发源地乌拉街隔江有一座古老的村落叫鹰屯，神秘而又神奇。这里的鹰凶猛而迅捷，这里的村民英勇强悍，因驯鹰而闻名。

从古时起，每年秋末冬初的时候，都有一群鹰从大海的东边飞来，到部落周围的山林里过冬，直到春天将近，它们又向着东方远去。上千年来，它们就沿着一条看不见的轨迹，在部落与另一个国度往复飞行。（姜山供图）

有个年老的亲兵，对官场的事情向来出工不出力，擅长逢迎拍马，看到钦差大人愁成这样，整天耷拉脑袋不吃不喝，觉得这是个向上级表现的大好时机，便对钦差说："大人您先别急，小的倒是有一计能为大人分忧。"

钦差眼下正心烦得慌，听到此处，眼睛一亮，冲着手下喊道："你个老小子别跟本官磨磨唧唧，有甚计谋赶紧道来。"

老兵谄媚地答道："关外地广人稀，要寻一个人，不就像大海捞针一样吗？俗话说，有了梧桐树，能引凤凰来。依我看，咱们雇上一伙玩杂耍的走到哪儿

耍到哪儿，不愁引不来人。"钦差一听就乐了，连拍手掌夸奖道：

"还是你这老小子有道道儿啊，这么多年皇粮没白吃。"

于是钦差吩咐下人，赶快去找卖艺的……

随后，下人抓来一伙在江湖上卖艺的人。他们有的是耍猴的，有的是变戏法儿的，还有耍大刀的。从此，这些人走到哪里就要在哪里的街市大肆地表演杂技，吸引了大量的当地百姓前来观看，尤其是在偏远的地方，当地的娱乐节目少，而钦差大人也派手下暗藏在人群中，仔细观察有没有符合"娘娘"特征的年轻女子。

打渔楼村位于吉林市昌邑区，是一个有着悠久历史的古老村庄，这里的居民以狩猎和捕鱼为生，村名由此而来。

此外还有鹰猎文化，这里还专门建了一座鹰猎文化博物馆，人们可以近距离了解这项传统文化的历史传承。冬季，这里有宛如仙境的成片雾凇，令人流连忘返。

至今，我们还能在打渔楼村看见"土坯房子篱笆寨"这一典型的东北地域文化特征。（姜山供图）

鹰把式，是满族中最会训鹰的人。

历史上，打渔楼村一连出过18位皇家御用的鹰把式，专门为皇室训练威风的猎鹰。（姜山供图）

豆腐奇缘

这一天，大队人马来到了宁古塔。钦差下令停下轿，吩咐赶紧打场儿。锣鼓家伙一敲，远近的百姓。听说从京城来了钦差大人，而且都想看看卖艺的江湖艺人，纷纷携儿带女、扶老携幼，前来看热闹。钦差大人带领京城人马前来宁古塔的消息，惊动了一户旗人家的小姑娘。

这姑娘十四五岁，生得瓜子儿脸，一对儿水灵灵的大眼睛，由于长年在江上打渔，脸蛋儿晒得红黑。她长得漂亮是漂亮，可就是长了一头黄糜疮。

小姑娘的额娘早已去世，她和阿玛相依为命，父女俩靠打渔为生，过着穷苦的日子。

这天，她听从城里回江边的人都在讨论钦差大人来宁古塔，并且还领着一班江湖上的杂耍艺人，免费给百姓们表演，那热闹的场面，在宁古塔几年才能一见啊。

正好老爷子觉得浑身不太自在，全身骨头节酸疼，就对守在家门口的姑娘说：

"孩子，今儿个咱爷俩儿不能去打渔啦。我心里热得慌，去给我拣块豆腐吧。"

这姑娘是个孝顺孩子，一听阿玛想吃豆腐，冲着阿玛娇俏地应了一声：

"好嘞，阿玛您等着我进城回来。"

说着她就急忙往宁古塔街市走了。而且她想着江边那些人说的那些话，心里对钦差大人和江湖的杂耍艺人都升起了好奇心，心想等自己买了豆腐回来，可以顺路去瞧瞧。

等小姑娘手托着豆腐往家走的时候，她也被那些京城来的人吸引住了。她想上前去瞧一瞧，可她个头儿矮小，手里托着豆腐，又挤不到跟前儿去，就一抬腿跨上了一道黄土墙，骑着墙看起热闹来。小姑娘骑在黄土墙头上正看得出神的时候，偏偏给隐藏在人群中的钦差手下们瞧见了，眼见这少女的特征跟钦差大人说的真像，他们立马跟钦差汇报。

钦差大臣看着眼前被手下齐齐围住，有些惊慌失措的少女，只见她一脑袋黄糜疮，右手就端着个方盘，过去的方盘是木头，里边有豆腐，身子正骑坐在黄土墙上。这黄糜疮代表那个头戴金冠，身骑土龙也就是土墙，

随着时代的发展、生产的进步，捕猎需求下降，这让驯鹰这门手艺慢慢消失，现在鹰屯中只剩下了最后一位鹰把式，人称"最后的鹰王"。（姜山供图）

手托方印就是豆腐……他心里一亮，这不正好一一对应上了吗？

"哎呀！这不就是手托方印，身骑土龙的娘娘嘛！"

他三步并作两步，来到小姑娘跟前，头上的围帽，撩起朝服大襟跪到地上，对着手里端着豆腐，一脸惊慌的打渔少女连呼："娘娘万岁！"

这一喊，可把小姑娘吓坏了。她跳下黄土墙就要往家跑。钦差大臣哪里肯放，上前一把拽住她的胳膊，这时又上来了几个亲兵，也不

"鹰王"依然每年拉鹰驯鹰，来年春天将猎鹰放归山林，周而复始，不愿意放弃属于鹰把式的骄傲。他更不愿意放弃的，是他心爱的猎鹰。（姜山供图）

管小姑娘怎样哭喊，硬给塞进轿里。钦差心想这份让自己寝食难安的差事今天可算有个交代了，此时一刻都不想耽搁，就想着回京跟皇帝交差请功，于是一声令下：

"回京！"

手下们立刻回道："喳！"立马蹲下身抬起轿子就走。钦差大臣此时也就地派出报马，直奔京城报信儿去了。只留下一脸疑惑看热闹的百姓和那群被钦差带来的江湖艺人。

少女的老阿玛在家中，听说自己的姑娘让官家抢走，跟跟跄跄地跑出来。直奔官道上，但这时，钦差大人所带领的大队人马，拥着两乘大轿，早已走得没了踪影。

老阿玛望着路上的滚滚烟尘，顿时悲从心来，他跪伏在路边，双手用力地拍打着地面，边拍边哭喊道：

"我可怜的孩儿啊！你走了，让阿玛我以后可怎么活啊！以后的日子还有啥念想呢？"

从眼角滚下的泪滴沾湿了他花白的胡须，他心里知道，就算自己哭得再死去活来，自己与那心疼的女儿，恐怕今生今世再也见不到了。

再说那钦差大臣护送着娘娘，走了一个多月，才回到京城，这时宫里早已经得知了这个消息。

皇城大道上铺上了一层黄沙，前门外早有一顶橘黄色銮舆等在那里。

皇帝听说新选的妃子来了，对这位日后能帮自己稳固江山的妃子抱有很大的期待，心里急着要见她。可宫里的规矩森严，就是皇帝也不能随心所欲。非得等到选定的日子，方可见到新妃子。

小姑娘一路上哭哭啼啼，到了皇宫

渔楼传奇

她还不愿见那些前来侍候她的女官和宫女们。她在宫里整天蒙着头哭，她想念家乡，惦念老阿玛：也不知他的病好了没有？今后谁又能去侍候他？谁帮他去打渔？当日的豆腐都没能给阿玛带回去，自己便莫名其妙地被官家给送进了宫里，一想到这些事情，她便又啼哭了起来。

过了三天，女官前来宣诏！要小姑娘梳妆打扮，等着见驾。御旨一下，可把扶着她的宫女们吓坏了。这姑娘自从进宫以来就不吃不喝，总蒙着头，不是哭就是睡，这样如何能见驾呢？就算她不哭不闹，可带着那一头秃疮又怎样见皇上呢？满人最讲究头发的美。姑娘长得好不好、俊不俊，得先看她的头发黑不黑、密不密，鬓角齐不齐。

这些女官和宫女们一窝蜂地来到小姑娘住处，见到她还蒙着大被躺在

打渔楼村的人们至今仍保持着古老的生活方式，依旧保持着对大自然的崇敬。（姜山供图）

床上，都着急了。有个女官奔过去掀开被子喊道："我的好姑娘啊！咱可得抓点紧哪！不久就要见驾了，可不能再睡下去了。"

没想到被子里的景象竟把她吓了一跳。原来，小姑娘从头上脱下一个金头冠。头冠一掉，露出了一头乌黑的秀发，之前的那一头黄糜疮都不见了，只剩一头乌黑柔顺的黑发。于是，那些女官、宫女们拿来金盆、银盆，给小姑娘沐浴；拿出衣囊、首饰，给小姑娘梳洗打扮。一边教她宫里的规矩，怎样走路，怎样说话，一边教她怎样给皇帝请安。

晋见那天，小姑娘油黑的头发梳成京头，没戴什么沾翠的头饰，只在头发上戴一朵新鲜的牡丹花，身上穿着珍珠镶边的旗袍，脚上穿着一双缀着小珍珠的凤鞋，走起路来"咯噔咯噔"响，腰身如弱柳扶风，两只修长的胳膊前后一摆动，甚是好看。

皇上久居深宫，看腻了那些贵人、嫔妃和格格们，她们都是些珠宝镶着的"妈妈人儿"。这回看到了这位从民间选来的俊俏姑娘，顿时觉得格外新鲜。他马上亲自提笔草就一道册立她为妃的手诏。因为这姑娘脸蛋儿长得黑，皇上就叫她黑妃，宫里的人就叫她"黑头娘娘"。

红颜薄命

黑头娘娘自从进宫就郁郁不乐。她想念年老的阿玛，怀念和阿玛在江上打渔的生活，想念自己的女伴。她不喜欢阴森的宫殿，不稀罕那些珍珠翡翠、绫罗绸缎。最使她厌烦的是宫里的那些规矩、礼法。一天天数不尽的请安、磕头。接皇上驾要磕头，接太后、皇后也要磕头。侍候他们时，总得像泥塑木雕一样地站着，还得看着他们的眼色行事。

等到冬天过去，赵明哲就会遵循满族祖训，在来年春天将猎鹰放归山林。驯鹰四十多年，他已经放归七十多只猎鹰。

赵明哲自然也会有不舍。但是与猎鹰相伴一生的他自然明白，在生存环境逐渐恶化的今天，在野生动物数量不断减少的今天，放归猎鹰，让它留下后代，是对这种生命最大的敬畏与珍重。

看着远飞的鹰，赵明哲沉默了。鹰会回归山林，可他的一身能耐要传给谁还未可知，他或许就是这个以鹰命名的屯子的最后一代"鹰王"。（姜山供图）

若是召去陪皇太后进餐，太后坐着吃，妃子得站着吃，还不能吃饱。更可怕的是，那些特意安排在身边的太监和宫女，他们瞪着眼盯着你，说什么话了，做什么事了，他们都要呈报。在皇上面前，也不能多说话，说错了，轻则挨棍子，重了要杀头，不轻不重的是贬入冷宫，永世不得出宫。黑头娘娘在家的时候，和阿玛朝夕在一起，如今却相隔数千里，回不了家乡，真是造化弄人啊！

黑头娘娘想念自己的阿玛，过不惯宫廷里像笼里金丝雀一般的生活。

皇上见她总是愁眉不展，闲来没事儿，就逗着她说话。打听她在家当姑娘时吃什么，穿什么，在哪条江上打渔，江里都有些什么鱼，还有什么珍奇的东西。黑头娘娘一听到这些高兴了。她把和阿玛去捕鱼，松花江上的鱼如何好吃等等，对皇上讲了，皇上听后便降旨给内务府，要他们年年从关外给他进贡松花江的鱼。

内务大臣领旨后，就在离松花江不远的乌拉街设立了一个总管衙门，专门给皇帝搜罗贡品。为了给皇家打鳇鱼，又请了各地的能工巧匠，在松

花江边上盖了一座打渔楼。那时候，每年一进腊月，总管衙门就派人用三十辆彩车，拉着早已冻好的鳇鱼，送往京城。而当地的百姓们也流传，渔楼村走出了一个黑头娘娘，黑头娘娘第一次离开了东北，到了皇宫居住，深得皇帝喜爱，因为黑头娘娘喜欢吃松花江特产的鱼，皇帝为了讨得美人欢心，便命人在渔楼村修建了"打渔楼"。这在当时整个打牲乌拉总管衙门地区可谓家喻户晓，人人称赞。而从渔楼村走出的这位黑头娘娘也成了这里的传奇。

有一天，进贡的鱼送到宫里来，皇上为了让黑头娘娘高兴，便让太监先把鳇鱼抬到黑头娘娘住处。黑头娘娘流着泪，走到跟前，摸摸这，摸摸那，像是见到自己的亲人一样。

黑头娘娘劝皇帝体恤百姓，给百姓些好处，皇帝最初也听她的话。但是时间一长，看黑头娘娘总是郁郁不乐，就渐渐对她冷淡下来。皇帝有后宫佳丽三千，黑头娘娘也在私底下抱怨过皇帝，而这些话却被有心人听到，传到了皇帝的耳里。自此，黑头娘娘的一举一动，在皇帝眼里都不顺眼了。

一次，皇帝来到了黑头娘娘宫里，按宫中规矩，就算是最得宠的妃子，在接驾叩头后也得让皇上先走，妃子跟在后面，以表示对九五至尊的尊重。这次黑头娘娘不知是吃醋还是一时忘了，竟破了这个例，叩完头，她掀起衣襟，一个人就往前走了。一进门槛儿，宫里的门槛儿足有二尺高，她不小心，把腿抬高了，露出了脚，让皇帝看见了。因为宫中的妃子不能随便把腿抬得那么高，又把脚露出来，这在当时是有违妇道。皇帝勃然大怒，走上前去，狠狠地踢了她一脚，这一脚就把黑头娘娘给踢死了。

听说，后来黑头娘娘的棺材运回家乡安葬了。现在讲起打渔楼，人们就会想起那位善良、美丽的黑头娘娘。

如今，松花江水依然奔流不息，渔楼村的人们依旧耕种生活，那个敢爱敢恨，代表着东北女人独特之美的黑头娘娘的故事，也依旧在渔楼村，乃至整个东北地区口口相传。

晶莹冰灯

赵家灯

赵家灯没个挑儿

　　从前，在山东招远县有个赵家庄。赵家庄有一个老奴叫赵谟，老奴领着一大家子人过日子。在当地，有一个习俗，每到过年的时候家家都要祭祖。祭祖的方式就是各家都要提着自己扎的灯笼，到祖先的墓地去祭拜。

（姜山供图）

　　来到年根儿了，老赵家跟往年一样提前扎了两盏红灯笼。这天早上，全家人都在忙着准备过年，有做贡品的，有剪"春花"的，有写对联的，全家上下分工明确，其乐融融。

　　老太爷年龄大了腿脚不灵便，他到锅台旁去拿扁担，结果被一个木桶绊了个跟头，脚一下子就把一个灯笼踩破了！眼看着黄昏时就要去祭祖了，重新扎制已来不及了！正在大家着急的时候，10岁的小孙子赵征却突然叫起来说："太爷爷，太爷爷，你快看，这是什么？"只见小孙子指着踩破的灯笼纸上出现的一种奇特的花纹说："呀，太好看了，太好看了！"

　　原来，那是老太爷穿着的一双玉米叶子编的草鞋踩出来的脚印。这老太爷的脚印，印在了灯笼纸上，使灯笼上出现了奇特的花纹。这时，一家子人十分惊喜，儿子扶起了老太爷，老太爷说："哎呀！这是老祖宗在告诉咱们做什么样的灯笼啊！"

　　一家人转忧为喜，赶紧按着老太爷草鞋上的花纹，选了一些好看的玉米叶片，再由老奶奶用剪刀剪出形状贴在灯笼上，重新制成两盏照路的大

晶莹冰灯

51

灯笼。大家再一看，这奇特花纹的灯笼太漂亮了！一家人点着这奇特花纹的灯笼乐此不疲地欣赏着。

后来就由老爹提着这大红灯笼带着长子长孙到祖坟祭祀。一路上，来往的人们看到老赵家提的灯笼既独特又好看，就好奇地打听起来。方才知道：原来是用玉米叶编的草鞋踩出来的花纹，再用剪刀剪出来草鞋的花纹做的灯笼。

于是，从那时候开始，村里各家都会按照赵家老奴的办法，在祭祖时制作出这样的灯笼。这种花纹灯，出自天然，来自田野，做出以后，独特无比。慢慢赵家庄家家户户都有了这种独特的祭祀灯笼，剪纸"春花纹饰"灯笼便由此衍生而来，并形成更多的美丽图案。

这个消息，一传俩，俩传仨。当地人都到他家来学习。

后来，屯里屯外的人们就给老奴起了个绰号，叫"赵家灯"。"赵家灯"对自己的这个绰号也十分满意，甚至很多人家专门来请"赵家灯"帮着做灯笼，他也爱去帮忙，从来不嫌烦。一到年节，赵家还会扎些这种灯笼，各家都愿意上他家选灯。一来二去，他的大名就在赵家庄一带传开了。至于他的本名，反而被人们忘记了。甚至村里还唱起了一首歌谣：

冰灯是流行于中国北方的一种民间艺术，也是冰雕艺术的一种形式。早期的冰灯是松嫩平原的农民和松花江流域的渔民冬季的照明工具。

寒冷使得江水凝结成冰，雕刻出造型后再装入灯烛，造就了冰灯玲珑剔透的美。制作和观赏冰灯，是北方人冬季最喜欢的活动之一。（姜山供图）

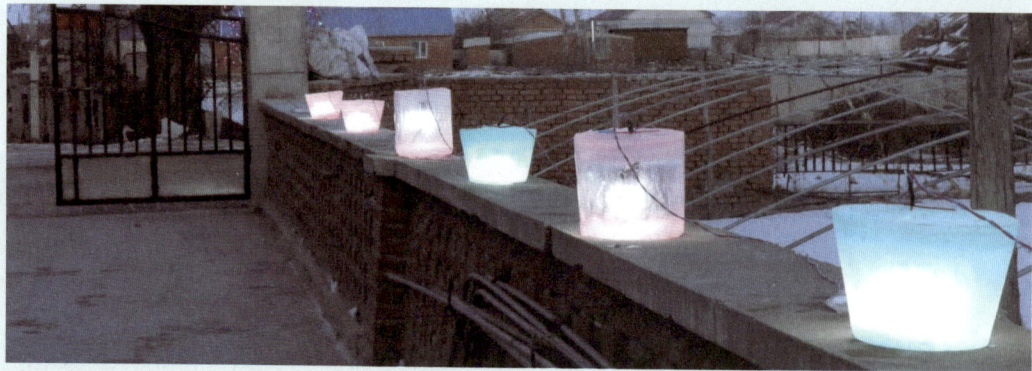

赵家灯，赵家灯，这个名字真好听！

赵家灯笼扎得巧，赵家人品更是行！

人品好，手艺好，赵家灯笼没个挑儿！

天有不测风云。这一年，赵家庄一带从农历五月二十三日就没下一滴雨，这一村子的人可怎么办呀？赵家庄当家人记得祖上从前有过闯关东的人，去的地方是长白山脚下一个叫龙井的地方。何不投奔宗亲去？于是，乡亲们离开故土，奔往关东。

山里石匠

赵家一家子人直奔东北的长白山，历尽了艰难困苦。赵老太爷和老太奶在逃荒的途中相继病故，很多亲人也走散了。一大家子到了最后，就只剩下了赵征一脉。

这一年，他们来到了当年赵家先祖来过的长白山脚下的龙井县，到处寻找赵家屯的宗亲，可是，却怎么也找不到了。

饥寒交迫之时，他们在龙井一个叫胜地的地方，也就是今天的新化村落了脚。他们投靠到一家姓李的大户人家，给人家扛活儿当起了长工。

经过十几年的辛苦劳动，他们积攒了一些钱，后来就带家眷去了一个叫东沟（今龙井市路家沟）的荒山，开始开荒种地。凭着辛勤劳动，他们逐渐扩大了耕地。后来，老家的赵氏支脉三太爷带着宗谱投奔他的曾祖父，也来到了东沟。

就这样，老哥俩一起开荒种地，后来又建起了一栋大宅院。他们开垦了附近的两座大山，又在一个叫大门洞的地方开起了石场，打制当地一些村落人家用的石器：碾子、磨盘等。而当年这一带，朝鲜族居民比较多，

闯关东而来的山东移民，在祭祖时所用的灯台。（吕健供图）

晶莹冰灯

53

他们普遍使用石碓，这是专门用来捣米、捣辣椒、做打糕的一种工具。

因为这事儿，赵石匠想起一个故事来：

传说，鲁班有一次领着徒弟们去山里采石，山上的石头不断地滚落下来，于是他就用石头做了一个石帽子，戴在头上。徒弟们也都学着这种办法做石帽子戴在头上，就不怕上面滚下来的石头砸脑袋了。后来，鲁班打完石头，临走时便把石头帽子留下了，再后来这帽子就成了当地人用来碓粮捣米的石具。

这个故事让赵石匠深受启发，他也做了一个石帽子样的东西，用来捣米，当地人称石碓。从此，赵家石场做石器便出名了。

当年，当地的朝鲜族村屯和汉族村屯，都来赵家石场选各种石器石具。那时，赵家石场这一带，狼特别多。有一天，赵家的儿子晚上去井台挑水，回来在半路上遇见了两只饿狼。饥饿的狼开始追赶他，他吓得扔掉水桶就往家跑，跑到家里关上院门不敢出来。直到第二天早晨，鸡叫了，天亮了，饿狼才不情愿地走了。

赵石匠的儿子想起昨夜把一担水和水笤都落在门外了，他出门一看，只见头天晚上挑来的两个水桶里的水，早已经冻成了两个冰坨子。赵老奴这时突然想起：不如把这两个冰坨子做成两盏"冰灯"，放在门口吓唬狼用！

于是，他就拿出石匠做石碉、石帽子的手艺，精心用工具将冰坨子掏成空心，弄了两个冰壳。又做了两个绳网，将冰壳吊起来，挂在门口，里面再点上油灯，哎呀，实在是亮堂极了。这种冰灯不怕风也不怕雪，还能用来防狼。

赵石匠家的冰灯一下子就又出了名。那时，由于这一带村屯人家都是闯关东来的，他们把老家祭祀祖先的风俗也带来了，赵家的冰灯又一下子派上了用场。赵家由于有扎灯笼的传统，又有石匠雕刻的手艺，制作起冰灯来，真是得心应手。他们往往把各种用具，如锅、碗、瓢、盆、水桶等用来作为造型，制成冰灯。

赵家的后代之一赵文汉的爷爷用自己的巧手，抠制出冰灯；奶奶用自己

的剪纸，装饰了冰灯。当年，奶奶会一手剪纸绝活儿，民间称为剪"春花"，往往是梅、兰、竹、菊，那一幅幅红绿"春花"贴在晶莹的冰灯上，独特极了，使得赵家的冰灯别具一格。父亲常常对赵文汉讲起赵家灯的故事，特别是被狼追撵而形成"冰灯"的故事。

赵文汉的童年，就是关于赵家独特的灯和冰灯文化的回忆。

雪雕院子

赵文汉小时候，一到冬季他们家的院子，就会变成雪的部落、冰的宫殿。他们家的院子，就像是微缩的北方"冰雪文化博物馆"。院子里，冰灯、雪人、冰柱、雪雕，处处皆是。后来，他们家搬到了龙井的吉兴村，

这是一座极具满族民俗风格的屋子，其主要特征体现在建筑物主体两侧伫立的土烟囱。
（姜山供图）

这个喜欢以冰和雪来装点生活的习俗，也随之被带到了吉兴村。

每年冬天，外面的雪屋子、冰仓子就是他们家的冰箱。

家里时常把杀完的猪分成许多块，然后放在院子的雪屋里，不用怕被猫和老鼠破坏。等到吃的时候，再从雪屋中挖出来，十分新鲜。他们家的仓房，墙的外面都是用冰砌起来的，里边放豆包、饺子、馒头、花卷等食物，整个冬天都是新鲜的。

院墙、院门，都是用冰砌的墙，冰搭的门楼，漂亮极了。他们先是去

海兰江里取冰，用铲子和冰锥切割成大小相等的冰块，接着把冰块子用马拉爬犁运到家，再细一步规方，然后堆砌成院墙和门楼。等到下大雪的时候，再把雪堆起来做成雪屋子。有时，墙上还要插上稻草编织的草龙。

那时，爷爷和父亲都非常喜欢自家的冰墙，他们领着孩子在墙上雕龙画凤，雕刻各种中国传统的造型，而那院子，就是一座独特的冰雪大院。赵文汉记得小时候堆砌冰雪院子时，父亲常常叫他："文汉，你想要个什么？"小文汉最喜欢小动物，于是，他就喊："来一只鸡，来一只猫，来一只大黄狗，再来一个宝葫芦。"在他欢乐的童年里，爷爷和父亲带着哥哥姐姐们，一样一样地让他的梦想得以实现了。那时候，他觉得爷爷和父亲好了不起！

冰匠掌门人

1995 年，赵文汉走上了家族传承下来的冰雪雕手艺之路。他从小就萌发了对冰灯的热爱和浓厚兴趣，学习绘画后，经过不断努力考到了长春的一所艺术专业学校。2000 年至今，他一直在制作冰雕雪雕，他的冰雕技艺可以说就是传承自祖辈们。

经过了大学美术雕塑专业的学习，他系统掌握了造型艺术的基础，毕业后继续刻苦研究冰雕雪雕。那时候，他每年冬季都要到长春胜利公园和南湖公园做冰雕，他还不断地研究出一系列先进的专业冰雪雕制作工具和制作方法。

2010 年，他和爱人吕艳华共同创建了长春市第一家专业的冰雪雕刻文化公司，他要把自家的冰雕手艺传承下去。长春净月潭瓦萨滑雪节活动前，需要大批的雪雕和冰雕艺人，找谁呢？工作人员打听到有一个"灯笼赵"的后人，便找上了他。

果然，行家一出手，便知有没有。从那时开始，他设计制作的雪雕和

冰雕一下子便"站"住了。后来一些汽车公司也相继下单，想让他做汽车冰雪试驾的设计策划及施工监督。他制作的雪雕和冰雕，继承了中华民族传统的民俗文化和民间乡土文化风格，还有融入来自欧式建筑风格的大型雪雕和冰雕风格。

如今，他做的雪雕和冰雕，不但有家族几代人独特的造型手艺，同时也创造出具有现代风格的冰雪造型。赵文汉的雪雕和冰雕艺术，具有典型的北方民族特色和民间生活的气息与风情。他设计了各种样式的雪屋、雪雕城堡、雪雕辘护、雪雕拖拉机、雪雕玉米楼子，题材十分广泛。他还开创了长春夏季的室内注酒冰雕，让大家在夏季也能

松花江从前是一条运输古道，从长白山下来的船只都顺此江来到今日江城吉林，特别是木材，通过放排人顺水流来到这儿。

放木排是九死一生的营生，多少勇猛的汉子一去不复返。这是因为江道上有无数的险恶哨口（指江水地势暗藏危难之处），稍有闪失就会让人排俱亡。所以，当家里的男人（丈夫或儿子）一死，全家人伤心思念，又怕这些屈死的冤魂在江上萦绕，家人就在江岸上烧香摆供。

除此之外还要扎灯，灯上写上死去的人的名字，灯里点上蜡烛，让灯随波流去，以表达人们的思念之情。同时，也希望这些冤魂能帮助活人渡过生活的难关。（姜山供图）

欣赏和使用冰雕。冰雪雕艺术是有灵魂的艺术，只要有了灵魂就能够传承下去。

为了更好地传承这门独特的手艺，赵文汉走遍了吉林省各地，专门去吉林市老船厂拜访那些有着世代传承手艺的老雪雕艺人和冰雕艺人。他曾经拜访当年专门制作冰雕的著名历史文化学家皮福生老师，他还拜老工艺美术家韩笑及雕塑家王天铎为师，跟随他们学习老一辈

乌拉街满族镇地处吉林市龙潭区西北部，东与大口钦满族镇接壤，南与金珠乡相连，西与昌邑区土城子乡隔江相望，北与长春市九台区荞卡满族乡毗邻。
受其自然因素、人文环境影响，乌拉街镇留下太多历史遗存，亟待后人进行深入走访与研究。（姜山供图）

冰灯制作，是十分讲究技巧的，所用原料，有冰，也有雪。

为防止冰和雪融化，延长它们展出的时间，经常会以矾入冰。这样冰灯即使在天寒地冻的室外，也能保存几个月之久。冰灯制作通常分为采冰、施工、精雕以及放灯四步。

当气温低于0℃以后，河流的水逐渐从细小的冰晶结为厚重的冰块，这种在自然条件下形成的冰块与人工合成的相比，质地更加均匀、紧密、晶莹剔透，是冰灯的首选材料。

（曹保明供图）

的雕刻雕塑技艺，他更与李立成了忘年交，经常与之交流东北的历史文化和民俗风情，不断提高自身的艺术修养。

他为自己取了雅号，谓之"冰魂"，在长春市农安县小城镇镇江口村培养出一批农民冰雪雕技师，他们放下锄头拿起铲子照样可以做冰雕、做雪雕，身负一门手艺。在那里，人们也可以看到冰雕雪雕的影子，大多数的农民都愿意跟他学习冰雕雪雕技艺。他每年都会去那里做些冰雕为村民提升年味，人们都称他为吉商冰雪手艺老字号的冰艺掌门人。

吉林旧建筑（姜山供图）

晶莹冰灯

59

　　自秦汉建立大一统多民族王朝以来，历代王朝与吉林地域各民族的关系日趋紧密，其行政管理由羁縻建置发展为一般行政建置，各民族间的关系也由"华夷有别"发展为"中华一体"。

　　在漫长的历史中，各民族在这片富饶美丽的黑土地上共同创造出丰富多彩的文化，是多源同归与多元互补的中华文化的重要组成部分。（姜山供图）

山水有回声

满语地名

　　满族，崛起于白山黑水之间。

　　山川抚育着生命，河流孕育了文明。在吉林省境内，每座山川、每条河流都有着属于自己的故事，讲述着民族的历史，讲述着古老的传说。群峰连绵，水韵悠长，吉林的山水交织着人与自然的生命律动。

　　"吉林"是"吉林乌拉"的简称，而"乌拉"则是满族语言的译音，具有沿江之意。作为满族发祥地、清王朝的"龙兴之地"，吉林省内

60%~70% 的地名皆与满语有关。特定的地域环境和资源条件不仅是满族赖以生产、生活的基础，也在很大程度上影响着满族的民俗文化形式。这一地域固有的地理、气候和资源条件，决定了这一区域内人们的生活方式和民俗的形成与演化。

花香沁鼻

每年的腊月初七，满族的姑娘们便会成群结队，兴高采烈地爬上山顶石砬上撅年息花枝。边撅边唱"年息花"歌：

今个腊七儿，明个腊八儿，上山来撅年息花。

年息花，生性乖，腊七儿采，腊八儿栽。

三十打骨朵，大年初一开。

红花开，粉花开，花香飘到敬祖台。

财神来，喜神来，又赐福，又送财。

年息花儿道年喜，年息花儿年年开。

一株普通的杜鹃花，在不同的民族有着不同的称谓，汉族人又称它是"野杜鹃"；朝鲜族人称它是"金达莱"；满族人称为"日吉纳花"，满语发音为"阿德布合"。（姜山供图）

姑娘们撅回年息花枝条，先插入装满水的瓶子里，摆在箱盖和窗户台上。二十多天后适逢过年，年息花枝上的花苞正好赶在正月里开花，花期可持续半月左右。在千里冰封、万里雪飘的关东满族人家，伴随着新年的鞭炮声，一时花枝怒放，满屋飘香，春意盎然，真让人心旷神怡，增添了许多节日气氛。

因为年息花在早春先开花，后放叶，所以人们称它是报春花、干枝子梅花。姑娘们将花枝分扎为成束小把的，初八拿到市场去卖，很受人们喜欢，人们买回家去插入装水的瓶子里，使更多的人们分享着这浓浓的春意。

采来好香敬祖堂

四愣山，坐落在吉林省腹地，距长春市九台区其塔木街道西北 8 千米，海拔 570 米。四愣山中的"愣"字源于满语，意为连接物体上两个不同方向的平面部分。作为长白山系哈达岭山脉的余脉，那里山清水秀，物产丰富，山路弯弯，百花偃伏。

在漫长的社会历史发展中，满族先民形成了富于自己民族特点的岁时文化，如远在渤海国时期，就已经有了春节、端午节等节庆习俗。这些习俗与其受到汉文化影响有关，但也具有自己民族的特色，如女真人在端午节有采艾蒿、吃艾糕、系长命锁、射柳祭天等习俗。清入关后，满族的岁时文化与汉族文化结合，互相吸收，渐趋一致，其间仍然显示出满族岁时文化的某些特色。

（杨昕艺供图）

每年农历七月初六之前，四愣山不雨而润，也是年息花叶香味最浓的时候，连山林中的鸟儿都躲得远远的。附近大家族的族长，会趁这个时节来采摘年息花的叶子，阴干后制成粉末，装在匣子里头，待祭祀时取出敬祖。因为在满族人的认知中，年息香性质最为洁净。一直以来，年息花叶都是满族上至清朝宫廷祭祀，下至民间烧香的典仪专用香原料。

这不得不提到当地流传的一首歌谣：

未见祖先上山岗，

手拿镰刀采香芒。

不怕山高和路陡，

采来好香献祖堂。

相传，很早以前，这座山下住着四兄弟。

三位哥哥吃苦耐劳在田间劳作，就是为了能让天资聪慧的四弟专心读书。没想到，胸有成竹的四弟竟在一次乡试中落榜了。原来是乡绅买通考官，将四弟的答卷调包，榜上有名的那人，自然是乡绅那不学无术的儿子。兄长们一商量，于是放火烧了乡绅家的粮仓，替老实的四弟出口恶气。

第二天一早，乡绅望着狼藉的自家粮仓，气得牙根直痒痒。他一个巴掌，便将回话的小厮打翻在地，扬言道："谁要是瞧见了那混账四兄弟，立刻带他们来见我！活人一万两白银，死人五万两百银！"

堂下众人面面相觑，夺人名利不说，这不活脱脱要了四兄弟的命吗？

无奈之下，四人一商量，只好远走他乡，跟着镖局讨生活、避风头。走镖一路上艰难坎坷，四兄弟肤色也黑了、身体也壮了，跟着镖师们学得一身本领，发誓要回到家乡找乡绅报仇。

不久，一篇指责乡绅与官府暗中勾结、买官卖官、替换答卷还要杀人灭口的告示被人张贴在县衙门口的鸣冤鼓上。寥寥数语惹得乡绅父子心里直发毛，连忙叫来官兵，将自己偌大的宅邸包围得水泄不通，全城抓捕四兄弟。临行前，四兄弟的行踪被人告发，他们就在山脚下那间祖宅里！

乡绅与儿子一番商量，率众人慢慢摸上山崖，走镖护镖多年的四兄弟什么排场没见过！眼看官兵就要将自己包围，相互使个眼色，便在这一亩三分地施展出拳脚。几番较量后，四兄弟实在是寡不敌众，被逼上山顶。乡绅父子窃取他人成绩在先，三位哥哥当年以暴制暴，火烧粮仓虽不可取，但在场诸位明眼人都能看出来，乡绅这是要把坏事做绝，将四兄弟杀人灭口！说时迟，那时快。四兄弟每人抱起一块大石头，一齐从山上跳了下来，砸死了乡绅与他的儿子。

再后来，据采摘年息花叶的族长说，那乡绅和县太爷当即就变成了一座主峰四面连接处稍微突出的大山，那可能是乡绅父子挣扎的痕迹哩！传说虽不知从何而起，却在这片土地上世世代代口口相传。

"萨满"是通古斯语，意为"先知"，汉译为"巫师"。满族的萨满信仰兼有自然崇拜、图腾崇拜、祖先崇拜和偶像崇拜四重含意，故崇拜的神祇既多又杂。祭祀的方式也不尽相同，有官廷与民间之别、富者与贫者之别、地区之别、家族之别。（姜山供图）

满语遗存

数百年前，许多满族先民就在哈达山（今长春市九台区）一带安家落户、开枝散叶，逐渐形成九台当地一个满族聚集村：莽卡乡苇子沟屯。"哈达"满语意为屹立在江边较高的山峰之意。这样一个普普通通的满语地名，却并不寻常，它经历了一段非常漫长的演变过程，衍生出许多民间故事和传说，一直传唱至今。

远古时期，这座山是由一大一小两座山峰连接而成的，百姓们开始叫它姊妹峰。后来据传，曾经造山的神仙云游到此，发现姊妹峰附近民风淳朴、宁静祥和，于是在山顶最高处的一块平坦石头上刻了一副棋盘，闲来无事便与自己的神仙朋友到此布棋对弈。后来顺应时节进入深山采集的百姓爬上山顶，真的见到了如神话传说那般的棋盘。满载而归的人们将山顶所见一传十，十传百，棋盘山的名号也因此叫开了。

再后来，在这深山老林里有两只狐狸，吸天地之灵气，集日月之精华，终幻化成仙，守护一方安宁，大伙又称这个山为"聚仙山"。"山不在高，有仙则名。"这个名字成为哈达山周边的百姓更认可的第三种叫法。

乌拉街满族镇是满族发祥地之一。
远在五千年以前的新石器时代，满族人的祖先就在该地劳动、生息、繁衍。（姜山供图）

到明朝末期，努尔哈赤统一女真各部，四子皇太极建立大清。为了纪念父亲的功绩，彰显女真人的民族实力，弃用曾经的"姊妹峰""棋盘山""聚仙山"，直接根据山体周围的自然特征用满语命名——"哈达山"，为满语的汉语音译，一直沿用至今。

距离松花江东岸 2 千米处，出土了一座杨屯大海猛古遗址。四千年前的东北有四大民族族系：肃慎、东胡、濊貊与汉族。杨屯大海猛古遗址所在地，即今天的吉林市乌拉街镇的杨屯村，曾经是肃慎族后裔，粟末靺鞨人的家乡。乌拉街地区大多数地名的命名，与满语地名普遍的命名方式不同，这里地名的命名有着一个独特的规律，是由最早来到此地生活居住的村民为其取名而来。

遗址的北端，松花江冲击着高岗，紧临松花江支流由古河道形成直径约 500 米的水泡，当地称为"大海猛"，而遗址的西侧则是漫无边际的庄稼地，土地肥沃，地势平坦。丝毫看不出"猛"从何来。

《御制清文鉴》一书中明文记载，"猛"是"穆棱"的汉语音转，"大海穆棱""大海猛"就是马驹的意思。原来松花江东岸的台岗处是个古河道，古河西起松花江，途经此地较为低洼的地带，河流遂像马驹奔跑一样湍急，因此人们将它定名为"大海猛"。

一方水土一方人

满族由孕育到崛起，经历了漫长的过程，其民族所特有的渔猎文明在与游牧文明和农耕文明的碰撞和融合中，大量吸收蒙古、汉等民族的文化，同时本民族的宗教仪式、年节庆典、交接礼节、生活习惯、特色音乐舞蹈、专门的手工艺等在发展中传承，在传承中发展，最终形成了独具特色的满族民俗文化。

发源于长白山天池的松花江是东北地区最重要的河流。松花江穿峡谷，

过险滩，滋润茫茫森林，经过数百千米的长途跋涉，缓缓进入九台。流淌千年的江水在广袤的黑土地上缀染出"一川绿杨嫩柳，千倾稼禾金黄"，点点村舍如同珍珠串连在大江两岸，炊烟袅袅耀空，暮霭薄如纱帘的景象。

饮马河，位于石头口门水库上游，是西流松花江一条较大的支流，也是九台境内又一条重要水系。关于饮马河名字的由来，世人广泛流传的版本是这样的：乾隆东巡时，走到河边饮了一回马，百姓为了感激皇恩浩荡，就叫它饮马河。

事实上，据专家查证，饮马河的正确满语发音用汉语表达为"伊儿们河"。无论王侯将相还是黎民百姓是否在此地饮马，都不是这条河流得名的缘由，断不可望文生义。

吉林乌拉打牲衙门，是同一时期与江宁织造局齐名的皇家贡品采办运输部门，"伊儿们"就是运输贡品途中驿站的名字，满语译为"阎王"。当年，饮马河时常泛滥，不是摆渡者船翻人死，就是打渔摸虾者一去不回，可不就是生吃活人的"阎王爷"。后来，几个大家族族长开会讨论，"阎王爷"不好听也不太雅，倒不如用满语"伊儿们"称呼，也能以满人的威风杀杀此河的锐气。

千百年光阴流逝、世事变迁。在时光的磨砺间，满族独特的人情、风俗、习惯和文化，如同奔流不息的"伊儿们河"一般，在这片土地上延绵不绝，时至今日，依旧蜿蜒流淌，养育了一代又一代勤劳智慧的吉林人。

数千年前的古村落遗址、辽金时期的古城遗址、清代的边台遗址分布在密密麻麻的农田与村镇之中，见证着王朝的更迭、时代的变迁……随处可见的满语地名，承载着一个又一个民间故事和传说，流传至今，无不彰显着吉林省的历史悠久、山清水秀、物产丰富、人杰地灵。

古老的文化风俗，灵动的地名传说，不断需要用新的姿态与时代融合，与岁月共生。满语地名的故事与由来，亟待人们去探索，让越来越多的人了解吉林乌拉文化，将博大精深的满语文化发扬、传播开来。我们期待着这片历史悠久、山水秀丽、人杰辈出的土地，在传承中发展，在发展中蜕变，在蜕变中迎来新生。

满族秧歌是满族人民在劳动、生活中，吸收汉族等其他民族舞蹈的基础上逐渐形成发展的，具有矫健、粗犷、热烈而又豪放的表演特点，是满族民间舞蹈中最通俗、最普及、最具生命力，同时也是最受满族人民喜爱的舞蹈形式之一。（杨昕艺供图）

据史书记载，努尔哈赤在赫图阿拉凯旋之后、丰收之余率队即兴表演的舞蹈是满族秧歌的雏形。

初起的满族秧歌多为表现喜庆、狩猎、渔猎等内容。努尔哈赤起兵后，逐渐融入了征战内容，整个秧歌舞队摆出练兵习武、驰骋征战的阵势，满族秧歌是满族先人生产、生活和社会活动方式的活化石。（杨昕艺供图）

吉林省有着丰富的物质文化遗产，这是先人留在吉林大地的足迹，它弥补了文献的不足，使我们慎终追远，更具体地了解过去。

它们是时代的遗孤，历史的遗爱，我们应予以珍惜。

（姜山供图）

原为海西女真扈伦四部之一的乌拉部的乌拉城，在吉林市西北的乌拉街，东北依丘陵，西南东三面临松花江，当时被称为"东陲第一大城"。

努尔哈赤灭乌拉部之后，在其领地改设打牲乌拉府。清崇德年间在打牲乌拉府设置"梅勒章京"一职，负责管理下属旗人。

到清顺治年间，打牲乌拉府正式划归清廷内务府下属。后来也称为"打牲乌拉衙门"或"打牲乌拉总管衙门"。（姜山供图）

打牲乌拉衙门的任务是专门为清朝皇室采办和运输地区特产，比如：各种上乘裘皮、天然东珠、绿松石、人参药材、各种珍馐鱼肉、名贵山珍、上等猎鹰，等等。

因此，打牲乌拉衙门之下有一批专门从事这些工作的旗人，在清代被称为"乌拉牲丁"。（姜山供图）

炮声隆隆古炮台

玄天岭上的炮台

玄天岭位于吉林省吉林市北极街东南，坐北面南，呈东南至西北向，1180余米，南北最宽处约680米。

至20世纪末，玄天岭北峰上修筑的这座炮台还残留痕迹。

从吉林市第一机械厂东侧小道上山，翻过一座漫岗再登上山顶，即到达炮台遗址。此炮台虽然在日俄战争期间被俄军拆毁，但故垒墙体尚存，十分坚固。

吉林省吉林市，素以山水著称，市内四大名山龙潭山、朱雀山、小白山、玄天岭又各具特色，也各自拥有深厚的历史背景和独特的作用。其中，玄天岭在军事上就是一个重要的战略要地。

吉林市是北方一个重要的军事城市，占据着重要的战略位置，西连长春南通沈阳，东面可从通化至长白山余脉，所以早在明代，刘清将军便上书朝廷在吉林设船厂，船厂所建造的船，是明朝水师的军舰，这些军舰一直沿松花江而下，到达海参崴，保卫整个东北的流域、海域。后来为把吉林建为一个军事后备城市，清廷又在吉林建炮台山，玄天岭就是重要的一个炮台山。自此，吉林便作为清朝防御北方沙俄入侵的军事重镇。

守土有责

顺治年间，为巩固东北边防，抵御沙俄入侵，清政府派昂邦章京沙尔虎达在吉林建厂造船，组织船队，巡行江上。至清光绪年间，此时驻守吉林的将军是长顺将军，他鉴于沙俄势力向东北内地逐渐侵入的严峻形势，决定加强省城的防御设施，便上奏朝廷在此处建造炮台，分拨车炮。他奏表皇帝："吉林此地，北通宁古塔，南面盛京，此乃去往东北各地的必经之路，是经略要地，而且吉林城周边空旷，背靠江边，如今虽然围城建城，却无一丝天险可守，应当建立一个炮台，对内可威慑四周宵小，对外亦能御敌。"

为了能将炮台建立起来，长顺将军想了很多策略，思考火炮和军火的来源。这时，他想起之前他到珲春检阅军队时，珲春军队里有一门立密达大炮和40多门炮车闲置，若是能将它们运到吉林城，便能节省很多资金；珲春到吉林的交通方便，运输也很便利，这样又能够节省一笔运费的开支。

值得一提的是，当时长顺将军在珲春检阅时还遇到一位军事素养十分优秀的将领，那便是杨凤翔，此人不仅能带兵打仗，又能治理军队和边防，可谓能文能武，深得他的赏识。当时长顺便心想，若日后外敌入侵，瑷珲城与吉林城可成犄角之势，瑷珲做第一道防线，二城交通便捷，吉林城在玄天岭上修建的炮台可为吉林做火力依靠，震慑敌军，让敌军突破第一道防线后不可轻易冒进。到时候能真正靠得住的将领，便是不可多得的良将杨凤翔。

在长顺将军回到吉林城之后，将火炮的来源、威力、发射后的覆盖面积调查清楚后，便把自己的想法详尽地写在奏章里，然后派快马送往京城。

炮台初成

长顺将军在奏章中写道：

"前年赴珲春校阅防军，见炮台下放有十五生立密达大炮一尊，查系余多之物，遂将此炮运省。今如建筑炮台，则大炮得一已足，勿庸另购。其余尚须中等炮位十数尊。查吉林防军，除开花格林等炮不计外，仍有九升的车炮四十尊。前以占用人马过多，停演一半。将来拟将此项车炮分拨各炮台应用，以节糜费。另请将由珲春运省之十五生立密达大炮一尊，及将九生的车炮分拨应用，以节糜费，亦应准其分拨，以免筹款另购。"

而海军衙门会同户部、工部审理了长顺的奏折后复议：

"将军长顺等以吉林省形势卑狭，城无可守，亘墙仅止三面，南面临江，并无余地修筑，拟建炮台，以资控制。系为慎固边防思患于防起见，自应准如所请。其建筑炮台究系若干座，每座系何形势，安设炮位若干，兵勇由何项分拨，均由该将军详细酌定，绘图帖说，开单具奏。"

之后，仿照天津大沽口炮台形制的玄天岭炮台正式建成，筑实心大炮七门，炮口向北。炮台墙高 1.2 米至 5 米不等，东西宽 29.5 米，南北长 44.5 米，周长 48 米。其中五门大炮由清政府铸造，另外两门从国外进口，一门是立密达大炮，另一门是克虏伯大炮，这两门进口的大炮在当时亦是世界上最先进的大炮之一。五门国产大炮，射程约 2000 米，在这个范围内杀伤力最大，进口的两门炮射程约 5000 米，玄天岭炮台的威力在北方的军事设施和城堡当中可拔得头筹。这个炮台可算是当时东北边防最先进的防御工事。

至于这些大炮的维修和军队兵器枪械的生产，吉林将军铭安，就已经奏请朝廷，在吉林建立机器局，附设火药局、铸币局以及书院，这些机构不仅可以生产弹药和枪炮，生产钱币维持地方的经济稳定，还能为日后抵御外敌培养一批优秀的军事人才。后火药局建成，机器局建设工程全部竣工。

吉林机器局产品主要分弹药和枪炮两大类。在吉林机器局建成之后，附设表正书院，每年招生 30 人左右，相当于现在的职业学校，培养了大量人才，而附设的一些铸币厂，支撑着吉林经济。

吉林机器局，是东北地区第一家近代工业，也是清末洋务运动中，东北地区唯一的兵工厂。

血战沙俄

　　此时的吉林，已发展成为通往黑龙江，或更远地方的中转站。随着吉林机器局的建成，吉林作为松花江边的水陆码头，其政治、经济、军事上的重要地位日益凸显。而清朝的北方邻居沙皇俄国，也对中国蠢蠢欲动。

（姜山供图）

沙俄一直觊觎中国东北，到了 1900 年夏天，也就是光绪二十六年夏天，随着义和团运动达到顶峰，八国联军侵华战争开始。当年 6 月，沙俄终于暴露了它的狼子野心，对中国北部边陲不断增兵，并采取了军事行动。为了独吞中国东北，沙俄在黑龙江以北集结 17 万大军，兵分五路大举进犯东北。

而首当其冲的正是瑷珲城（今黑河），瑷珲城战略位置十分重要，"左枕龙江，右环兴岭"，与吉林城交通便捷。若是瑷珲城失守，则可以直接威胁到齐齐哈尔和吉林城，所以它也被称为"东国屏藩，北国锁钥"，是东北边疆抵御沙俄的军事重镇。而且瑷珲城与沙俄阿穆尔地区首府布拉戈维申斯克（海兰泡），隔江相对，不可避免地成为沙俄北下侵略的第一目标。

而此时身在瑷珲城的杨凤翔已经成为了瑷珲副都统帮办镇边军大臣，戴上了正二品的红顶子，跨入了高级官员的行列。杨

凤翔本是汉军镶黄旗人。凭借自己多年的努力和朝廷的赏识，一路坐到了如今的位置，然而他面对的局势却十分凶险。

杨凤翔面对严峻形势，毫不畏缩，下令积极备战，准备迎击沙俄的入侵。在面对沙俄大军的情况下，杨凤翔坚定团结一切可以抵抗沙俄入侵、保卫国家领土的力量，他在瑷珲城中团结瑷珲义和团，让手下军队与瑷珲义和团一起在北起五道霍罗卡、南至富拉尔基屯沿江一带修筑战壕，并在各要隘架设炮台，修筑第一道防御工事，用以对付沙俄侵略军。

1900 年，俄军首先包围了黑龙江北岸的江东六十四屯，大肆烧杀淫掠。杨凤翔在黑龙江南岸的瑷珲城里，看到北岸火光四起，哭声震天，立刻下令趁夜色组织船队渡江，营救难民过江，同时又下令清军过江袭击俄军。于是，500 多名清军将士和义和团士兵合并成一个对沙俄的突击分队，趁着夜色兵分三路渡江前往设立在博尔多屯的俄军一号哨所。在百姓民众的帮助下，他们成功在距离俄军一号哨所 400 多米外的一处凹地会师。一日清晨，突击分队在凹地里伏击了从一号哨所前往二号哨所的 100 多名俄军士兵，俄军士兵无法突破清军和义和团分队的阻击，龟缩回一号哨所。俄军士兵死守不出，突击分队决定改变战术对哨所前后夹击，英勇的士兵们冒着俄军的枪林弹雨成功冲进一号哨所与哨所里的 500 多敌人进行贴身肉搏。血战四个小时之后，突击分队共毙敌百余人，炸毁俄军弹药库，然后带领难民撤回江南。而俄军连长巴索夫受伤，带着剩余俄军逃亡海兰泡。杨凤翔指挥的这次突击作战获得胜利，极大地鼓舞了士气。

沙俄军队也没有想到，在他们眼中弱小的清朝军队居然敢于渡江主动进攻，这让俄军总司令库罗帕特金极为恼怒。但他此时也担心瑷珲后方的吉林城派援军前来支援，而且吉林城的玄天岭可是修建了东

北边防中威力最大的玄天岭炮台，这让他十分忌惮。若是此时提前向吉林城开战，以他的兵力肯定突破不了玄天岭炮台的防线，所以哪怕这次吃了败仗，他也不敢立刻命令军队渡河作战。这玄天岭炮台的威力让这名沙俄侵略军将领有些望而生畏。

他收到情报确定吉林城不会派兵增援后，才向瑷珲方向集中兵力，瑷珲方向集结的俄军已经达到了 1.4 万余人。在瑷珲城中，杨凤翔的兵力却只剩 3000 余人。敌众我寡，再加上当时的俄军受过近代化的军事训练，无论在军事素养还是对战方阵上面都比清军先进，至于武器装备上双方差距更大，但是杨凤翔脸上充满坚毅之色，他已经决心拼死保卫瑷珲城。

而俄军兵分三路，从东南北三个方向大举攻城。杨凤翔率领城内的清军拼死抗击沙俄侵略者，义和团首领率领 200 多名义和团员冲杀在前，义和团士兵与清军一起奋勇作战。清军佐领玉庆在与俄军肉搏中不幸受伤被俘，沙俄侵略者为了打压守城军队的战斗意志，当着守军的面，在城下用小刀把玉庆一刀刀割死，同袍的牺牲激起守军更强烈的死战之志。

这场激烈的战斗从早晨一直持续到黄昏，杨凤翔带领的守城官兵寸土必争，誓死不退。瑷珲城中的每条街道、每座房屋都变成了战场，俄军的尸体铺满了大街小巷。俄军每攻占一所房子，每一条街道，都要付出巨大的代价。当最后俄军进攻到副都统衙门和清军弹药库的时候，最后看守弹药库的清军，毅然引爆了弹药库，与敌人同归于尽。这场激烈的战斗，向沙俄侵略者展现了中华民族捍卫家国的民族血性和战斗意志，也给了沙俄侵略者迎头痛击，使他们损失惨重。

瑷珲失守之后，杨凤翔指挥残部掩护着城内百姓撤退到了瑷珲城西南 40 余千米的北二龙山口。他在那里组织防线，准备继续抵抗俄军进攻。就在清军防线还没来得及布置完的时候，俄军以哥萨克骑兵组成的快速支队已经到达北二龙山口。杨凤翔立刻指挥清军猛烈开火，又指挥官兵冲上去肉搏。一番鏖战，素以凶悍著称的哥萨克骑兵死伤 40 余人，狼狈败逃而去。

之后，俄军后续主力部队赶到，杨凤翔指挥清军后撤到北大岭山口继续抵抗。在北大岭，他带领部队在瑷珲跟沙俄侵略者血战的英勇事迹得到了当地百姓的赞许，他本人也深受百姓的爱戴，鄂伦春马队决定派出部族里的精锐战士支援杨凤翔，这让清军的正义之师又多增了几分力量。

杨凤翔的战略布置充满智慧，他事先让清军埋伏在北大岭山口两侧山坡的树林里，等俄军骑兵全部进入北大岭山口后，清军突然发起攻击，形成"关门打狗"的态势。俄军骑兵本来就不熟悉这片区域，不占地利，又遭到清军的突然袭击，顿时乱了阵脚。而且前来助战的鄂伦春马队勇敢地冲入沙俄军队中，与敌军开展白刃战。此时年已花甲的杨凤翔也亲自披挂上阵，挥舞战刀骑马突入敌阵，他的参战让军队士气大涨，士兵们更加奋勇杀敌。

在击退追兵之后，杨凤翔深知穷寇莫追，于是对手下的将领下令将兵马都召集回来。杨凤翔知道在北大岭虽然能获得一些小的胜利，但绝对不是长久之计，于是他集合仅剩的千余人队伍，决定退守吉林城，这样便能获得吉林城内长顺将军的支援。他骑着高大的黑马，头戴军盔，身披清军将领的制式棉甲，手里握着长长的战刀，昂首挺胸地跨坐在马背上。北风潇潇，杨凤翔高举手中的大刀，对着眼前集合好的将士们说道：

"弟兄们，敌军已经被我们击败，但此地终究不宜久留，吾等稍作休息，便南下吉林城，那时吾等后有城内后援，外有炮台退敌，吾等必胜！"

"吾等必胜！吾等必胜！"

部队的将士们一起举起手中的兵器，跟着杨凤翔高喊！士气大涨。而后他带领部队南下吉林城。不久之后，到了吉林城，城门紧闭，杨凤翔便派手下前去让守城部队开门。他的手下骑着快马冲向城门，冲着城门大喊道：

"吾等乃瑷珲城杨凤翔都统军队，速速开门支援！"

守城的正是长顺将军，他看到城门下的部队，本想开门放行，但一想到朝廷的态度，只能狠下心。他站起身对城下的部队冷酷无情地喊道："汝等如今丢了瑷珲城，已然是败军之将，有甚颜面进我吉林城，但念在同袍之情，我许尔等去城北守玄天岭炮台，速速前去，不然按败军降将处理！"

他说完便甩过脸，大摇大摆地回到城中，只留下城外传令的士兵。而杨凤翔得到手下的回报后，对着城门大骂道："这帮屄蛋子"。

而后转身对将士说道："弟兄们，今天是我杨凤翔对不住各位奋勇杀敌的好汉了。如今，我等只能退守城北玄天岭炮台与沙俄死战！"

而手下的部队们如今已经知道要背水一战，只有将沙俄侵略者赶出疆土，才能迎来真正的和平，所以他们也被杨凤翔的喊话激励，群情激愤道：

"死战！死战！死战……"

火炮灭罗刹

随后杨凤翔带领仅剩的千余将士退守玄天岭炮台。玄天岭在吉林城北，恰似城池的天然屏障，而一旦两军交战，必定是马前卒，也是敌军最先想消灭的地方。到了第二日清晨，乌泱泱的沙俄军队已经从远方涌向吉林城和玄天岭炮台，而他们的前锋部队便直冲玄天岭炮台。杨凤翔看着冲向玄天岭的俄军，命令手下分为两队，前军迎击冲上玄天岭的俄军，后军操纵火炮大范围杀伤敌军。杨凤翔站在炮台后方，举起手中的大刀，指着山下冲击的俄军冲炮兵大喊道：

"开炮！"

"轰隆！轰隆！轰隆……"

一声声震耳欲聋的轰天巨响中，火红的炮弹在空中划出一道道灰红的线条，然后狠狠地砸在沙俄的部队中。沙俄军阵中传来一声声鬼哭狼嚎，断肢乱飞，一片敌人顷刻间便被消灭了，但沙俄军队还是像蚂蚁一样密密麻麻地冲向玄天岭。眼看着炮弹越打越少，而敌军不减反增，杨凤翔让炮手继续放炮，自己冲到前军。他看着身后的部队，拔出腰间的大刀，将刀锋指向快要冲上山的沙俄对身后的部下们喊道：

"弟兄们，随我冲锋，振中华，守疆土！"

身后的部下们也红了眼，跟着大喊道："振中华，守疆土！灭沙俄，守疆土！"

而后大家一起杀向沙俄阵中，玄天岭上喊杀声震天，荒草都染成了血红色，守军击退一波又一波的沙俄军队，但最终寡不敌众，玄天岭还是被沙俄占领了，但他们也付出了惨重的代价，此后沙俄也没有余力继续进攻吉林城了。

而杨凤翔从瑷珲血战开始，这段时间以来身上已经积累了许多伤病。今日的血战，亲自入阵杀敌，旧伤未愈，又增添新伤，战袍已被鲜血染红。

吉林天主教堂位于吉林省吉林市松江路三号，吉林大桥北端附近，南临松花江。

光绪二十八年（1902年）外国传教士兰禄业和古若瑟购买了天主教堂所占的土地，开始筹建天主教堂。1917年动工，费时10年建成。

它的存在，记录着中华民族被侵略的屈辱历史。·（姜山供图）

炮声隆隆古炮台

81

部下劝他休息，但他知道自己不能倒，倒了战线就会溃败，他不肯休息，不顾伤势，继续率领官兵奋力与敌军展开白刃战，最终因伤势过重，失血过多，壮烈牺牲。

而几日后，面对沙俄进攻的吉林城，为抗击侵略者，义和团本想组成敢死队出战，然而软弱的清廷却被沙俄侵略者的淫威所吓倒。镇守吉林城的将军长顺，一方面秉承慈禧太后的旨意，对吉林义和团施行血腥镇压，一方面派代表赴哈尔滨与沙俄谈判，商讨投降条件。

镇守齐齐哈尔城的寿山将军，虽然之前毅然抵抗沙俄侵略者，但既受京城和谈的压力不得再战，又再加上多次战斗，如今守城军队的战力已经弱于沙俄军队，无奈之下，只得接受沙俄要求。但是寿山将军目睹江东六十四屯和海兰泡屠杀之惨烈，深痛疆土不保，生灵涂炭。悲愤之下，他决意自尽，全家殉国。在沙俄军队入城当日，他写好遗书，即吞金待死。然而，久等不死，他听见沙俄进军号角，便厉声命令部下开枪，身中三枪，殉国。

沙俄在没费一枪一弹的情况下，占领吉林城。

软弱的清政府选择投降，曾经耗资两万两白银，寄托着东北军民抵御沙俄心愿的玄天岭炮台，在它最应该发挥作用，痛击沙俄侵略者的时候，走向了投降而被占领的厄运。

沙俄的军队就这样在清军投降中走进吉林城，而他们第一个登上的山，正是炮台山，第一个要毁灭的工事正是玄天岭炮台。清政府耗资两万多白银修建的玄天岭炮台就这样被沙俄摧毁。而后沙俄军队摧毁吉林机器局 60 门大炮，还包括部分枪弹，将这些武器全部投进了松花江之中，城中的 572 万两白银也被他们掠夺一空。

　　如今，被修复的玄天岭炮台已经成为吉林市的爱国主义教育基地，古老的城墙，没能经受枪炮的洗礼，却在岁月的侵蚀下备显疲态。它无声地记录着岁月，反复地讲述着屈辱，警醒着热爱和平的人们，铭记苦难，珍视未来。

　　自 2005 年，吉林市政府为改善人民文化生活环境，重点开发玄天岭公园，恢复重建古迹、寺庙，在山上广植树木，修建凉亭景观。

　　至 2013 年，玄天岭已然成为了集古迹、寺庙、休憩旅游、园林绿地多功能服务于一体的城区森林公园。

隆隆古炮台

一奶同胞

寻迹大布苏

在松辽平原西部，嫩江与辽河之间的闭流区内，一个巨大的内陆湖泊坐落于此，它静谧灵动、熠熠生晖，镶嵌在美丽的草原之上，诉说着曾经的过往，历数着这片土地的神秘与沧桑，它就是大布苏湖。

大布苏湖，位于乾安县西南部，距县城35千米。在当地人看来，这是一个充满死亡气息的巨大湖泊，因为这个湖泊，与东北地区常见的胡泊截然不同。

大布苏国家级自然保护区位于吉林省松原市乾安县西南部，距县城35千米。

这里处在松辽平原西部沉降带中心，嫩江与辽河之间广大闭流区中。

1993年建立自然保护区，2005年8月晋升为国家级自然保护区。保护对象为地质遗迹、古生物遗迹、湿地生态系统及珍稀鸟类。（姜山供图）

在大布苏湖周围，遍布着鱼产丰富的水域，著名的查干湖，每年冬天能够产出数百万斤鲜鱼，但从古至今，却没人能从大布苏湖中捕到一条鱼。更离奇的是，大布苏湖周围的土地上，连普通的庄稼也没法儿生存，而且在湖畔分布着许多能够让人畜瞬间陷落的死亡沼泽。大布苏湖成了三江平原上，一片令人恐惧又费解的水域，在许多人眼中是名副其实的死亡之湖。

而关于大布苏湖的由来，当地一直流传着一个传说。

驴头皇子

相传，在唐朝武则天统治时期，她生下了一个驴头人身的儿子。她本想封他为太子。可太子长着驴貌，面相丑陋，如长久留在朝中，岂不让朝臣耻笑；而且自古以来，皇帝立太子一直是都是国家大事，群臣肯定不会让她立这个人身驴头的孩子为太子。如今孩子已经10岁了，却还没能立储，一想到这里武则天一筹莫展，一连几夜没睡一个安稳觉。

这天清晨，武则天身边的大太监服侍武则天用早膳。此人生得白白净净，身形也算高大修长，很讨妇人喜欢。他能坐到如今皇帝身边最近之人的位置，可不是单单凭他的长相，他自小便在宫中生存，多年来磨练出自己的一套察言观色、为人处世的方法。

而且他有三大特点：一是机警，他善于逢人迎合，能揣摩人的心理，说话做事往往能对人胃口，还能装出一副乖巧的模样。二是有好记性，他头脑灵活，能读书识字。与此同时，他身形也算高大，孔武有力，能骑善射，这使得他能迅速在众多宦官中脱颖而出。三是谨慎，他无论帮主子处理生活中的大事还是小事，都十分缜密，不在人后乱嚼舌根儿，懂得官场和宫里的政治规矩。

这几日，他便发现武则天为了那人身驴头孩子的事闷闷不乐，心想这或许是一个让自己在主子面前好好表现的机会，说不定自己的官职还能借此再进一步。今早他见武则天仍然面带愁容，脸色难看，心底下想出了一个计策，等到女皇用餐完毕，便大胆上前，向武则天跪下道：

"恕老奴冒失，见陛下这几日愁眉苦脸，老奴心底下实在不好受，陛下您有何事不妨说与老奴听听！"

武则天看到自己眼前的太监想为自己分忧，心底下有些舒心，但转念一想自己那苦命孩子的事情还没有着落，眉头又皱了起来，不耐烦地挥手道：

"你个油嘴滑舌的，平日里不是最会讨朕的欢心吗？你倒是说说朕为何烦忧，嗯？"

这大太监不愧是个能察言观色的好下属，感觉到了主子语气里的烦躁和郁闷，心想自己不可太过直截了当地跟陛下献策，不然只怕引得主子不高兴，看来得先来个缓兵之策。他立马给武则天磕头，语气哀求地请罪道：

"老奴该死，老奴该死，老奴不该多嘴揣摩圣意，请陛下治罪。但好歹留老奴一条小命，才能继续在陛下身前服侍。"

听到这阉人一哭一笑地求饶，武则天倒是心情好了些，骂道：

"好你个奴才，你难道不知朕正愁太子的事？有甚主意快点说，说的差了，小心朕好好治你的罪。"

听到主子的语气松了，大太监抬起头，一脸谄媚地向武则天献计：

"老奴也为太子的事想了几天，心中倒有一计，不知道该说不该说！"

"怕甚，但说无妨！"

早在2000多年前乾安县便有人类繁衍生息。据史料记载,自春秋战国直至清代,乾安县境内属东胡、鲜卑、契丹等民族的游牧地。

清朝和民国初年为内蒙古哲理木盟郭尔罗斯前旗属地。(姜山供图)

"那老奴就斗胆进言了!"

"再憋着我让人把你拖住去砍了!"

"是!依老奴愚见,如今可先把太子送到离皇宫遥远的城镇,派遣几千人马护卫。这样,太子有个安身立命之地,若是能在地方干出一些政绩,便不愁那些顽固的官员不让陛下立储君了。"

听道大太监的说辞,武则天的眼睛里慢慢有了神采,心想这阉人说的未尝不是一个好主意,思索片刻之后,她赞赏道:

"你这阉人说的也有几分道理,既然话是你说的,那为我那可怜的孩子寻找个好的地方的活计就由你去办吧。千万给我仔细了,若是让朕不满意,你这个位置就让给别的人来做吧。"

"老奴愿效犬马之劳!"

武则天便下令让他出宫考察,选一处远离朝廷的风水宝地,作为"驴头太子"日后发展的基地。这大太监带了两名公差,出后宫,渡黄河,

一奶同胞

87

一路北上。一路上都没有发现合适的地方，经过两个月的跋山涉水，来到了乾安。

乾安这个地方土匪猖獗，祸患四起，但此处地理位置极佳，对外交通便利，而且水草丰沛，河湖众多，这片富饶的土地也养育了众多的百姓。当地人说在河湖中间有一座神秘的小岛，上面住着一位乌龟精，号称"铁板真人"，有法力神通，可呼风唤雨，请神下雷。大太监心想，若是"驴头太子"能将此地治理好，一定能让陛下满意，到时候立储君的事便能有个着落。也能向陛下交差了。

于是大太监便决定将此地确定为驴头太子的发展地点，之后便带着两名公差回京复命。回到京城后，他向武则天汇报：

"真是天助陛下啊！托陛下的福，老奴于北方发现一处名为乾安的城镇，此地交通便捷，物产丰饶，百姓众多，而且有蠡贼和治理的问题。若是先让太子殿下迁居此地，陛下一是可以免听朝中大臣的闲言碎语，再让当地的乌龟精铁板真人传授太子武艺，便可让太子更加便捷地治理当地的骚乱，而后以怀柔政策安抚民心，定能赢得当地百姓的爱戴，为陛下您涨脸啊！如此岂不是一石三鸟！"

武则天听到大太监的计策，也是频频点头，心下已有了决定，对大太监吩咐道：

"事到如今，此计倒也可行，只是要在天寒地冻的北方，苦了我那可怜的孩子了。看来朕没有白养着你，后面的事就交给你去办。退下吧，朕乏了。"

说完，武则天揉了揉眉头，挥手将下人遣散。

"老奴定不辱使命，不辜负陛下厚望！"

大太监这下心里可乐开花了，他给主子磕了几个头，嘴里万分虔诚地拜谢陛下，而后站起身退出武则天的寝宫。

祸起乾安

得了皇令，接下来，大太监便带领数千人马护卫着驴头太子的车驾，一路向北，前往乾安。这数千人马里大半是将士和太子的护卫，剩下的是伺候太子日常起居的仆从，其中数量最多的却是一群剃头匠。这虽然让随从们觉得有些奇怪，但未引起什么疑心。

两个多月后，太子的这批人马浩浩荡荡地来到乾安，引起了当地百姓的好奇。当日，乾安的街市被百姓们挤得水泄不通，听说这庞大的队伍护送的竟然是当今女帝的一位皇子，大家争相想凑近一些，看看皇子的模样，但皇子的车驾外围有重重兵士隔开，马车又被一层层厚厚的帷幔遮住，根本看不到里面的皇子长什么模样。他们只得作鸟兽散了。当日，乾安县令让人张榜：

乾安县是中国仅有的一个用《千字文》依序择字取地名的县，形成了一道国内独一无二的、奇特的人文地名与区划景观，如"让字井""天字井""地字井""元字井"等。

"字井"两个字，相当于今天的"村""屯"。

它以地名的方式，既保留了传统儒家文化的精粹，又因袭了中国古代"井田制"的行政区划模式，素有"井字方"之旧称的乾安县，把一部《千字文》工工整整地写在3617平方千米的大地上。

（姜山供图）

"乾安承蒙当今陛下福泽厚爱，让皇子前来管辖治理乾安，吾等定当为皇子驱驾。尔等臣民，也应谨遵教诲。"

但过了好些天，百姓们也没见皇子出来巡视，每日的事务还是由县令管理。原来这县令也见不到皇子，平日里只是听从大太监的命令，但他也不敢吭声。

其实，在皇子的车驾进入乾安之前，大太监已经带着这位驴头皇子去拜那大泽岛中的乌龟精铁板真人为师了，而后皇子便留在岛中。八年后，皇子成人之际，学得本领再回乾安县。大太监安顿好跟随而来的兵马随从后，也返回京城向武则天汇报。

转眼间，八年过去，这一天，一个人身驴头的人从大泽的岛中乘风飞起，只见他莲蓬嘴，尖耳长鼻，铜铃眼，头戴紫金盔，身穿索子乌金甲，腰挂飞锉，手擎火尖枪，身形高大，除了难看的驴头之外，倒也算气势威武。看着眼前广阔的天地，他仰天大笑道：

"母后，我出师啦！待治好乾安，我便回京城！"说完便向乾安城飞去。

这人便是出师的驴头太子。他到乾安城之后，马上召集兵士，吩咐县令准备好粮草，他要去荡平乾安四周祸害百姓的盗贼和猛兽。县令和兵士领命而去，只是奇怪，为何这皇子从来不以真面目示人，每次下令不是隔着厚厚的帷幔，便是让手下在门外听令。但他们也不敢有异议，生怕办事不利被皇

大布苏湖周围原有的地带性草场即羊草草场类型受到了很大破坏，大部分转化成杂类草草场和草甸草场，而后者成为主要的放牧地。

（姜山供图）

子下令砍了。尽管手下们还抱着疑惑，但接下来平寇的时候，他们却大吃一惊。

湿地所在地周围地区的植被类型主要可分成为草甸、沼泽、盐碱滩、耕地等。（姜山供图）

每到一处盗贼的山寨，那车驾中的皇子便浑身环绕金光，身子直接冲天而起，让人看不清面貌。只见他手持火尖枪，远远一扫，那些山寨便应声倒塌，而后甩出腰间的飞铊，那片山寨便化为火海。不过几日，乾安周围的盗贼和吃人的猛兽都被皇子施展的神通消灭。他手下的兵士每每见到皇子大显神通都禁不住匍地，口中大喊：

"天助皇子！天佑乾安！"

乾安的百姓听说皇子带领部下消灭了祸害百姓的盗贼，而且是个身有神通的神人，都对他充满好奇和赞赏。

但是，这位太子清除蟊贼后，发现自身的神通无处可用，便开始日益骄纵起来，他觉得自己身为皇子，为民除害之后应当彰显自己的功绩和身份。他觉得乾安城太小了，于是下令让县令和兵士们征集民夫，在乾安城的西南方——那是去往京城的方向，按照京城的模样重新为自己修建一座王城。手下们敢怒不敢言，只能照做。

建城所需的人力物力实在耗费巨大，乾安城几乎所有的青壮都被征召进入民夫队伍。钱粮不够，皇子便横征暴敛，这使得他之前在乾安获得的

声望一落千丈。当地的百姓们以为蠹贼强盗被消灭之后能有好日子，没想到又来了位残害百姓的皇子，当地百姓都对这位驴头太子恨之入骨。

王城里刚修建好一座寝宫，那驴头太子便搬了进去，每日在里面纵情声色，但凡是见过他的侍从，无一例外都被他处死了。由于他是驴头，驴毛生长茂盛，没过不久便要剃一次头上的驴毛。所以，每隔一段时间他就让手下召集乾安附近的剃头匠给他理发。但每次去剃头的工匠都是有去无回。为了隐瞒自己长了驴头的事实，驴头太子将每一位知道真相的剃头匠被处决了。

不到两年，包括周边县城在内的剃头匠已所剩无几。如此一来，包括地方属官在内，没有一个人见到过驴头太子的容貌，人们纷纷开始猜测，这位太子是不是相貌丑陋，不敢见人，所以深居浅出。种种传言，沸沸扬扬，更引起了人们的好奇。

一奶同胞

这年秋天，又到了太子征寻剃头匠的时候。一个叫大布苏的蒙古族小伙子，看到了告示，他年轻气盛，正义感十足，执意要去见识一下这位太子，想看看这位太子长什么样。

他的母亲听到儿子这几乎送死的打算，伤心地流下了悲痛的泪水。在儿子出发前，母亲含泪烙了几张饼，让自己的儿子带上。她对儿子说："儿啊！此次你若是还想活命，便听为娘跟你说。你给那太子剃完一半的头发之后，不要急，你请求他让你休息会儿，吃了这几张饼，你一定要记着！这说不定能救你的性命！"

大布苏不忍让母亲伤心，连连应声道："我记下啦！娘！"

而后他卷着这几张饼包好揣进怀里，随着衙役一同走进王城。进城之后，太子坐在层层帷幔隔绝的后面，命令下人都出去，让大布苏给自己剃头。大布苏看到太子竟然戴着帽子和围巾，上前把太子的帽子和围巾一摘，一看竟然是一个驴头。他心里吓了一跳，原来这个太子是驴头人身，怪不得从来不以真面目示人。他非常害怕，但是没有办法，他还得接着剪头，酒这样胆战心惊地剪到一半，驴头大，剪得也慢，还怕给太子剪坏了，他心理负担非常重。

剪发剪到一半的时候，大布苏想到如果理发完毕，就将被处决，这时他想起母亲对自己说的话，她给自己做的烙饼还没吃，反正早晚都是死，于是壮着胆子请示太子说：

"太子，我剪不动了，想吃点儿东西，再给您剪。"

驴头太子看这位小伙子比较诚恳，头发也刚剪一半，于是爽快地答应道：

"你快点儿吃，不然我现在就让人把你拖出去砍了。"

就这样，大布苏掏出母亲烙的饼，吃一口后，饼的香味儿就被驴头太子闻到了，这么香的东西以前他从来没有吃过，也没有闻到过，于是和大布苏聊起天来。

他问大布苏："嘿，剃头的，这是什么东西？"

大布苏这个小伙子趁机就讲饼的来历，和驴头太子说：

"这是我母亲给我烙的几张饼，母亲说不知道我几天能回去，怕我饿，吃不惯王城里的东西。"

驴头太子说："这个饼看着就好吃，给我一块儿尝尝。"

大布苏也怕自己不给的话会被拖出去杀了，于是把一块饼递给太子。驴头太子捧着手里的这块饼，闻着散发的香味儿，就一口口慢慢地吃了一张大布苏的烙饼，吃着吃着竟然不知不觉的留下了泪水。驴头太子吃完之后，反复咀嚼，觉得这个东西好吃。他向大布苏说道：

"这个香味儿是母亲做的东西才有的，我也好久好久没有见过我的母后了。"说完他竟然开始抽泣起来。

大布苏问他：

"太子殿下，您是不是怕别人知道你是驴头太子，所以不敢给别人看自己的面目？"

驴头太子承认，那些有去无回的剃头匠被他杀了，原因是害怕他们把你的长相说出去。

接着他对大布苏说："此次我吃了你母亲烙的饼，我跟你便算是一奶同胞的关系了！所以这次我对你格外开恩，我可以放了你，但你切记不可跟别人说出我的样子，否则就会引来天灾人祸，这是你无法承受的，切记切记！"

大布苏答应，给驴头太子剃好头之后，大布苏竟然毫发无损地活着回来，他回家之后跪谢自己的母亲。这件事在乾安城里一传开，人们纷纷感到惊讶，更好奇究竟发生了什么，尤其是之前失去亲人的剃头匠家属，更是围着大布苏整天问来问去。大布苏答应了驴头太子保守秘密，更是闭口不言，不向乡亲们透露半个字，包括自己的母亲。

两年过去了，人们逐渐开始淡忘，也不再找大布苏询问任何事情。可是，时间久了，大布苏每天反复想着太子长了驴头的事，由于把秘密闷在心里，终于生病了。他找到医生，医生给他出了一个主意，让他到草原深处，找个僻静的地方挖一个洞，对洞口大声说出藏在心中

关于大布苏湖的成因，学者们也无定论。

一种观点认为是地壳构造作用形成的，称"构造湖"；另一种观点认为大布苏湖是霍林河改道遗留的湖，受构造影响，称作"遗留湖"。

后者认为大布苏湖、花敖泡、查干泡之间分布着众多泡泽，过去似曾连成一体，当是霍林河的古河道。

（姜山供图）

的秘密，这样病就会好了。听了医生的话，这一天，他来到县城西边的一片草原，挖了一个洞，反复环顾四周，确定安全后，对着洞口开始大喊：太子长了驴头。

没想到，大喊三声之后，乌云密布，电闪雷鸣，驴头太子居住的王城顷刻间开始塌陷，水滴汇聚成洪水将王城淹没，王城陷到了水底，此处也形成了一个巨大的湖泊，岸边形成了犬牙交错的泥林。横征暴敛、压迫百姓的驴头太子从人们的生活中消失了，百姓过上了安定的生活，此后更没有一位剃头匠丢掉性命。

为了纪念大布苏这个小伙子，人们把淹没王城的湖，取名为大布苏湖。

千百年来，湖面波光粼粼的，岸边是勤劳朴素的大布苏人，祖祖辈辈，繁衍生息，他们珍视大自然的馈赠，保护着这方水土，希冀着美好的生活。而大布苏的故事也随着他们流传于这方水土，也有人曾经在雾天里，站在大布苏湖北畔看到旧日的王城重新浮现在湖东南岸，也有人发现过残砖断瓦、古代铜钱和塑像，这些古物向过往的游客诉说着哀婉动听的故事。

　　专家们在大布苏一带共发掘出 13 种古动物化石，均属距今 2 万余年，有旧石器晚期人类共生的猛犸象、披毛犀动物群等。

　　在距地表面 1 米左右的横断面上，大布苏一带显露出两个文化层，一个是新石器晚期和青铜时期的原始文化，一个是辽金时期文化。

　　从发现的古动物化石和人类活动的遗址，可以粗略了解大布苏湖所经历的巨大变迁，这一带气候由湿润变为半干旱，湖水由淡变碱，湖水面积由大变小。（姜山供图）

一 奶同胞

97

草原圣母

阿阑·豁阿

人们都非常向往内蒙古大草原，想象着这里的茵茵碧草，悠悠白云，湛蓝如洗的天空，还有奔驰的骏马和成群的牛羊。

内蒙古自治区是全国东西跨度最长的省区，与黑龙江、吉林、辽宁、河北、山西、陕西、宁夏、甘肃八省区相邻。

图为位于内蒙古自治区兴安盟科右前旗的索伦河谷。"索伦"系满语，汉语意为"狩猎的围场"。17世纪末，清朝康熙皇帝北巡到此，见山川形胜紫气萦绕，巍峨的群山环抱着一个椭圆形盆地，三条玉带般的河流缓缓流去，河谷林带中飞禽走兽不时出没，确是一方风水宝地。于是将此地封为御用狩猎场，并派兵驻扎在此。"索伦"由此流传下来。（图片来源于网络）

在吉林省松原市前郭尔罗斯蒙古族自治县，美丽的查干湖畔，神秘的圣水岸边，一座典雅端庄的汉白玉雕像，静默于此。五个活泼可爱的孩童，围绕在母亲的裙边嬉戏玩耍，这位母亲就是草原"三贤圣母"之一，一个集美貌和智慧于一身的伟大女人——阿阑·豁阿。

据《蒙古秘史》记载：唐朝天宝年间，苍天降生的孛儿帖·赤那（苍色狼）、豁埃马阑勒（白色鹿）渡腾汲思水西迁到位于斡难河源头的不儿罕山，开创了后来蒙古民族的蓬勃发展之路。

草原邂逅

孛儿帖·赤那多子多孙，个个勇敢出众，他的十一代孙都娃·锁豁儿和朵奔·篾儿干就是其中的佼佼者。都娃·锁豁儿是个额上只生了一只眼，能看三远的人物。一天，哥儿俩一同登上不儿罕山，都娃·锁豁儿极目远眺，望见沿统格黎小河走来一群迁居至此的百姓。

人群中，有一仪态端庄、相貌出众的女子静坐在漆黑如墨的勒勒车前，都娃·锁豁儿鼓励弟弟去追求这位美丽的女子。

朵奔·篾儿干顺着哥哥手指的方向望去：两条如马尾般乌黑浓密的发辫整齐垂落于胸前，映衬得女子那迷人的小脸如草原刚升起的红太阳般耀眼。那饱满的小嘴刚刚饮下一碗香醇可口的牛奶，唇上的绒毛如同清晨草原上的霜般映着霞光。舟车劳顿后的双眼也因这碗甘露再次明亮起来。

原来，这女人便是豁里秃马惕的首领豁里刺儿台·篾儿干（音同"甘"，一声，后同）和巴儿忽·真豁阿所生之女阿阑·豁阿。豁里

马，是蒙古族人在草原上行走与放牧的伙伴。

蒙古马，是以主要原产地命名的世界古老马种之一。特殊的物种基因、严酷的生存环境和长期的遗传变异，造就了蒙古马耐寒、耐旱、耐力强的特殊属性。

蒙古马体形矮小，其貌不扬，然而，在风霜雪雨的大草原上，其却能不畏艰辛、纵横驰骋、屡建奇功，铸就了蒙古马独特的品格和精神。

（姜山供图）

秃马惕部落的所在地，即为今天的郭尔罗斯，蒙古语译为"河"。在父亲的允许下，美丽的阿阑·豁阿与朵奔·篾儿干正式结成夫妻，这段朴实纯洁的爱情为漫无边际草原布满鲜花，也为若干个世纪后，璀璨的黄金家族埋下深沉的伏笔。

寡居产子

阿阑·豁阿与朵奔·篾儿干非常恩爱，朵奔·篾儿干负责打猎放牧，阿阑·豁阿则在家操持。闲暇时，夫妻两一起在草原上散步谈心，放歌跳舞，过着幸福的生活，这对神仙眷侣真是让人艳羡。但也许是命运的安排。但天有不测风云，吉祥喜乐的幸福时光并未如人愿一直这样下去。四年后，朵奔·篾儿干不幸去世，阿阑·豁阿悲痛欲绝。望向与朵奔·篾儿干共同养育的大儿子别勒古讷台，二儿子不古讷台，她抹去眼泪，开始了艰难的孀居生活。

时光犹如旋转的金轮，随着日月不停转动。一年过后，奇怪的事情发生了。

丈夫去世后，阿阑·豁阿的肚子竟膨胀起来，不出数月便产下一子不忽合塔吉。此子产后不到三年，她竟又连续生了两个孩子：不合秃撒勒只、孛端察儿蒙合黑。

蒙古包是蒙古族牧民居住的一种房子。建造和搬迁都很方便，适于牧业生产和游牧生活。

蒙古包古代称作穹庐、毡包或毡帐。据《黑鞑事略》记载："穹庐有二样：燕京之制，用柳木为骨，正如南方罘思，可以卷舒，面前开门，上如伞骨，顶开一窍，谓之天窗，皆以毡为衣，马上可载。草地之制，以柳木组定成硬圈，径用毡挞定，不可卷舒，车上载行。"随着畜牧业经济的发展和牧民生活的改善，穹庐逐渐被蒙古包代替。（姜山供图）

眼见草原上的寡居女人无夫生子，平日里和蔼的族人们收起笑容，向阿阑·豁阿投来质疑的目光，怀疑阿阑·豁阿有外遇。

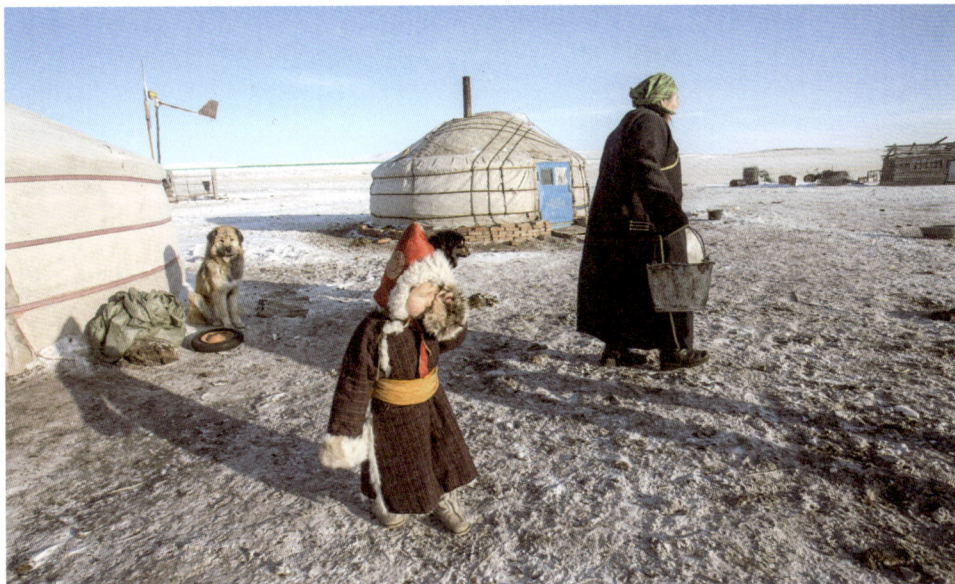

蒙古包虽然外形看起来小，但包内使用面积很大，而且室内空气流通，采光条件好，冬暖夏凉，不怕风吹雨打，非常适于经常转场放牧的游牧民族居住和使用。（姜山供图）

"可怜的朵奔·篾儿干尸骨未寒，他的女人已经在别人的帐子里求欢。"

"我赌两张牛皮，她还会有第六个孩子！"

朵奔·篾儿干所生的别勒古讷台、不古讷台两个儿子在自己母亲的风言风语中渐渐长大了。一直以来，他们的确对三个弟弟的出生感到大惑不解，又不想伤了母亲的心，便背着母亲议论道："咱的母亲，在既无丈夫又无亲兄弟的情况下生下了三个儿子。家里只有来自马阿里黑的佣人，这三个孩子难不成是他的儿子？"

想到这里，兄弟二人自作主张赶走了佣人马阿里黑，训斥了母亲的随从齐马亥，并对三个弟弟不忽合塔吉、不合秃撒勒只、孛端察儿蒙合黑处处排斥、百般刁难，丝毫没有哥哥对弟弟应有的关爱，也始终不愿意接受三个弟弟与自己一奶同胞的现实,将其视若异己,稍有不悦,便厮打起来。

阿阑·豁阿看在眼里,急在心里。毕竟在这茫茫草原上,家族的团结与否,是每个人生死攸关的大事。

五箭训子

五月初五"红水节",也就是蒙古人打猎的日子。阿阑·豁阿的五个孩子骑着五匹骏马,像五支离弦的箭射向不儿罕山。五缕红缨在帽顶上闪动着,像极了五团火球。若是汇聚在一起,那该有多好啊!清澈的泉水遍布草滩,正是野鹿出没的地方。突然,一只受到惊吓的身影,从泉水边腾跃而起,在兄弟五人面前一闪而过。

爱马和善骑是蒙古族的传统,蒙古族素有"马背上的民族"美称。(杨昕艺供图)

马蹄有大小,马腿有长短。霎时间,兄弟五人便拉开了距离,"嗡"的一声,三支箭同时射向野鹿,只见野鹿向前一跃,就从十丈高的悬崖滚落下来,七角八叉的鹿角,摔得七零八碎。兄弟五人争先恐后走上前,只见鹿的胸前只有一处箭伤,箭杆已断,无法判断是谁射中。五人各执己见,都觉得是自己射中了野鹿,便争执了起来,但谁也拿不出证据。于是,纷纷翻上马背,松开缰绳,不欢而散了。

几天后,得知此事的阿阑·豁阿召集孩子们:"我这有许多箭矢,一人一支,谁能折断,谁就是我心中的巴特尔。"并将箭筒里的箭,一支一支分发给孩子们。

清脆的声音接连响起,显而易见,孩子们很容易地折断了各自的一支箭。

马头琴是蒙古族民间拉弦乐器，是一种两弦的弦乐器。有梯形的琴身和雕刻成马头形状的琴柄，为蒙古族人民喜爱的乐器。

其琴弦由马尾制成，定弦为反四度，外粗内细，与胡琴不同之处在于，琴弓不是夹在两根弦的中间，而是在外面擦弦拉奏，因此可以奏双音。（姜山供图）

正当孩子们纷纷露出得意的表情，等待母亲溢美之词时，阿阑·豁阿又从箭囊里取出五支箭，用皮绳捆在一起交给孩子们去折："如果这样呢？"孩子们摸不清头脑，不知母亲是何用意。

阿阑·豁阿先让别勒古讷台折箭，别勒古讷台没有折动，又递给不古讷台，不古讷台觉得自己力量大，咬着牙，皱着眉，折了三下，也没折动。

母亲摇了摇头，又把箭捆递给了不忽合塔吉，他知道自己折不断，假装尝试一下，就直接把箭递给了不合秃撒勒只，不合秃撒勒只学着别勒古讷台的姿势，咬着牙，皱着眉头，折了好几次，终于吐着舌头认输了。最小的儿子孛端察儿蒙合黑接过箭捆，试也没试，就直接红着脸把箭递给了母亲。平日里，无论五个孩子于马上多么潇洒自如、于那达慕中多么英勇威武，此刻，帐子里的每个人费了半天大劲，最终都未能将这捆在一起的五支箭折断。

趁众人懊恼、帐中寂静之时，阿阑·豁阿说道：

"你们五个从我肚子里爬出来，就像不同方向的五支箭那样用力分散，这样任何人都可以轻易击败你，也能击败这个家族。如果你们团结得像捆在一起的五支箭一样，射向同一个方向，牢牢拥抱在一起，那么任何敌人都战胜不了你！孩子们，去继承父亲的事业，在草原上永远处于上风。"

"五箭训子"的故事被永恒地记录在《蒙古秘史》中，为这金戈铁马的冷兵器时代，增添了一份女性视角的侠骨柔情：分裂，永远打不败敌人；只有团结，才能使民族兴旺发达。

马头琴的历史悠久，从唐宋时期拉弦乐器奚琴发展演变而来。

马头琴在成吉思汗时即已流传于民间。据《马可·波罗游记》载，12世纪鞑靼人（蒙古族前身）中流行一种二弦琴，可能是其前身。《元史·礼乐志》有载："胡琴，制如火不思，卷颈，龙首，二弦，用弓拨之，弓之弦为马尾。"据岩画和历史资料显示，古代蒙古人开始把酸奶勺子加工之后蒙上牛皮，拉上两根马尾弦，当乐器演奏，称之为"勺形胡琴"。

当前很多专家认为这就是马头琴的前身。勺形胡琴当时最长的也是二尺左右，共鸣箱比较小，声音也就小多了。至今蒙古国的西部也有人把马头琴叫"勺形胡琴"。

当时琴头不一定是马头，有鳄鱼头、鳖甲或龙头等，此外还有人说，这种琴的琴头有呈猴头或玛特尔头的形状。

玛特尔形似龙，面似猴，象征一种镇压邪魔的神物。据有关学者考证，马头琴琴首是由龙头或玛特尔头改为马头的。（姜山供图）

"身必有首"

"五箭训子"一事不久，仿佛生来就是为了教会草原人民团结一心的道理一般，被后人誉为草原"三贤圣母"之一的阿阑·豁阿便留下五个孩子，撒手人寰。

别勒古讷台、不古讷台、不忽合塔吉、不合秃撒勒只兄弟四人嫌孛端察儿蒙合黑愚拙，不把他当作兄弟。分马群等家产时，他也被排除在外，被亲人抛弃的孛端察儿蒙合黑抱定死就死、活就活的决心，愤然跨上骨瘦如柴的青白马离开了家族营地，顺着斡难河水默然离去。

在巴勒谆岛极端的生存环境下，孛端察儿蒙合黑很快学会如何搭棚子、如何猎鹰。他过得十分艰难，晾晒鱼干才能勉强度日。实在没吃食，他便走到从都亦连山后的统格黎溪边流民中讨喝酸马奶，傍晚时才回自己的草棚子。

过了很长一段时间，孛端察儿蒙合黑的哥哥不忽合塔吉因惦念弟弟，决定顺着斡难河踏上寻找弟弟的路程，一路来到到统格黎溪边。多番打

（姜山供图）

听下才得知，每天来这里喝酸马奶的养鹰人极大可能就是自己的弟弟。顺着西北风刮来的漫天羽毛，不忽合塔吉沿统格黎溪继续行进，没过半日，果真找到了弟弟孛端察儿蒙合黑。兄弟二人久别重逢，不忽合塔吉高兴地领着弟弟向斡难河上游急奔而去。

孛端察儿蒙合黑跟在哥哥后面，反复多次大声说道，"兄长，兄长，身必有首，衣必有领！"面对哥哥的不解，弟弟孛端察儿蒙合黑终于说出了心声：

原来，统格黎溪边的那群百姓是一群散民。他们不分大小，不分贵贱，也没有首领。如此游民，应前去掳获。听了弟弟的提议，不忽合塔吉决定回家与另外三位兄长调兵遣将、从长计议。没想到，兄弟五人在多年来的生活历练中愈发沉稳，更意识到家族团结、齐心协力的重要性。不出三日，五兄弟便对统格黎溪边的游民发起攻击，不仅征服了这里的族群，还缴获了牲畜。

阿阑·豁阿，是女儿，是妻子，更是在生存环境极其恶劣的草原上，独自抚养五个孩子平安长大的母亲。"五箭训子"的故事，寓意深刻，教益颇深，千百年来，对蒙古族乃至整个中华民族影响深远，教诲后人，深沉而有力。曾经受母亲阿阑·豁阿现身说教的五个孩子，在草原部落你争我夺、一盘散沙中，经受住了血与火的考验，所向披靡，战无不胜，很快统一多个部落，成为一方霸主，收获了团结的果实。

在千百年无法撼动的父权制社会中化为绕指柔，除前线奋勇杀敌的精兵强将为"永恒的超越者"，更成为稳定且"永远的女性"，于斡难河畔固守着蒙古人的精神文化之所在，最终随着蒙古帝国拓展的疆域横跨亚欧大陆。在《蒙古秘史》第一卷里，共用了六十八节文字简述成吉思汗的祖源，二十二代人的历史，而关于阿阑·豁阿，就有十八节的文字记载。她最小的儿子，孛端察儿蒙合黑整合了兄弟五人的力量，创立了孛儿只斤氏黄金家族，影响了蒙古族历史的发展方向。

草原圣母

（图片来源于网络）

智慧传人

草原"阿凡提"巴拉根仓

内蒙古大草原是国家重要的畜牧业生产基地。从北部的呼伦贝尔草原到西南部的鄂尔多斯草原，从东部的科尔沁草原到西部的阿拉善荒漠草原，可利用草场 68.18 万平方千米，约占内蒙古自治区（118.3 万平方千米）土地面积的60%，占全国草场总面积的 1/4 以上。

内蒙古牧民的住、行、衣、食都在适应当地自然环境。我们可以明白一个道理：只有去适应自然才能不断发展。（王文忠供图）

马背上的民族，天生具有坚韧勇敢、正直包容的性格。在吉林省前郭尔罗斯蒙古族自治县，这是一个流传着蒙古族故事的地方而巴拉根仓的故事，从元朝起便一直流传在这片蓝天绿草之间。

天资聪颖

"巴拉根仓"寓意"智慧的锦囊"。故事的主人公巴拉根仓不仅幽默诙谐、机智勇敢、正义豁达，而且同情大众疾苦，到处替被压迫侮辱的贫苦牧民伸张正义，把斗争矛头指向凶残暴戾、腐朽没落的统治阶级，被誉为"草原上的阿凡提"。蒙古族中曾经流行一句话：草原上有风的地方就有巴拉根仓。

蒙古族先民曾逐水草而求生计，过着弱肉强食、优胜劣汰的生活，他们崇拜英雄，憎恶压迫，他们热爱和平，向往美好的生活。而巴拉根仓就

蒙古人信奉"长生天"，对天地非常崇敬。蒙古语称天为"腾格里"。
把天称为"慈悲的父亲"，把大地称为"仁爱的母亲"。凡事要向天地祈求，保佑平安。
（姜山供图）

出生在这片美丽的蓝天草原里，他生于一个低等台吉家庭，父母走得早，他跟年迈的爷爷相依为命，家境贫穷，有时吃不上饭还得去家境优渥的贵族帐外乞讨。但他爷爷自小便鼓励他："巴拉根仓啊，我的好孙儿呐！你不要为自己的家境而感到卑微，贵族家的子弟也一样一个脑袋，一双手，一对儿脚，你日后一定能像天空中翱翔的雄鹰一般，在我们这片草原上展翅飞翔。"

在爷爷的鼓励下，虽然日子艰难，但巴拉根仓从不气馁，而且他自小聪明伶俐，7 岁时，就能将老师教的知识牢记于心，并且对书上的文章倒背如流，这时的他就显现出远超常人的智慧。

巴拉根仓 15 岁那年，已经是个模样英俊的大小伙子了，他比常人高些，穿着一件白色红领边的长袍，脚踩黑色的长靴。他有一头棕色的卷发，右边的刘海有一缕头发俏皮地垂到光亮的额头上，显得特别活泼，皮肤被草原上的太阳晒得很健康，浓密高挑的眉毛映衬双眼更精明，脸颊上有两抹微微的"太阳红"，挺拔的鼻子，红润的嘴唇，咧嘴笑起来露出洁白的牙齿，让人觉得很有亲和力。

智斗王爷

有一天，巴拉根仓和小伙伴来到集市上想为爷爷买一点儿馍馍。突然看到一群人围在墙根下看着一张告示，不停地用手指指点点，还大声地说着什么。

他跟小伙伴觉得好奇，小伙伴拉着他的手嚷嚷：

"巴拉根仓，我们也去大人那儿凑凑热闹，看看是什么新鲜事。"

巴拉根仓心里也奇怪这平日都没这般热闹，今天是怎么了？回应道：

"好，咱们也去看看。"

他和玩伴从拥挤的人群里挤了进去，仰着头看墙上的告示。原来，墙上张贴的是王爷今天发布的一条告示，上面说要征集讲故事的人，只要王爷从来没听过，就给讲故事的人奖励一骆驼的金子。

面对大自然和诸多自然现象，人历来都有敬畏之心。

富有独特想象力的北方游牧民族，编织了许多的神话传说，显然是出于对风沙灾害的憎恶和对水草丰美的渴望，这是一种原始的朴素的环保意识。（姜山供图）

看到告示，巴拉根仓和小伙伴非常兴奋。小伙伴冲着巴拉根仓说："巴拉根仓！巴拉根仓！你爷爷从小就跟我们讲遍了这草原上稀奇古怪的故事，我们要是能参加说不定就能得了赏啊！"

"对啊！要是有一骆驼的黄金，爷爷就能吃上肉了，咱们也不用去贵族家里乞讨。"

他和小伙伴兴致勃勃，准备参加。但巴拉根仓毕竟聪慧早熟些，他回到家后跟年迈的爷爷说了这件事，但这一想法立刻遭到了爷爷的强烈阻止。

爷爷背已经驼了，身体瘦弱，头发花白，牙齿也掉了很多，但那双眼睛还是很精明，他看着眼前日益茁壮的巴拉根仓说：

"我的好孙儿啊！这位王爷在草原上是出了名的不讲信用，狡猾多端，你一个毛孩儿去了肯定会被欺负。就算你有好故事，要是王爷反悔，你也没法子。"

听到这里，巴拉根仓想起爷爷从小对自己的教导，更来了劲头，决定去试一试，他从小对自己认定的事情一向坚持，他对爷爷说：

"爷爷，您从小教导我不要看轻自己，要敢于奋斗争取，这次您放心，您教了我那么多道理，这次孙儿肯定能回来，倒是这个不讲信用的王爷要倒霉了。"

爷爷也知晓孙儿的脾气，孙儿来了这股犟劲，十头牛都拉不回来，也只得由着孙儿，但还是担忧道：

"好孩子，你真要去可得想仔细了，别丢了自己的性命。"

"爷爷，您放心吧！等孙儿赢了那一骆驼的金子，回来给您买肉吃。"

巴拉根仓自信地回应道，他心里已经决定会一会这位王爷。这天，王爷府门前，一只高大的骆驼驮着三袋金子，闪烁着耀眼的光芒。巴拉根仓和小伙伴赶到王爷府，不少前来讲故事的人，在这里议论纷纷。原来，一大早，就有十多位前来讲故事的人，因为讲的故事不稀奇，遭到了王爷的

笑话还被驱逐了出来，

被赶出来的，三三两两地站在一起抱怨道：

"这王爷真奇怪，什么故事都不合他的意，真难伺候。"

"可不是，我家里祖传的故事都不能让他满意，太挑剔。"

巴拉根仓听着这些人的抱怨，自己慢慢走进王府，来到王爷面前。王爷正躺在丝绸编制的长榻上，身边的侍女给他按肩揉腿，他见眼前竟是个小伙子，心下好奇，一边揉着自己那撇胡子，一边打趣道：

"小伙儿，让本王爷见识见识你有什么新奇的故事。说得好有赏，若本王爷不满意，那你就跟前边的一起滚出去！"

巴拉根仓镇定自若，说道："王爷，我的故事包您满意，您且听仔细了。"

说着他慢慢地左右来回踱步，打开话匣子，讲起了早已准备好的故事。

巴拉根仓徐徐说道："有个牧人外出旅游，到了半路觉得累了，就在野外休息，不知不觉就睡着了。睡梦惺忪的时候，牧人突然睁开眼睛，发现自己的两只鞋子吵起架来，打得不可开交，其中一只鞋子自己跑掉了，找了一年都没找回来。"

听着眼前这个小孩的信口开河，王爷打着哈欠不以为然地说道：

"小子，王爷我见多识广，这事并不稀奇。"

巴拉根仓并不气馁，继续讲述：

"王爷您别急，听我讲另一个故事。在我小的时候，王爷的父亲，因为偷了羊，被我的父亲抓到，遭到一顿毒打，被打得屁滚尿流，狼狈不堪。"

王爷露出不悦的神色，巴拉根仓继续激他：

"王爷，这些都是我亲眼所见，难道王爷没听过吗？"

王爷一拍长榻，吼道："大胆！你小子住口！"

但这突然的起身，让王爷觉得头晕，差点儿就被巴拉根仓气晕过去。

但王爷也意识到自己输了。巴拉根仓看着王爷气急败坏的神情，笑道：

"王爷，我这故事可是说动您啦，按规矩您可得给我金子。"

这时候，王爷气急败坏，露出丑恶的嘴脸，他命令手下抓住巴拉根仓，吼道：

"这小子竟然敢公然侮辱贵族，来人，给我拿下！"

机敏的巴拉根仓早就预料到王爷的这副嘴脸，所以在王爷还未开口前就和伙伴撒腿往外跑，而外边的人也厌恶王爷不讲信用的行为，对这两位机灵的小伙并未阻拦。他俩边跑边大喊：

"王爷输了，要赏金子啦！王爷输了，要赏金子啦！"

机灵的巴拉根仓，怎能被这些人抓住，在跑出去时不但放跑了驮金子的骆驼，还让王爷的手下，在集市上现了丑。

这件事情之后，王爷不讲信用、出尔反尔的行为更是传遍草原，而巴拉根仓智斗恶王爷、机智勇敢的美名也随着劲风传遍了草原，人们都知道有一位叫巴拉根仓的少年不畏强权，为民发声！

从此之后，巴拉根仓便利用自己的智谋，专门智斗那些有钱财主，尤其是欺压老百姓的土豪劣绅，给牧民做好事，谁家有困难他就会去帮忙。

就这样，他的名声越传越广，人们一提起他就说：

"王爷们的牛羊最多，但巴拉根仓的智慧更多。"

听了这话，之前被他戏耍的王爷很不愉快，就想找回面子，于是派人去请他的亲戚来治一治这个巴拉根仓，出这口恶气，王爷的亲戚也是一位王爷，叫可吉。

这天，王爷派人给巴拉根仓放话，说可吉王爷要跟他比一比智慧。巴拉根仓满口答应下来，但他心里决定要教训一下这位王爷。

这天，到了与可吉王爷比试智慧的日子，这件事在当地引起了很大的轰动，比试的地点在集市上，此时被人们挤得水泄不通。人头攒动间，慢慢让出了两条路，一边是可吉王爷和之前的王爷，人们看到这些压榨百姓的王爷，都没给什么好脸色，纷纷唾弃地起哄：

"喔！翻脸王爷来喽！翻脸王爷来喽！"

而另一边是一位昂首挺胸的少年郎，正是在草原上名声渐起的巴拉根仓，人们看到他，纷纷赞赏道：

"真是我草原的好儿郎！巴拉根仓，给这些高高在上的王爷一点儿教训！"

巴拉根仓看到这些支持自己的百姓，向他们拱了拱手，说道："多谢各位乡亲父老的支持，我巴拉根仓绝不会给大家丢脸。"说着走向两位王爷的对面。

可吉王爷伸手指着巴拉根仓说道：

"小子，上回你让我亲戚折了好大的面子，今天一定让你有来无回。"

"废话少说，你今天有什么招数，我巴拉根仓都接着。"

巴拉根仓毫无惧意地回应。

可吉王爷说："草原上都说巴拉根仓的智慧比我们贵族的牛羊还多，那今天你说一个谎言，如果本王爷信了，算你赢，我还会给你100头牛羊；如果本王爷没信，你就要给王爷道歉，罚你给他做一年看牛羊的下人，如何？"

"怕你不成？"巴拉根仓自信地答道。

可吉王爷盯着巴拉根仓，看他会说出怎样的谎言。但令人没想到的是，巴拉根仓突然走向市集路边快要倒的树旁，用自己肩膀费劲地顶着这棵树，一拍脑门儿，仿佛想起了什么，慢吞吞地向众人解释说：

"王爷，我的'智慧囊'忘在家里了，不能比试。"

可吉王爷信以为真，于是说：

"你小子骑我的马回家取'智慧囊',可别耍花样。"

但巴拉根仓还是不肯去,说:

"不行,王爷!树快倒了,必须一直顶着,脱不开身。"

可吉王爷气急败坏,不比赛就不能找回面子,但也拿他没有办法,恨恨地说道:"那你闪开,我来顶着。"

于是,巴拉根仓骑着可吉王爷的马,像箭一样离开了。就这样,可吉王爷顶着那棵树,直到天黑也没见到巴拉根仓的影子。这时,他才知道上了当,不得不认了输。

而有些百姓一直观看这场比赛到最后,巴拉根仓又赢了一位王爷的事情传遍了草原上,人们纷纷为他不惧强权、智斗贵族的行为喝彩。

到了秋天,可吉王爷只得捏着鼻子吃下这个亏,让下人给巴拉根仓送来了100头牛羊,虽然里面老弱病残的羊多些,但也让巴拉根仓富裕了一些。他送了10头羊给小伙伴,又宰了10头羊来款待当天支持他的牧民,这让他的名声在草原上更广泛地传开。

教训财主

来年春天,巴拉根仓探亲回来,路上遇见一个牧羊的孩子在路旁伤心地哭。一打听才知道,孩子的马被财主宝尔勒代抢走了。巴拉根仓想了想,低身安慰孩子说:

"娃儿,你别着急,过几天叔叔给你送一匹好马来。"

那哭泣的孩子流着眼泪呜咽说:"叔叔你别骗人,你这么好心,你叫什么呀?"

"叫我巴拉根仓就行。"

说完,巴拉根仓转身就走了。

这天,巴拉根仓在一条山弯小路上等着出去收债的宝尔勒代。黄昏时

　　蒙古博文化是蒙古族传统文化的一个重要组成部分，至今仍然鲜活地存在于蒙古族人民的心中、生活中。作为中华民族宝贵的文化遗产，它的兴衰不仅对于蒙古民族有着重大的影响，同时对于世界各民族的宗教文化也有重大意义。（姜山供图）

　　分，这个财主骑着一匹快马奔驰过来。眼看快到跟前时，巴拉根仓冲他拼命地摇手，示意财主绕别的路走。财主很好奇，蹑手蹑脚地走过去看，巴拉根仓生气地说：

　　"你是谁？快躲开，别把我这一千两银子给吓跑了！"

　　一听说有银子，财主格外眼馋，他过去一看，巴拉根仓守着一个小洞，手里捏着一根金黄色毛茸茸的东西，忙问：

　　"喂！你捉的什么呀？"

巴拉根仓说："这是一只名贵的金貂，王爷要给皇帝送礼，出一千两银子都收买不到，它钻进洞了，我正发愁怎样才能将拖出来呢！"

贪婪的财主想独吞银子，心生一计，说：

"外财不散，必有灾难，免灾消难，见面一半。你骑我的马赶快回去，去取把铁锹来挖金貂吧！"

巴拉根仓边走边说："你让我去我就去，你可知道我爱捉弄有钱人？我骑走就不回来啦！"

财主得意地说："金貂在我手里，你不回来更好。"

财主小心翼翼地抓住那条金貂的尾巴，在荒野里等着。天渐渐黑了，他又冷又饿，狼狈不堪。朦朦胧胧地睡着了，突然，他两手一动把金黄色的尾巴扯出洞来。他以为金貂跑了，拼命地扒土，扒来扒去也没有找到金貂的踪影。后来仔细一看，手里捏的是一条涂了颜色的松鼠尾巴，他知道自己被耍了，恶狠狠地骂道：

"这个小子，我一定要找你算账！"

又冷又饿的他再也坚持不住，昏倒在地上。当太阳升起的时候，巴拉根仓已经把骑走的那匹马还给牧羊的孩子了。

财主宝尔勒代自从被骗后，连气带病足足躺了一个月，他派人去查这个人是谁，终于了解到原来是在草原风头正盛的巴拉根仓，但他被报复心蒙蔽双眼，依旧想着报复巴拉根仓。他左思右想，终于想出一条毒计：先设宴款待巴拉根仓，灌醉之后再悄悄把他弄死。第二天，他便派管家拿着大红帖子去请巴拉根仓，巴拉根仓假意推辞一番之后，骑上自己的瘦驴，跟着管家走了。宝尔勒代看到巴拉根仓竟然真的来了，忙上前，满脸堆笑道：

"巴老弟，你可真是贵人事情多，老哥我可等好一会儿了！还以为你像那天一样不会来了呢。"

巴拉根仓也还以笑脸，道："宝大哥有请，小弟怎敢推辞呢。"

"爽快，不愧是人人称赞的草原好儿郎。来，今日咱俩不醉不归！哈哈哈哈！"

说着，把巴拉根仓请进屋里，就座之后，叫人端菜送酒，摆起宴席。财主端起酒杯，向巴拉根仓说道：

"来，老弟，哥哥是主，先敬你一杯，干了！"

可巴拉根仓却菜不动筷，酒不沾唇，头一个劲往窗外瞅，财主觉得十分奇怪。过了一会儿，巴拉根仓突然喊道：

"我的宝驴要拉财宝了！"

说罢，匆匆忙忙跑到屋外。财主莫名其妙也跟着出去，他看见巴拉根仓跑到毛驴跟前，从粪里捡出一个金元宝财主一下惊呆了，再三追问：

"老弟，你这头驴真能生产元宝？可别骗老哥。"

巴拉根仓故作神秘地说道：

"我这头宝驴每天拉一个银元宝，如果喂它好草好料，就能拉金元宝。这事我可只对老哥你一个人说，你可别外传啊。"

"放心放心，老哥是啥人，你还不知道吗？能差了你的事？"

宝尔勒代满口答应，但心里恨不得马上就把这匹"宝驴"弄到手，他软硬兼施，求着巴拉根仓，把"宝驴"卖给他。巴拉根仓见鱼儿终于上钩，便答应了他。

最后，财主用一千两银子把"宝驴"买到手了。临走时，巴拉根仓说：

"要想得到金元宝，必须早晚给'宝驴'烧香磕头，还得亲自喂好草好料。老哥你可得记好了。"

宝尔勒代把驴牵到屋里，想叫手下喂，又怕丢失金元宝，就让自己的老婆来喂。过了一个多月，毛驴除了吃草拉屎以外，一个元宝也没拉，财主不死心，照样天天烧香磕头，一心一意盼着它拉出金元宝。这天毛驴刚要翘尾巴拉屎，宝尔勒代忍不住了，赶紧凑上前去看。没料到这匹驴子被

喂肥了，脾气也大了，一蹶子把他踢倒在地。

财主两口子一气之下把"宝驴"给杀了，他们在驴肚子里翻了半晌，一个元宝也没找到。这时他才反应过来自己又被巴拉根仓给耍了，自己上次的仇还没报复成功，这次又添了新怨。两相夹击之下，他气急昏倒在地，估计又要卧床不起了。

劫富济贫

而巴拉根仓凭着得来的一千两白银，讨了个媳妇，小日子过得那叫一个美满，但他的岳父却依旧看不起巴拉根仓。岳父是个身份比巴拉根仓高一点的台吉，但家道中落，贪图巴拉根仓的银子，想用计骗了巴拉根仓的身家，再让自己女儿回来再嫁。

一天，巴拉根仓的老婆病了。巴拉根仓来到岳父家，求他岳父来看看女儿，说不定妻子看到家人，身体能好一些。他的岳父，非但不来，反而破口大骂起来：

"你个穷小子，得了些银子，就想指挥起我来了？连我的女儿都照顾不好，还有脸来见我？来人，给我教训他！"

未等巴拉根仓说话，下人就打了巴拉根仓几十马棒，结果把巴拉根仓打得遍体鳞伤。

巴拉根仓为要出这口恶气，就想了个办法。

冬天，一个特别冷的日子，巴拉根仓只穿了一件单衣，头上戴上一顶红帽子，去探望他的岳父。

一路上，他跑得浑身是汗，快到岳父家的门前，他又在帽子里面放了一块冰。到岳父屋里时，头上的冰都化了，顺着脸颊淌水。巴拉根仓的岳父一看他这怪样，便问道：

"你怎么又来？我女儿可好些？怎么出那么多汗呢？"

"因为我头上戴了红宝帽，而且身上穿的叫火龙缎，这顶宝帽和这身火龙缎，夏天发凉，冬天发暖，戴它的人还能延年益寿，长生不老！"

岳父一听，心想管你什么宝帽、火龙缎，我定借着这个机会冻死你，便喊道：

"你这个捣蛋鬼，是不是存心拿岳父我来取乐，我要把你关到最冷的地方，我看你的宝帽还灵不灵！"

说着便派下人把巴拉根仓连打带推地关到冷碾房里去了。夜静更深，

人们都睡下了的时候，巴拉根仓悄悄地推起了碾子，一气推到天亮，他累得浑身都是汗，便倒在碾盘上假装睡了。

早晨，岳父本想着收拾冻僵的巴拉根仓。一瞧，他非但没死，反而满身都是汗。巴拉根仓的岳父惊奇地伸长了舌头，而后眉飞色舞地喊道：

"巴拉根仓！这真是宝衣宝帽啊！你送给我吧！我给你九九八十一件酬礼。你可怜可怜年老的岳父，就把这宝帽、火龙缎送给我吧。"

那神情仿佛要哭出来了。巴拉根仓也很正经地回答：

"多谢岳父大人，岳父大人不赏东西，女婿也情愿赠送。"

巴拉根仓是塑造理想人物、传颂民族智慧为主题的"乌力格尔"（蒙古语说书）。巴拉根仓并非实有其人，他是蒙古族劳动人民根据自己的愿望虚构出来的理想人物，是智慧的代表。由于不同地区、不同时代的人们，都将自己创作的一些故事称作巴拉根仓的故事，因而新故事不断产生，逐渐形成了一个别具特色的庞大的故事群。

（杨昕艺供图）

巴拉根仓便领了很多礼物回家去了。岳父满心欢喜，他为了显示一下自己新得的宝物，便把棉衣全脱掉了，穿上宝衣，戴上宝帽，探望他的亲戚去。路上正遇上下雪又刮风，冷冰冰的雪，吹打在身上，宝帽、火龙缎哪能顶事！巴拉根仓的岳父冻得头青脸肿的，勉强地跑了回来。

被骗的岳父，口里不住地骂着，拿上一把杀人的刀，去找巴拉根仓。而这时巴拉根仓和他的老婆早就又想好了应付他的办法。巴拉根仓让他老婆在炕上装死，身上盖了几层被子，脸上抹了黄蜡油，盖上了漂白布。

巴拉根仓的岳父还没有来到的时候，远远地就听见巴拉根仓大声地哭。刚一进门，巴拉根仓便对他说：

"你的姑娘死了！"

岳父一看姑娘的脸色，便信以为真了，一肚子的气也没好发作，装着也哭了几声。巴拉根仓说：

"岳父您不要哭了！我还有办法能给治活！"

岳父听完就问他："怎么能治活？人死还能复生不成？"

巴拉根仓从北墙上拿下来一根红色的棍子，在被子上一口气打了三下，盖着白布的老婆"哎哟"一声就坐起来了。

岳父一看，又是眉开颜笑地问起这棍子的好处。巴拉根仓说：

"这叫拨魂棍，能让死的人复活。"

岳父听了觉得这根棍子还不错，便又满面笑容地说：

"巴拉根仓！你把这个拨魂棍送给我吧，我再送给你九九八十一件酬谢的礼物。"

巴拉根仓就同上次一样地回答他，同时又领了好多的礼物。

岳父回去后，狠下心把家里的下人都打死了，等着来年开春再用"拨魂棍"将下人敲醒，这样还能省下工钱和粮食。可到了来年开春，下人的尸体都腐坏了，任岳父怎么敲都没用，这下他知道自己被女婿耍了。本想

回去报复，但自己已经没有手下，而且本来就年老体弱，这一气之下，岳父竟然昏了过去。他醒了之后只能似半痴半傻地喃喃骂道：

"好一个巴拉根仓！好一个巴拉根仓！"

而巴拉根仓带着自己"劫富济贫"得来的财富和自己的妻子一起在草原上游历，继续对贫苦的百姓伸出援助之手，而对那些品行败坏的贵族用自己的计谋进行惩戒。

查干湖，圣水湖畔，碧波荡漾；科尔沁草原，广袤而富饶，这片土地历经千百年传承，而作为蒙古族劳动人民集体智慧的机智型人物——巴拉根仓，承载着蒙古族人民的情绪表达，承载着草原人民对生活美好生活的热爱和向往。当地民众每每听到巴拉根仓智斗无良财主的故事，都能在艰辛劳作之余，疏解内心愁苦，如精神食粮，大块朵颐。巴拉根仓的故事就如草原上的明珠，在时代的更迭中，生动持久，熠熠生辉。

巴拉根仓的故事系列，作为中国蒙古族机智人物故事，长期流传于内蒙古、新疆等地区。主人公巴拉根仓是聪明机智、幽默风趣的蒙古族劳动人民的代表。

他同情人民疾苦，到处替被侮辱被损害的贫苦牧民伸张正义，把斗争矛头指向凶残暴戾、腐朽没落的统治者。官僚、牧主给他加上"流氓""骗子"的罪名并加以迫害，但每次都被他机智地斗败。在穷苦人民中间，巴拉根仓受到欢迎和称赞。（杨昕艺供图）

草原英雄

陶克陶胡

早在5000年前，新石器时代，前郭尔罗斯这个鱼米之乡，就有人类活动的痕迹。西周、春秋、战国时期，为濊貊之地。汉、魏、晋、南北朝中期，属夫余国。唐初，为高句丽所据。唐代渤海时期，属渤海夫余府。辽代，本地为契丹二十部游牧地，清朝末年，是蒙古族的哲里木盟旗地。

历朝历代，在这块宝地上绵延不息，传承着光辉的文明，并在这片草原繁衍生息的人们，更塑造出了一位位可歌可泣、永垂史册的英雄。陶克陶胡就是其中之一。

乌力格尔是一种蒙古族的曲艺说书形式，约形成于明末清初。乌力格尔的汉语意思是"说书"，因采用蒙古族语表演，故又被称作"蒙古语说书"。

在蒙古族民间，将徒口讲说表演而无乐器伴奏的乌力格尔称为雅巴干乌力格尔，又称"胡瑞乌力格尔"；将使用潮尔伴奏说唱表演的乌力格尔称为"潮仁乌力格尔"；将使用四胡伴奏说唱表演的乌力格尔称为"胡仁乌力格尔"。

图为通榆县乌力格尔传承人——梁海清。（姜山供图）

英雄血脉

1864 年 5 月 13 日，陶克陶胡出生在前郭八郎镇的塔虎努图克的古日班格尔村。

陶克陶胡姓包孛儿只斤，孛儿只斤氏是一个部落的名字，这个姓氏的来源可以追溯到黄金家族。成吉思汗的二弟，打遍天下无敌手的神弓手叫哈布图·哈萨尔是他的后代，可见陶克陶胡身上就有着英雄的血脉传承。

陶克陶胡自幼聪明伶俐，在私塾里学习蒙文时，老师发现他比同龄的孩子思维更敏捷，而且学习成绩特别突出，不管是读书识字，还是骑马射箭都能在同龄人中拔得头筹。他的老师来青喇嘛称赞他："日后必成大器！"

这一日清晨，陶克陶胡来到学堂，刚到帐门前就听到平日的学伴在里面嘻嘻哈哈地打闹，他走进去看到学伴胖小子阿苏勒拿着老师的羊毛笔和羊皮纸沿着帐子的边缘乱蹿，边跑边嘲笑后面喘着粗气追他的老师：

"来青喇嘛，您老了，教的知识不顶用，不如我阿布教的骑马射箭有用，能射狼看马。今日我帮你把这些没用的玩意儿都扔了吧,哈哈哈哈……"

蒙古族是马背上的民族。他们勇敢,机智,粗狂,骁勇善战,他们待人热情豪爽。（姜山供图）

　　而阿苏勒的几个跟班跟在他后面拦住老师，一旁的几个学伴则看着这个场面当个热闹不参与。老师来青喇嘛气喘嘘嘘的，毕竟是年老了，他是附近藏传佛教的高僧，但如今跑不过几个孩子，喘着气说道：

　　"好你个阿苏勒，明天我让你阿布来揍你屁股，让你一个月不能骑马，快把东西放下，哎哟。"

　　就在老师追不上阿苏勒，打算停下时，一个矫健的身影从帐门外袭来，速度很快，直奔阿苏勒。眨眼间，那人便伸脚把胖小子绊倒在地。阿苏勒"哎哟"一声，摔了个跟头。而那人骑到阿苏勒背上，反架住他的双手，将他制服，而后冲着身后阿苏勒的跟班喊道：

　　"不敬师长的家伙，都给我住手！"

　　那几个跟班看自己的老大被制服了，而此刻老师也跟了上来，便站在哪里，不知该如何做。而这制服了阿苏勒的人便是陶克陶胡，他冲着被自己压在身下的阿苏勒喊道：

　　"来青喇嘛教我们的知识为的是让我们日后能干大事，你长大后想当个只会骑马射箭的看羊汉吗？阿苏勒。"

　　而被压着的阿苏勒一来由于自己被制服，二来感觉陶克陶胡说得也有道理，因此为自己刚刚不敬师长的行为感到羞愧，诺诺地回答道：

　　"陶克陶胡，你让我起来，我错了，我给来青喇嘛道歉。"

　　而后，阿苏勒把掉在地上的纸和笔收拾好，恭恭敬敬地还给老师，跟老师道歉：

　　"来青喇嘛，阿苏勒错了，您别让我阿布打我，我还想骑马的。"

　　"哼！下不为例，回你的位置坐好。"

　　来青喇嘛严厉地批评了阿苏勒，然后转头看向身前这位勇敢的孩子陶克陶胡，只见他头上盘着两条小辫子，黄黄的脸蛋，双眼坚定有神，身穿深蓝色的长袍，脚踩黑色小皮靴，对长者恭敬，又能让同龄人佩服，忍不

住对着众多学生的面夸奖道：

"陶克陶胡以后能成大事！"

而经历了这件事情，大家都知道陶克陶胡不仅成绩好，还尊敬师长，让人信服，日后都以他马首是瞻。陶克陶胡慢慢成了这片地区的少年王。

驱羊战狼

陶克陶胡 15 岁时，他居住的塔虎努图克的古日班格尔村，遭到了野狼群的袭扰，不少人家里的牛羊在深夜被狼群偷吃掉了，就算吃不完狼群也会把羊圈里的羊都咬死，这样死羊就算被村民埋在野外，也会成为狼群过冬的粮食，这搅得全村不安。

狼是草原上生活的牧民最大的敌人，这种畜生不仅狡猾凶狠，而且十分嗜杀，擅长群体作战，就算老虎碰到也要避让三分。如今，村里的牧民不堪其扰，身为村里少年王的陶克陶胡自然不能让狼群继续残害牛羊，这些都是牧民们的财富。

蒙古包的内部。（姜山供图）

于是，他召集附近的少年们来家里开会，一起商讨怎么对付狼群。这一下就来了四五十个少年，其中二三十个是他幼时在私塾一起上课的玩伴，包括阿苏勒和他的跟班，还有后来听闻陶克陶胡的名声一起加入的。陶克陶胡坐在帐子的首位，而其他的少年则围着他坐成一圈。

陶克陶胡这天戴着一顶狐皮制成的蒙古帽子，15 岁的他，脸庞的线条已经硬朗起来，烈阳赐予他黄色的皮肤，两笔浓密的刀削眉下是一双锐利的双眼，挺拔的鼻梁，厚实的嘴唇。他身穿深蓝色的宽领大袖，蓝色的长袍，羊皮缝制的皮领，外面套着马甲，用彩色绸缎系腰，不垂穗，佩带

火镰、烟荷包、烟袋、蒙古刀，脚踩黑色长皮靴。他对着围着他的少年郎们说道：

"草原的儿郎们，狼群的畜生袭扰我们的村子已久，我家已经有十头牛羊被这群畜生祸害了，相信大家的情况和也我家差不多。我今天召集大家就是为了讨伐恶狼，为家里人除害！"

"说得好！我阿苏勒第一个赞成，我们家损失了好几头牛羊，一定要把这群狼崽子彻底清除出去！"陶克陶胡右手边的阿苏勒，敞着半袖的袍子，大声地应和道，如今的阿苏勒已经从小胖子长成大胖子了。

"陶克陶胡说得好！我们愿意尊你为指挥，大家一起打狼除害！"

陶克陶胡看到大家的热情高涨，站起来，拔出腰间的刀，举向空中，大喊：

"打狼除害！"

众人也迎合道："打狼除害！打狼除害！"

他们组织起了五十匹马，分为三队，十几个人一队，分别埋伏在不同的方向。到了晚上，一群黑影慢慢地从村子外的树林里摸了出来，伴着一股骚味，是狼群，等到它们摸进村子外围的羊牛圈时，前方冲出十几个人，

在大兴安岭的东麓、阴山脚下和黄河岸边，有嫩江西岸平原、西辽河平原、土默川平原、河套平原及黄河南岸平原。这里地势平坦、土质肥沃、光照充足、水源丰富，是内蒙古粮食和经济作物的主要产区。（姜山供图）

用火箭冲着狼群射击。草原上的男子早熟，十五六岁就有一身精湛的马上功夫了，他们甩着铁做的马镫，发出十分刺耳的"叮叮当当"的撞击声音，而且大声地呼喊。

狼群被吓了一跳，但没有惊慌，开始在头狼的指挥下慢慢往村子外面退走。但就在狼群刚退到村口，另一队埋伏已久的十几匹人马冲出来，他们由阿苏勒带头，将手里的麻油水向狼群泼去，甩出狼毛随即染上麻油水。加上随之而来的火把和火箭，一下子将之点燃，狼群开始燃烧起来，发出痛苦的"呜咽"声。

它们被这十几人赶向江边的方向，为了不让狼群往林子里跑，守在那里的最后一队人马人手一根套马杆，由陶克陶胡带领，只要看到落单的狼，一杆子过去，一套一个准，狼的脖子或者狼腿被套住，直接被拖死，而且陶克陶胡还带着几十条牧羊犬，这些好伙伴一见到狼就奋不顾身地撕咬，直到把狼咬死。

就这样经过一夜的奋战，陶克陶胡带领的少年打狼队打死了十几头狼，打伤

图腾崇拜是人类最古老的信仰崇拜方式之一，起源于原始氏族社会。图腾崇拜实际上是自然崇拜与祖先崇拜相结合的产物，是一种人格化的自然崇拜观念。

有专家认为，在众多的动物中，蒙古族之所以选择狼作为本民族的图腾，与蒙古族的生活环境及生活方式息息相关。首先，由恐惧造成的敬畏而产生崇拜心理，大草原上的狼成群结队，蒙古人的武器保护羊群往往力不从心。其次，由感激形成的崇拜，狼既残忍又温存，很多传说都讲到狼救助了某个民族的祖先。另外，由好奇心也会引起崇拜。

蒙古族是典型的游牧民族，他们生活在大草原上，逐水草而居，放牧着牛羊。而草原上的狼群则是生活面临的最大的危害之一，它们经常偷吃羊。在长年与狼的斗争及相处中，蒙古人对狼越来越了解，越来越亲近，最后便选择了狼作为自己民族的图腾，甚至将"苍狼""白鹿"作为自己民族的祖先供养。（侯玉梅供图）

草原英雄

129

的狼估计也有这个数，只不过还是有一些漏网之狼跑了。但他们的这次行动已经获得了很大的成功。第二天一早，牧民们纷纷出来迎接这帮英勇的少年郎，给他们送来赞赏以及烈酒，大家脸上都洋溢着欢喜的笑容。此后一个多月，那个狼群都没有再来过，陶克陶胡他们成功都把狼群赶跑了，清除了这个村子的危害。这让陶克陶胡在当地的声望更上一层楼。

俗话说："自古英雄出少年！"此后，陶克陶胡带领着自己的少年帮为乡邻做实事，惩恶扬善，显示出了刚烈、正直的秉性。因为他年轻的时候读过私塾，在蒙古民众中是比较有文化的，而且他一直为村里人做事，在村子里人缘好，能够帮助穷苦的人民，因此在村子里威望日渐升高，民众乡邻推荐陶克陶胡为塔虎努图克会兵首领。由于他本身出生黄金家族，姓包，但家里是末等台吉，早已没有官职权，但老百姓还是亲切地称他为"陶老爷"。在此其间，他不畏强权、仗义扶弱，保一方平安，使塔虎努图克的百姓安居乐业。

为民起义

清朝定鼎中原之后，为实现对民众在政治上压迫、经济上掠夺和思想文化上的禁锢，清政府对其藩属蒙古各部逐步采取了一系列压迫政策，其中包括以"加官晋爵"为名的搜刮政策。

咸丰年间，清政府自掘坟墓，公然卖官，使一些昏庸的蒙古族的王公、贵族，层层搜刮民脂民膏，不顾百姓死活来买官。到光绪年间，清政府对蒙古族的盘剥压榨变本加厉，开始实施土地掠夺政策。

清政府谕旨蒙古王公开禁放垦土地，将放荒收入与清廷平分。一些蒙古族王公贪图眼前利益，不顾民众生计，大量开荒。郭尔罗斯最高执行官齐默特色木丕勒更是积极陈请放荒，为争得哲理木盟札萨克之职，他出放了宝巴和扬吐两地，然而贪婪成性的他，又开始对塔虎努图克地区垂涎欲

滴，企图夺走人们赖以生存的土地。于是，激起了大规模的民愤。

塔虎努图克地区一直以来都是亦耕亦农亦牧，当时整个中国经济凋敝，当地居民的生活也没好到哪去，好在有会兵首领陶克陶胡兢兢业业为百姓做实事，当地民众基本能自给自足，可以过得下去，但是如果牧场都被占用开垦，他们放牧就失去了天然的牧场，这几近于斩断牧民们的经济两臂之一，破坏了草原，就严重影响了这里人们生存的基本条件。

正义的父母官陶克陶胡就带领几个人，到王爷府去告状，要求撤销这个决定。结果王爷府不但没有接受他这个建议而且把他痛打一番，激起了当地更强烈的民愤。

蒙古包是为适应游牧生活而创造的居所，易于拆装，便于游牧。自匈奴时代起就已出现，一直沿用至今。（姜山供图）

王爷知道这陶克陶胡在当地是有名的硬骨头，而且是会兵首领，想要征占当地的牧场，必须先把此人除掉。他的叔叔给他献了个计谋，说：

"王爷，您毕竟是他的长官，您假装升官职给他，让他来到王府，然后再把他抓起来。这不就顺理成章了嘛。"

王爷赞赏道："不愧是军师，好计策。"

说完就派两个梅林拿王爷的公文去陶克陶胡家。路过兰埠村，他们在兰埠村的驿站住下的时候觉得这件事不妥，这俩梅林和驿站一个名叫兰埠的人关系极好，便对他说：

"兰埠兄弟，此番王爷派我二人前来送帖子，表面上说的是升官，但恐怕会对陶克陶胡不利啊。"

兰埠听后，仔细思索一番，回应道："升官是假，想抓人是真，多谢二位兄弟，我这就给陶克陶胡报信。"

兰埠这个人跟陶克陶胡关系相当密切，是当年的打狼帮的少年之一，知道王爷要对付陶克陶胡，便去到陶克陶胡家里，偷偷地告诉陶克陶胡说：

"陶克陶胡啊，王爷明面上要赏你，其实是要抓你，你先带人走吧。"

但陶克陶胡说："我陶克陶胡堂堂正正，为百姓干实事，不惧那两个梅林，我到要见识见识王爷的手段。"

第二天，那两个梅林到陶克陶胡家里。陶克陶胡宴请他们。酒宴上，梅林对着陶克陶胡念王爷的诏书，陶克陶胡一拍桌子，对着那两个梅林怒吼道："这王爷明明是抓我，你们回去告诉王爷，只要我陶克陶胡还活一天，就别想卖一寸土地！"

梅林惊讶道："陶克陶胡，这是要反啊！"

"告诉王爷，我就反了！"陶克陶胡说道。

博舞，属原始宗教舞蹈，是蒙古博（萨满）行博（跳神）、祭典的一种形式。其以鼓舞结合、载歌载舞为特征，并具有自娱性、竞技性、游戏性等特点，寓教义于欣赏、娱乐之中。（姜山供图）

这之后陶克陶胡组织三十二个会兵，在家乡的江边宣誓起义。他头戴一顶黑色的貂皮蒙古帽，眉毛下的眼神更加坚定锐利，高挺的鼻梁下蓄起了两撇八字胡，脖颈系着一条鲜红的绸带，身穿黄色的长袍，他对着眼前的弟兄们说道：

"草原上的好儿郎们！我陶克陶胡的好兄弟们！天道不公，腐败官吏欲加害吾等。今日，吾等为保护百姓土地、群众利益，起义反抗！苍天为证！"

"苍天为证！苍天为证！"

三十二位好汉跟着应喝。就这样，陶克陶胡为了蒙古族人民的利益不惜牺牲自己的一切，举起了义旗，打响了反抗统治者的第一枪。很快他便与绰克达赉领导的武装起义军等几支起义军会合，组织起一支强大的反垦武装，活动于洮南、靖安一带。

在抗击统治者途中，陶克陶胡率领的义军，剿灭了绘制东北地区地图的12名日本人和随护的20名清兵。日本驻沈阳领事馆照会清廷，要求惩办陶克陶胡为首的"马贼"，清政府命东三省总督徐世昌交办此事。

后徐世昌令剿匪前路统领张作霖的巡防马、步八营，中路管带马龙谭的步兵三营和冯德麟的步兵三营及哲里木盟各蒙旗骑兵围剿起义军。然而，机智勇敢、能征善战的陶克陶胡，率领正义之师，多次击溃围剿的敌军，使敌军闻风丧胆。其中，最出名的是烧锅镇战役。烧锅镇战役打得十分激烈，陶克陶胡运用过优秀的战略和战术，击退了敌军，把烧锅镇打了下来，己方却也没有多大的损失。因为他们的部队军纪严明，进入进烧锅镇之后不像其他的军队一样烧杀抢掠，屠城杀人，而是为部队完成补给之后便离开。

（姜山供图）

传奇英雄

陶克陶胡与白音达赉决计分头南下，打击垦务人员。义军行至科左中旗额博尔浑都勒附近，被奉天、吉林、博和（今齐齐哈尔）等地的军队及附近七个蒙旗的蒙古兵 5000 余人包围。经三昼夜激战，陶克陶胡率义军趁夜色突围，三上索伦山。

为追捕陶克陶胡，张作霖动用了 1 万多名骑兵追击陶克陶胡，而此时的陶克陶胡部队仅有 20 多位战士。

此时的陶克陶胡带领这跟随他起义的二三十人。骑着精壮的战马隐蔽地行走在索伦山的密林山道上。队伍在进行休整时，他对身前的兄弟们说道：

"为人民反抗的义士们，我们多年征战，未尝一败，今日来到索伦山，正是让我们占了地利。从小我们就熟悉，我们马背上的男儿骑射精良，纵横捭阖，而且一路上有当地的百姓们支持我们反帝反封建的英勇行动，我们一定能共渡难关！"

"对，陶克陶胡一定能带领我们共渡难关！"

第二日，他们快要冲出敌军在索伦山的包围圈时，却在山脚处遭遇了清军围攻，被围困在一个山沟里面。此时陶克陶胡的部队有些惊慌，玩伴阿苏勒对他说：

"陶克陶胡，如今境地，吾等当如何才能突围？兄弟们不怕死，但就怕你被抓住，那就太打击我们起义军的士气了！"

陶克陶胡看着山外的清军，脸上毫无惧色，他回应部下：

"大家将所有高大的骆驼聚集在一起，排成一排，身上绑上柴火，点燃之后让骆驼队做先锋，吾等跟着一起冲出去！"

"是！首领。"

部下照着他的命令做，在骆驼身上绑柴火点着了之后把骆驼放出去。之后，陶克陶胡骑跨在马背上，冲着清军方向拔出腰间的蒙古刀，口中喊道：

"兄弟们！跟我冲啊！"

而后双腿夹住马肚，极速地跟在骆驼后面向清军冲杀而去，而他的二三十名部下也跟着喊道：

"冲啊！杀光敌寇！"

骆驼们带着火焰向清军的部队里冲锋，清军从来没见过这样的阵仗，没准备好防线，本以为里面被包围的几十个人会自己投降，但眼

前不要命的冲锋让他们一下乱了阵脚，被火骆驼群一冲，整个防线全冲开了，陶克陶胡就这样带领着部队突围出去。

其实，陶克陶胡能靠火骆驼群冲出去是有原因的，张作霖其实对陶克陶胡的军队实行的是明打暗放，一是出于民族感情不想自相残杀；二是同情陶克陶胡他们抗击清廷、抗击日本，这是一种正义的行为。

四年间，陶克陶胡率领义军和张作霖的军队以及蒙古各旗的军队，共打了104仗，从现在兴安盟的索伦山，打到了俄国。俄国允准陶克陶胡到其境内避难，后通过秘密外交手段，将其家眷接到身边。在俄国住了一段时间之后，陶克陶胡思念自己的故乡，但是清政府要抓他，不可能放他回故乡塔虎努图克的古日班格尔村，所以他想着只要回到蒙古就等于回到自

己的祖国了。后来他回到了如今的蒙古国境内，最终没能回到故土。

1922 年 4 月，陶克陶胡病逝于乌兰巴托，风葬于蒙古乌兰巴托城南的达兰达胡尔，有生之年未能回到自己的家乡。

一个世纪以来，陶克陶胡的传奇故事，在东北地区广为流传。为了怀念这位民族英雄，人们创作了多部长篇叙事琴书、民歌，记叙陶克陶胡率领贫苦牧民反垦抗清，反封建王公和军阀政府，掠夺土地的正义斗争、塑造这位主持正义、为民请命、为了保卫家乡的土地、不畏强暴的英雄形象，讴歌蒙古族人民不屈不挠的斗争精神。

草原英雄

137

生死情缘

响铃公主

响铃公主的美丽传说，不仅反映了我国少数民族深厚文化和历史的侧面，更是勤劳善良、有情有义的人格体现。

（姜山供图）

吉林省公主岭市，地处松辽平原中部，此地乃公主故里。塞北新城，地傍辽水，山接长白，当地流传着一个凄美的爱情故事，名为"响铃公主"。

曾有人这样评价这个故事：

秀丽公主真英才，仁德奴隶实可哀。

可恨王爷计毒歹，爱侣一双被葬埋。

缘起铃铛

据说乾隆年间，在吉林郑家屯一带，有一位蒙古族的达尔罕王爷。他50岁时，夫人给他生下了一个可爱的女儿，取名美丽其格。这位小公主长得白白净净，脸蛋儿红扑扑的，刚出生的时候总是哭个不停，哭声又响

亮。不管是她母亲还是王府里经验丰富的奶娘，都不能让这小公主安静下来。

直到有一天，正在大声啼哭的小公主看到额吉（母亲）手上挂着的一串小铃铛，听到铃铛相互撞击发出"叮铃叮铃"的清脆声响吸引，她顿时停止了哭啼，朝着额吉手腕上的铃铛伸出两只肉乎乎的小手，仿佛对这串铃铛着谜了一般。她的额吉看到这个折磨人的小祖宗终于能让人消停会儿，便冲着怀里的小女儿慈爱地笑道：

"我的小美丽其格，你喜欢额吉的铃铛是不是？乖！额吉给你，喏。"

说着将手腕上的铃铛轻轻地摇响，然后将铃铛递到怀里的小婴儿的那双小手中，而那双小手碰到铃铛之后便紧紧地将它握住，用粉嫩粉嫩的小指头不停地拨动着这些小铃铛，听着铃铛清脆的声音，她也"呵呵"地笑了起来。

"萨满"源于通古斯满语的汉译音。蒙古族称男萨满为"博"，女萨满为"渥都干"。科尔沁博舞主要用于祭祀求福和驱魔治病。祭祀求福一般在室外进行，包括祭天地、祭祖、祭火、祭雷、祭桑树、祭敖包、求雨等，驱魔治病则夜间在病人家中进行。

博跳舞时法裙飘然若鸟展翼、骏马奋蹄，加之铜镜的闪动和响亮的撞击声，鼓且击且摇的"哗哗"声，令人眼花缭乱，给人以雄武威严之感。（姜山供图）

美丽其格仿佛天生就对这种精美的铃铛着迷，只要额吉一将铃铛从小家伙的手里拿开，她一定会眼巴巴地看着你，要是不给她铃铛，就会号啕大哭。自此以后，王府里的人都知道这位新生的小公主喜欢铃铛，只要照看她时给她一串铃铛玩，她就不会像之前那样不停地啼哭，而她的额吉命人让世代在王爷府里做木匠的仆人们给小公主定做了一张很大的婴儿床，同时达尔罕王爷邀请草原上技艺最精湛的铁匠，专门为女儿做了几套用金子做的精美铃铛，一套绑在婴儿床上，让女儿在婴儿床上可以少闹腾，一套系在女儿的手腕上，还有一套系在脚踝上，期望孩子能健健康康地长大。

公主到了四五岁的时候，已经能到处乱跑了。她头戴一顶红色的貂皮蒙古帽，长着一张粉嫩白净的小脸，圆嘟嘟的，弯弯的眉毛映衬着一双水汪汪的大眼睛，小巧的琼鼻，两旁的脸颊有一抹红晕，薄薄的嘴唇笑起来会露出两排像玛瑙石一样整齐的贝齿，身上穿着丝绸斜大襟长袍，外穿狐皮缝制的短皮夹，脚踩一双蓝色的小皮靴。最引人注目的是公主盘的辫子，脖颈、手腕、脚踝都戴着一串串精美的铃铛，胸前挂着的那串铃铛最大，每当小公主调皮地往王府外跑，就会发出一阵阵"叮铃叮铃"的清脆声响。

不管是王府里的仆人们，还是集市上的百姓们，只要一听到远处传来铃铛的声音，都会放下手中的活计，抬起头调侃道：

"小公主又往外跑喽！王爷家的仆人有的忙啦！"

这个小公主生得白净可爱，性子又活泼，很讨人们的喜爱，再加上她十分喜欢铃铛，铃铛又从不离身，所以人们称她为"响铃公主"。

英雄救美

时间飞逝，响铃公主在父母的精心呵护下及百姓的爱戴中茁壮成长。转眼间她长到了18岁，王爷和夫人商定要为自己的宝贝女儿先选定一门极好的亲事。王府在草原上放出消息：这年夏天，在百花盛开的时节，达

尔王府将会在蒙古族举办一年一度的盛会"敖包会"时，为"响铃公主"招亲，各路优秀的青年才俊都可勇敢自荐。

到了敖包会当天，草原上人山人海，本就是一年一度的盛会，再加上这次有响铃公主的招亲，草原上各地的人马都来凑热闹。响铃公主聪明美丽的名声早已传遍草原，因此来求婚的人络绎不绝。

响铃公主骑着一匹枣红马，在随从的陪同下前来参观。她头上挂着一层由金子和红布编织的面纱，而且在面纱的底部系上了几个精美的小铃铛，可以避免被风吹落，这使得别人看不清响铃公主的面貌，但凉风吹过，会掀起面纱的一角，露出公主洁白圆润的下颌以及鲜艳水嫩的嘴唇。正值夏日，公主穿一件蓝色的丝绸长袖和宽松的裙袍，胸前依旧戴着一串铃铛，纤细光洁的手腕上缠绕着一串串金色的铃铛，裸露的脚踝上也系着一副由精细小巧的铃铛编织成的脚环。她的身形修长婀娜，骑在马背上，一摇一晃之间更显出摇曳的身影。随着一阵阵草原上的劲风拂过，她身上的铃铛发出一阵阵清脆的"叮铃叮铃"的声响，向草原和她的子民们宣告着的驾到。响铃公主坐在马背上，看着眼前人山人海的热闹场面，转头对身边的仆从问道：

"前面怎么这么热闹！走，咱们过去瞧瞧。"

"公主，前面是草原上的青年们在比试骑马和射箭呢，这可是证明草原好儿郎最好的法子。"身旁的仆从回答道。

公主说着便往前方的人群去，后面的一众护卫也跟上。

只见人群包围着一块空旷的草地上，一个身材魁梧的小伙子，能骑善射，武艺高超，他头上编着一条辫子，辫子上扎着金环，剑眉星目，挺直的鼻梁，厚实的嘴唇，配上被太阳晒出的健康肤色，身穿开襟的蓝色长袖，外面穿着一件牛皮夹，裸露出精壮的臂膀，胯下骑着一匹白色的高头大马。

只见他挺直上身，双手拉开弓箭，瞄准着远方的标靶，箭簇装入箭袋中，挂在左边马鞍下，右边马鞍上系着蒙古刀，骑枪通过背带挂在肩膀上，尾端放在马镫旁边的小袋里。他脸上透露着一股坚毅的神情，双眼瞄准着远处的标靶，在他双臂的大开大合之间，一支支箭发出"咻"的破风声，随即一个个标靶被强力的箭射倒，每只箭都命中靶心。他加快速度，提起长枪将最后一个标靶刺倒。这一连串的骑射功夫一气呵成，再加上着小伙壮实的身形，硬朗的面庞，远看近看都让人忍不住夸赞一声：

"我草原上的儿郎，真俊啊！"

这小伙的高超箭术引得现场观众啧啧称赞，响铃公主看在眼里，被他英俊的面庞和精湛的骑术吸引，对他心生爱慕。

这时，一阵劲风拂过，响铃公主身上的铃铛发出一阵清脆急促的铃声。围观的人们听到这熟悉的声音，马上有人反应过来，朝着铃声传来的方向喊道：

"是响铃公主来了！"

瞬时所有人都跪下了，以表示对公主的尊重。匍匐在地上的人们，公主一个也没看中，而那个骑马射箭的小伙竟然没有跟别人一样下跪，而是看了响铃公主一眼，攥紧缰绳，双腿一夹马肚，口中喊道：

"呵！驾！"

随后便骑着马向远处驶去，只留下一缕烟尘。

"大胆！见了公主竟然不下跪，此人绝不能轻饶。"

故事吉林上

公主旁边的管家塔尔瓦看到那位青年的举动，忍不住喝道。

"塔尔瓦，住口，我看这小伙子骑术射术都高超，不知是哪家的子弟？"

"回禀公主，此人名为刘刚，乃是以前王府里的公主奶妈的儿子，小时候曾是公主的玩伴。"

一旁的婢女解答了公主的疑惑。

"哎呀！原来是刘刚哥哥！我说看着怎么有种熟悉的感觉呢，太好啦！我要追上去，跟他聊聊天。"

说着便骑着马飞快地奔向刘刚消失的方向。

"公主！公主！等会儿王爷还要来呢，等等我们。"

管家和护卫没想到公主一声儿招呼不打，拍马就走了，他们一边喊一边往前追，可公主骑术不差，马匹又是快马，一下子竟然都追不上。

而此时的公主追着之前刘刚的方向，不知道追了多久，也没见到他的踪影。走着走着，公主在一片柳树林里迷路了，她望着渐渐西沉的落日，心里开始发慌。突然，枣红马"嘶鸣"地叫了起来，而且开始急躁地上蹿下跳，马背上的公主花了好大力气才把它制止，接着从树林里窜出两头饿狼，紧随其后又是一头狼，响铃公主看到眼前的恶狼，喊了一声：

"啊！竟然有三头！"

响铃公主追得急，身上没带任何武器，刚拔马想跑，不料马的前蹄被马莲草缠住，公主"哎哟！"一声，一个趔趄摔下马背。此时那三头恶狼已经很近了。就在这千钧一发之际，一匹白马闪现在眼前，只见马上骑士快速地连发三支箭，大喝道：

"畜生好胆！"

又拿起长枪向着那几头恶狼刺去，一番射击之下，杀了一头狼，而另外两头狼则被击退。

生死情缘

143

吉/林/文/化/丛/书

响铃公主看到击退恶狼的竟然是自己一路追逐的刘刚哥哥，于是从狼群的惊吓中清醒过来，赶忙从地上起来，向刘刚跑去，边跑边喊道：

"刘刚哥哥，多年不见，其格想你啊！"

而此时刘刚也下马，看着眼前已经长大的公主，本想调侃一番，但一想到二人如今的身份天差地别，只能呆呆地单膝向公主下跪，说道：

"公主，刘刚一介草民，受不起公主的恩情！"

刘刚是响铃公主奶妈的儿子。小时候，在王府里他与公主就一起玩耍，情同兄妹。刘刚十五岁时便对公主暗生爱慕之情，但后来刘刚跟着妈妈离开了王府。从那时起，两人再没有见过面。

这次重逢，公主又惊又喜，但公主看到心心念念的刘刚哥哥竟然如此作态，不免生气和伤心，她忍不住用娇嫩的手捂住嘴，哭诉道：

"刘刚哥哥，难道你对我就没有一丝从前的情谊了吗？"

看到自己爱慕的女人哭泣，刘刚心里软了下来，站起身将身前的可人儿抱在怀里，他抚摸着公主秀发上的铃铛，向公主诉起了衷肠：

"美丽其格，分别的三年里，我无时无刻都在思念着你！"

刘刚告诉公主，如今父母已经去世，现在的他孤身一人在草原四处流浪。

谈话间的功夫，达尔罕王找到女儿，公主向父亲讲述了刚才刘刚搭救她的事情。王爷十分感激，对刘刚说："刘刚，你母亲以前是我府里的仆人，有些情分，今日你又救了我女儿，我送你一块牧场和几百头牛羊，若你还未娶亲，再送你一对女仆如何？"

王爷本来以为刘刚这样穷小子会欣然接受，但没想到刘刚接连拒绝："多谢王爷好意，救公主乃刘刚心甘情愿，并不图王爷的赏赐。"说完便起身要走。

这时，一旁的公主恳求王爷道："阿玛，府里的车夫年老体弱，而刘

刚年轻力壮，留下他帮我赶车岂不更好。加上他以前在王府待过，知道府里的规矩，用着也顺手啊。"

王爷想了想，点了点头也答应道："唉！就由了你这丫头吧。收拾收拾，打道回府，别让你额吉担心。"

看到王爷答应，公主和刘刚都露出了会心的笑容。从此，刘刚就当上了公主的马车夫。

棒打鸳鸯

草原上远近闻名的"响铃公主"要择婿，来王爷府提亲的人络绎不绝，不仅有各地部族的首领，还有皇亲贵族，亲王派了使臣来为小王子求婚，达尔罕王认为这是一门高亲，便一口应承下来。可是响铃公主却不同意，因为她早已把自己的感情和心上人刘刚紧紧连在一起了。

公主自小便跟刘刚一起长大，感情深厚，此前分别的三年，已经让这对儿鸳鸯受尽相思之苦，如今再度重逢，二人的关系更加稳固，公主和刘刚更加相爱。所以，二人经常瞒着王爷出去打猎游玩。一天，他俩正在林子里追逐游戏，不巧被管家塔尔瓦看见了，立刻报告给了达尔罕王。达尔罕王气得暴跳如雷，他一拍桌子，怒吼道：

"好你个刘刚，本王爷念你有些旧情并救了公主，让你入了王府服侍，没想到却是引狼入室啊！塔尔瓦，你做得不错，赶紧把公主叫回来，跟小王子那边说本王爷同意这门婚事。"

"是！王爷。"

管家塔尔瓦领着王爷的吩咐出去办事了。而公主得知父亲不同意她和刘刚的恋情，就去跟王爷争辩。她对王爷喊道：

"阿玛，我不管贫富，我喜欢的是刘刚哥哥，他对我是真挚的爱，我

（姜山供图）

们两情相悦，况且他还救过我性命。"

王爷说道："他不过是个穷小子，本王爷原本只是赏他口饭吃，咱们家的宝贝闺女哪能嫁给这个穷困的车夫呢！"

公主还是坚持自己的选择："不，阿玛，我认定刘刚哥哥了，你说什么我都不听。"

达尔罕王告诉公主："美丽其格！不管你同不同意，这两天，小王子就要来迎亲，你做好准备吧。"

第二天，小王子的一大队人马果然来到达尔罕王府接亲，但公主却直接带着女仆，强硬地对小王子府的人马说：

"本公主要嫁给的是能降龙伏虎的英雄，不管他是贫是富，是贵是贱，而不是只会躲在父亲身后的懦弱小子。"

小王子的人马看到响铃公主强硬的拒绝态度，便退了回去，而王爷拗不过女儿的倔强，一时竟不知如何是好。

正当两难的时候，一个奴隶匆匆跑来，向王爷汇报说：

"有一匹白马被黑山口的猛虎咬死了，同时，这只老虎还扰乱当地百姓，要不要派人前去打虎？"

　　王爷听后很生气，旁边诡计多端的塔尔瓦，却由此想出了一条"借虎杀人"的毒计来。他对王爷说：

　　"王爷，依小人之见，趁着现在他俩还没结婚，必须把这事了断了。小的有一计借虎杀人，我们可以这样……"

　　于是王爷就接受了狡诈的管家塔尔瓦的建议。这天，王爷府内张灯结彩，文武官员四周落座。达尔罕王向大家宣布：

　　"昨晚先祖托梦于我，如有人能去黑山口降住猛虎，我便把公主许配给他。而之前救公主而打狼的刘刚，便是先祖选中的最佳人选。刘刚，你可愿意？"

　　刘刚一听，喜从心来，他本身是猎户，箭也准，武艺高强，这次王爷竟然不阻挠他跟公主的婚事，这让他喜出望外，没多想就答应了。

　　眼看着心上人要离开，危险重重，公主央求王爷道：

　　"阿玛，让我陪他一起上山。我担心他。"

　　王爷断然拒绝："我的好闺女，莫慌，我把家里祖传的宝刀送给刘刚，帮助他完成打虎任务，不必担心。"

　　响铃公主看到王爷如此信誓旦旦的担保，就答应了。

　　临走的时候王爷管家给刘刚喝了送行酒。

　　刘刚走后，响铃公主为他默默祈祷，心焦地等待着他回来，可直到天亮，仍不见刘刚的踪影。公主放心不下，便偷偷牵出马，向黑山口奔去。来到黑山口，从对面山上传来一声声震天的虎啸之声，公主抬头望去，只见山岗上，刘刚正赤手空拳和猛虎搏斗，公主心急，策马跃上山岗，但到达时发现猛虎已经倒在地上，一动不动了。

　　公主欣喜地喊道："刘刚哥哥，我来了。你除去了猛虎，阿玛就会答应我们的婚事啦！"

　　刘刚见公主来了，喜出望外，急忙地向自己的心上人迎去，就在二人快要相拥在一起时，突然从公主的后方冲出达尔罕王的随从。他手持宝剑，趁

明末年间，乌力格尔在诺恩十旗已经成为一道风景。初时，说唱内容取自当时的传说，诸如《乌巴什洪台吉》《阿拉坦汗传》等。这种说唱形式，一经面世，立即以其独特魅力广受牧民群众欢迎。

清代，随着朝廷对内蒙古地区丈地开垦，农业渗入，也带来了内地汉民族文化。古典文学巨著，一部接一部传入蒙古族民众之中，诸如《三国演义》《西游记》等，先后被编译成乌力格尔。（姜山供图）

着二人放松警惕，直接拔剑，从公主后面一剑刺出，直中刘刚的心口。

二人都没反应过来，刘刚看着插入自己心口的长剑，一阵剧痛传来，他知道自己命不久矣，他看着眼前响铃公主美丽的脸庞，伸出手想抚摸，但手伸到半空便无力地垂落，卡在喉头的鲜血一口喷了出来，星星点点地洒在公主的脸上，刘刚还未说出一句话，就这么被王爷派来的随从刺死了。

响铃公主看到爱人被刺死惊慌地尖叫："刘刚哥哥，我的刘哥哥，你别，你别！不……"

此刻的她已经语无伦次，不知所言。本来与爱人相见的喜悦突然变成生离死别，这让一个刚成年的少女怎么接受得了。她呆滞地跪在地上，看着爱人的尸体，看到王爷的宝刀在一旁，公主立马爬过去捡起宝刀，她现在只想拔刀为爱人报仇，砍死刺杀刘刚的随从，但怎么也抽不出来，原来刀和鞘已用铅水灌注在一起了，而随从随即丢下手里的剑，飞快地往山下跑去，一会便上马逃走了。公主这才恍然大悟，她仰天哭喊道：

"阿玛！原来这一切都是你安排好的阴谋，你宁愿让我与心爱之人阴阳两隔，那我也不会让你们如意。刘刚哥哥，你去寻长生天的路上走慢些，其格这就来找你！"

她捡起随从丢在地上的剑，反身回到刘刚的旁边，把利剑横在洁白的脖颈上。她看着身下已经失去生命的爱人，两行热泪止不住地往下流淌，当泪滴滴在爱人的身上时，她用力一横，便倒在了爱人的身上。那一刻，她仿佛看到了以前跟刘刚哥哥一起策马草原的快乐光景。

达尔罕王听到手下的汇报之后，气恼不已，命令部下将响铃公主和刘刚分开两地埋葬。而就在分葬公主和刘刚的当天晚上，突然狂风大作，暴雨倾盆，巨大的山洪把两个坟墓冲到一起，合成了一个。这对青年恋人，生前没能在一起，百年相守的美好愿望，终于在死后得以实现。

今天，当人们再次走进吉林省公主岭市的公主故地，怀着无比崇敬的心情，寻找那段浪漫传奇的时候，依然可以在耳畔的风声中，听到两百年前悲怆的故事，漫过沧桑的四季，漫过岭上的沉香，默默吟咏，久久回响。

民国十六年（1927年），在科尔沁东部一带，当时的图协吐王府邀集上百余位远近闻名的乌力格尔沁（沁此处指艺人）举办一次盛大献艺活动，场面恢宏。最终，金宝山等四位乌力格尔沁斩将过关，脱颖而出，享誉旗内外。而大多数乌力格尔艺人依然是一个人，背一把胡仁，行走在无垠的草原上，四处漂泊，以说唱养家糊口。

中华人民共和国成立以后，乌力格尔艺人的社会地位提高，生活境遇改善。各级政府的文化部门重视乌力格尔，时常举办民间艺人训练班，在一些旗政府所在地和苏木（镇）陆续建立了蒙语说书厅，极大促进乌力格尔艺术的发展，琶杰、毛依罕、扎那、跑不了、孟根高力套等人陆续活跃在草原各地，百顺、却吉戈瓦、道尔吉、百锁等是众多乌力格尔沁中的佼佼者，据说其队伍人数超过200人。（姜山供图）

关东奇山

拉法山

拉法山国家森林公园位于吉林省东部蛟河市境内，距市中心36千米。现有景点200余处，其中历史人文景点5处，自然景点150多处，海拔886.2米，山门至主峰距离为1945米。四面环视，山峰多且形似铁叉，被称为"九顶铁叉山"。山体多洞，有称"八宝云光洞"。素有"八十一峰、七十二洞"之说。（姜山供图）

在中国东北，长白山余脉，吉林省蛟河市境内，一座海拔不足900米的小山静默于此，它钟灵毓秀，曼妙雄奇，山的名字叫作拉法山。

拉法，出自满语，意为熊出没的地方。有诗曾言："山从天外来，莲花宝座开。"

天造地设

　　山虽不高，在当地却名气不小。拉法山山门，坐北朝南，采用四门柱。拉法山号称"九顶铁叉山，八宝云光洞"，素有"八十一峰，七十二洞"之说。进入拉法山，如同走在画中间，五步一处景，十步一重天。

　　拉法山有奇峰，群峰巍峨。主峰是云罩峰，沿路有龙岩峰、姊妹峰、卧象峰、竹笋峰、母子峰等气势磅礴，兀然拔地而起。

　　拉法山有奇洞。八宝云光洞，也被称为穿心洞，是洞中之王。三面贯穿山峰，三洞口相通的洞穴，洞心宽阔、气势宏大。洞长近60米，宽高均在13~15米之间，面积约800平方米，可容纳千人。哪怕盛夏酷暑，室外烈日炎炎，洞内依旧微风徐徐，别有洞天，步入其中，顿感周身凉爽，登山的疲劳感顷刻间消失得无影无踪。三个洞口各有特点，独具风格。东可瞻朝霞日出，西可观日落黄昏，南可望茫茫云海。

　　拉法山不仅峰奇、洞奇，石也奇。广泛分布的奇石、怪石，占据着人们的视线。它们有的深藏于山峦峡谷之间，有的镶嵌在悬崖峭壁之上。造型千姿百态，形如飞禽走兽，活灵活现地展现在人们面前。

　　拉法山有"四奇"：第一"奇"，平地拔起一座山，周围与哪座山都不相连；第二"奇"，四面观看山型几乎一样，都是九个山峰，又称九顶铁叉山；第三"奇"，它有八十一峰、七十二洞，且均为天然形成；第四"奇"，无水起雾，山上没有水，但到了八九月份会出现拉法山云海。

（姜山供图）

关东奇山

春季，暖风阵阵，细雨绵绵，雨露滋润，杜鹃吐艳；夏季，鲜花盛开，绿树成荫，气候湿润，景色诱人；秋季，天高气爽，蓝天少云，红叶映衬，五彩缤纷；冬季，白雪皑皑，翠柏挺拔，银装素裹，一派北国风光。

拉法山，这座神奇的山，不仅上演过惊心动魄的故事，还留下了许多富有离奇色彩的美丽传说。

杨家婴儿

"杨金豹下山"的故事在当地广为流传。

杨金豹是宋朝佘太君第七世玄孙，他的父亲叫杨士瀚，出自宋朝武将名门——杨家。想当年，宋哲宗时期，杨士瀚所在的杨家是宋朝四大家族之一。俗话说"树大招风"，杨家到了杨士瀚这一代，家中已不如从前风光，甚至屡遭朝中奸臣的陷害，皇帝派杨士瀚仅携几千人马去平定北方，其妻班秀英身怀六甲，也随夫北征。

两军交战于拉法山下，但宋军兵力不足，再加上辽国正是兵锋强盛之时，杨士瀚为救手下的将领，被辽国军设计包围，最终壮烈牺牲。他的夫人班秀英在兵败之后冲出敌军包围，在拉法山的支峰"铁刹山"下一个废弃的尼姑庵里，将杨金豹生下。

没过多久，敌军追来，为了不让亲生骨肉遭受敌军杀害，她只能从战袍袖子中撕下一块衬里，咬破手指匆匆写下一封血书，交代了孩子的身世乃佘太君的第七世玄孙，写上父母的名字和孩子的姓名，谁若要捡到救下来，以后杨家必有重谢。

随后，班秀英在身体极为虚弱的情况下，翻身上马，出击引开敌军，而刚刚诞生的杨金豹便被留在了这座废弃的尼姑庵之中。

对突然传出婴儿啼哭声，村里人都感觉到很奇怪，这件事一传十，十传百，像一阵风一样传到八宝云光洞长眉老祖李大仙的耳朵里。他闻讯后，

吩咐大弟子水眼金睛兽：

"为师要去查看这啼哭之声的缘由，你且在山中看门。"

那水眼金睛兽竟口吐人言，勤恳地低头回应道："弟子谨遵师命。"

而后李大仙腾云驾雾而去，寻找啼哭的源头，忽听荒山野岭中有婴儿啼哭，循声找去，发现声音从一处废弃的尼姑庵传出。他一到尼姑庵就看见角落有一个布包裹，急忙上前，打开一看，是一个胖乎乎惹人喜爱的男婴正在啼哭。李大仙把婴儿抱回云光洞，将已被血水浸透的包被层层打开，只见里面露出三尺白绫，绫上写着血书：

班氏秀英亲手立此证：

火烧辽营来关东，这时我儿要降生。

有心抱儿去闯阵，又怕反落贼手中。

万般无奈将儿留，家住治州常寨中。

头辈爷爷名杨衮，马氏太君大有名。

二辈爷爷杨继业，佘氏太君老寿星。

三辈爷爷杨延昭，柴氏公主是龙生。

四辈爷爷杨宗保，穆氏桂英大有名。

五辈爷爷杨文广，竹氏太太名兰英。

六辈爷爷杨怀玉，奶奶名叫李翠平。

七辈你父杨士瀚，班氏秀英你母名。

你乃杨家八辈后，金豹就是你的名。

久后要是我儿在，三尺白绫做凭证。

长眉老祖观罢血书，明白内情后，便把白绫收藏起来，开始抚养杨金豹，并收他为弟子。用虎奶将金豹喂大，每日教他读书识字，而且让他和水眼金睛兽一起习武练枪。杨金豹生来聪慧，很快十八般武艺皆样样精通。

长到六七岁，能流利说话时，杨金豹常常跑到师父跟前，哭着脸奶声奶气地问道："师父！师父！我见山下的孩子都有父亲母亲，为何我一直没见过我的父亲母亲，他们到底长什么样呢？师父您告诉我吧。"

每当这时，老祖李大仙都会宠溺地轻轻抚摸着杨金豹的头，安慰他说：

"金豹，我的好徒儿，你的父母是为国尽忠的英雄！你现在还小，等你长大了，师父就让你去找父母好不好？"

"长大？师父，那多大算大？"杨金豹不肯放弃，有些倔强地追问道。

"哈哈哈，等你学会为师教你的十八般武艺，能像你师兄一样独当一面的时候，你就长大啦。"老祖李大仙听到跟前这孩童稚嫩的提问，他忍不住摸了摸自己长长的胡子笑着回答道。

听到自己尊敬的师父这么肯定的回答，杨金豹仿佛有了人生目标，爽快地向师父保证道：

"师父！一言为定。"

就这样，杨金豹在八宝云光洞里生活，在师父的精心教导下，每日读书写字，不停地跟大师兄水眼金睛兽练习武艺。一晃16年过去了，杨金豹已经长成一个威武英俊、力大无比、武艺绝伦的少年。

金豹下山

一日，老祖李大仙得知宋军又继续北征，这段时日正与辽国的军队交战于拉法山下。据说，此次是为报当年杨家北征兵败的血仇，大宋皇帝竟然亲自出征。

有了天子的御驾亲征，宋军将士的士气大振，本来北征形势一片大好，但皇帝却犯了轻敌的大错，他带领的卫队以及杨门将领们被辽国军队围困在蛟河城内，杨门女将们奋勇拼杀，怎奈寡不敌众，形势

万分危急。若没有外部支援，后果不堪设想。长眉老祖李大仙知道这是让杨金豹下山，为国效力，认祖归宗的绝好时机，他把杨金豹和大徒弟水眼金睛兽招来跟前，神色凝重地说道：

"金豹，我的好徒儿啊，你六岁时问为师，何时长大后让你去寻找你父母？"

听到师父这么说，聪明的杨金豹有所预感，他略带疑惑地问师父："师父，难道……"

"不错，你已在我这八宝云光洞里生活了十六载，为师所传授的学识和武艺你也精通了，是时候让你出去见识更广阔的天地了！"

长眉老祖李大仙随即严肃地吩咐眼前的二位弟子：

"尔等听令！"

杨金豹和水眼金睛兽向师父跪下，双手抱拳答道：

"弟子听令！"

"如今大宋皇帝和杨家将被辽国军队围困于山外的一处山谷里，情况危急。金豹啊，你本是杨家女将班秀英与杨士瀚业之子。当年种种都在这一条白绫里，等会儿你拿去看看便知道你的身世。为师赐你法宝贯红枪，可让你有敌万军之勇。水眼金睛兽，你身为大师兄，此程要保护你师弟安全。若实在遇到解决不了的情况，可去五台山寻找杨金豹祖先求助。金豹，如遇到紧急情况你可以拍你师兄脑门儿来求助，为师不便出手。这次是你出征为国尽忠的好机会，你二人切记小心，切记切记！"

说完，师父转身离去，杨金豹和大师兄挥泪告别恩师，日夜兼程，终于来到皇帝和杨家将被围困的蛟河城外围，只见辽国十来万人的军队密密麻麻地将城池的四面包围。而杨金豹看到这些敌人，非仅不惧怕，反而更加兴奋，手里握着师父赐予的贯红枪跃跃欲试，他对身旁的大师兄说：

"师兄，别看他们人多，且等我打先锋，杀他一阵。"

关东奇山

155

156

蛟河红叶谷（图片来源于网络）

而敌军只见一位身穿金色甲胄，手擎长枪的高大少年竟然能像仙人一样，从空中杀来，携带着浩大的声势。数万军队抵挡不住，竟然被连破了东门和南门的军队，杨金豹又去破北门的敌军，可是敌军怎么也打不完。他因为连破两门有些累了，而且北门的辽国将军王虎有一面盾牌能将他的枪术挡住，于是他回去请师兄帮忙。杨金豹对水眼金睛兽说：

"你我回八宝云光洞里吧，那王虎有个龟壳，甚是烦人。"

水眼金睛兽不肯动窝，杨金豹继续说：

"大师兄你不动，我也不去冲杀了。"

他把长枪往水眼金睛兽身上一放，骑在水眼金睛兽的身上，不再言语。这时大师兄忽然"嗷"着连连怪叫三声，杨金豹忽然觉得贯红枪沉了一下，低头一看，只见枪尖上已经挑着北门攻将王虎的头。

杨金豹一见挺乐呵，又去破西门敌军。可西门是辽国大将张子灵把守。张子灵见杨金豹来西门，就对杨金豹说：

"我喊三声，你敢答应，我就把西门让给你。"

杨金豹不知是计，就说："别说三声，十八声我也敢答应。"

张子灵连喊两声，杨金豹答应两声，结果落地身亡。原来张子灵有个宝贝叫"聚魂瓶"，聚走了杨金豹的魂。大师兄见杨金豹没了魂，自己并不会回魂之术，但他想起出山时师父的话"去五台山找杨家祖先求助"，于是他低下头捡起长枪，叼起杨金豹朝五台山飞去，去见杨金豹的祖宗杨五郎。五台山上，杨五郎问水眼金睛兽：

"此子乃我杨家后人，但眼下魂不附身，你是不是要拨魂？"

水眼金睛兽点头！传说水眼金睛兽摇头不算点头算，而且他懂人语，能口吐人言，他回答道：

"他乃我师弟，我等师承八宝云光洞长眉老祖李大仙，此次为救大宋皇帝和杨家将众人，但不幸中了奸计，请杨五郎大师出手相助。"

杨五郎取出拨魂棍，给杨金豹拨回了魂。杨金豹看到眼前竟然是自己杨家的先祖，激动地说：

"祖爷爷救了我，我给您磕头了。"

而后杨五郎给杨金豹两颗仙丹，对他说：

"这两枚仙丹，危机时刻可保你们一命，且去罢。"

杨金豹和大师兄拜别杨五郎，离开五台山，回到蛟河城，看见敌军正围着出城的杨门女将厮杀。杨金豹杀进阵来，冲得敌兵一阵大乱。敌将张子灵打不过杨金豹，逃回大营。丫鬟对张子灵的女儿张金瞳说：

"老爷正在围着杨门女将厮杀，眼看杨家女将就完了，突然来了一员小将，骑着一头怪兽，竟把老爷打败了。"

小姐一听哈哈大笑，便对父亲说："此人不过一个初出茅庐的小伙子，性如烈火。爹爹不必忧愁，我去把他抓来。"

张子灵再三劝女儿小心，张金瞳答应着，出了城门。这张小姐法术高强，她聚来一座高山，又聚来一只虎，水眼金睛兽一看老虎来了，就去追那只老虎。杨金豹不小心掉在砬窝上，上不来、下不去。张小姐又用纸人变成一个樵夫，在杨金豹所在的砬窝上砍柴，杨金豹哭着对樵夫说：

"我若死了，杨家就断了后人，你今天搭救，我必有重谢。"

樵夫听了，把绳子伸了下去，让杨金豹围在身上，准备往上拽。可是拽到一半就不拽了，对杨金豹说：

"小伙子，你先受点儿委屈吧。我累了没劲了，回去歇歇，吃点儿饭再来拽你。"

说完便扬长而去。不一会儿张金瞳骑着登云兽腾空而来，见杨金豹银盔银甲白雕翎，手提贯红长枪，相貌英俊，便对他有了爱慕之心，但深知杨家不准临阵收妻，只好骑着登云兽腾空走了。

　　樵夫来回四十多里路，杨金豹终于盼到他回来，才被救了上来。谢过樵夫，找到水眼金睛兽后，又一起去破西门敌军。张子灵见杨金豹又回来，大吃一惊，明明杨金豹的魂已经被拘走了，怎么又活了？他又想用聚魂瓶再拘走杨金豹的魂，又冲着杨金豹连喊了三声："杨家少爷"。

　　杨金豹也连答三声，这次却不管用。张子灵只得拿出第二招，引来火焰烧杨金豹，杨金豹身上燃烧着毒火，这下他可急了，忘记了临下山时，师父告诉他"有困难可以拍大师兄水眼金睛兽的脑门儿"。大师兄只好瞅准一块石头，把自己脑门儿往上撞了三下，立即从眼睛里喷出水来，把张子灵的毒火给浇灭了。

　　张子灵这下是真没招数了，只得败阵，弃了西门逃跑。辽国的军队看到东南西北四面都被这个英勇少年冲破，主将也都被他一一打败了，剩下的数万人军队也跟着撤退，杨家将们趁其不备，这才有功夫支援杨金豹。

　　杨门女将看着眼前这位少年，一股血脉之情从心底传来，颤抖地问道：

　　"孩子，你可是我杨家后人？"

　　杨金豹看着眼前的杨家亲人们，上前跪倒在地，双眼含泪地说道：

　　"我乃佘太君第七世玄孙，杨士瀚与班秀英之子——杨金豹，当年被八宝云光洞的长眉老祖李大仙所救，如今前来为国效力，认祖归宗。"

　　而杨金豹出师奔赴战场，英勇征战，力克群敌，救出皇帝，认祖归宗。这一故事至今还在百姓中广为流传，如今，拉法山上洞中仍有长眉大仙的塑像。

龙的传奇

龙潭山旧话

吉林市龙潭山公园又称吉林市龙潭山遗址公园，位于吉林市东部、松花江东岸，因山上有龙潭古池而得名，是一个以森林为主要景观的公园。（图片来源于网络）

龙潭山，因山上有龙潭古池而得名。位于现在吉林市区东部，临水矗立，占地约202平方千米，最高峰海拔388.3米，它与朱雀山、小团子山、小白山合称"吉林四大名山"。

龙蟠虎踞

早在新石器时代，龙潭山就已经有了人类活动的痕迹。在距今两千多年历史的古夫余国文献中，就有关于龙潭山建有军事要塞的记载，到了高句丽时期，著名的龙潭山城在此建立。

龙潭山不仅在城市的位置特殊，而且更重要的是在建立的北方古国当中历史悠远，至少在夫余国和高句丽时期都有在龙潭山建城的遗址。"一座龙潭山，半部东北史"，足见龙潭山的历史和东北的社会发展是非常密切的。

当年强盛一时的夫余国，统治着整个松花江流域，包括黑龙江的大部分地区，夫余国将都城设在江北的一个土城子。此地三面环山，前面有松花江作为天然屏障，进可攻，退可抵御外敌。

为了保护都城，夫余人在山城上建造了许多比较简易的军事设施，在都城的外围用大量的夯土筑成一道高大的城墙，城墙上设有箭塔和瞭望台。夫余人选取这里作为修建都城的地址，在城池修筑方式上又以防御为主，主要想把都城作为一处重要军事要塞。夫余人就在这座都城里稳定发展，而这都城实际上是龙潭山山城的前身。

在被夫余人占据的 300 年间，各部族纷扰不断。公元 285 年，夫余城被鲜卑人攻破，虽然第二年在晋武帝的帮助下，夫余人得以复国。但鲜卑势力的崛起已然无法阻挡，夫余人也难逃溃败的命运，不得不举国迁徙，迁都到辽源市东辽县龙首山附近。

龙潭山上有一座渤海国时期的古城遗址，现遗存有山城城垣、水牢、旱牢城墙凭借山势，沿山脊夯土碎石筑成，墙壁最高处 10 米，最低仅 1 米余。城垣上宽 1~2 米，基宽 10 米左右。周长 2396 米。山城的正南和正北各有一门，东西南北四面都有瞭望台。（图片来源于网络）

到了隋唐时期，龙潭山城换了个新主人，这便是高句丽人。高句丽人将这个易守难攻的山城建成了高句丽山城，他们像夫余人一样，将这里作为一个重要的军事要塞来修筑。

早期高句丽人的城市主要由平原城和山城组成，他们在原夫余国基础上又重新扩大修建城池。龙潭山被他们当作战略要地，用夯土修建了一条沿山城而建的坚固城墙，并在这里安置了大量的部族人口和军队。高句丽山城被高句丽人修筑成一个抵抗中原向北方进击的军事城堡。

从龙潭山的最高点俯看，远处是松嫩平原的母亲河——松花江。濒临松花江那一面是峭壁，其他三面有一道又一道的夯土城墙，用以保护里面的都城，龙潭山上的山城被用作抵御外敌侵略的军事堡垒。从汉代的夫余，到后来的高句丽，一直到乌拉海西女真，历代各朝都是如此。直到满洲崛起，东北少数民族的纷争才结束，清朝入主中原，创造了一段时间的太平盛世。

龙潭山上的堡垒虽然依旧受到重视，但军事意义减轻了不少，慢慢地便结束了它作为军事要塞的使命。

龙潭山公园最著名的景观当属"龙潭"，龙潭位于山的西北最底洼处，有板石砌成阶路直到潭边。龙潭藏于山洼林荫深处，寒气袭人。龙潭东西长 47 米，南北宽 22 米，潭水呈墨绿色，水面布满浮萍，显得深不可测。

（图片来源于网络）

龙潜于渊

在龙潭山西北山麓，一个幽静的水潭静默于此，它深约 10 米，长约 50 米，宽约 25 米，倒映着风云变幻的天空，人们叫它"龙潭""水牢"或"锁龙井"。

这水潭大概形成于夫余国时期前后，到了高句丽统治龙潭山时期，在龙潭山山顶建城堡，派有士兵驻守。他们发现城堡东北角处因地势低洼，有泉水涌出，积水成潭，戍守城堡士兵便围着山泉加以修缮，修建了贮水池。

有一年，本是一个大晴天，忽然天昏地暗，电闪雷鸣，从天上降下一条孽龙，落到潭里。这条孽龙在龙潭山上兴风作浪，为害百姓。后来，一位得道高人来到这里，将孽龙制服，并用大铁链把它锁在潭底。潭边有一石桩，固定着一手腕粗细的铁锁链，铁链另一头没入水中。传说，这铁锁链就是锁孽龙的。若有人要想拉动铁链，立刻就会风云变色，潭水翻腾。从此，这个潭便有了名曰"龙潭"，亦俗称水牢。并且在当地形成了一个"龙潭胜迹久争传，半有真凭半涉仙"的传说。

乾隆十九年（1754 年）八月初九，清高宗爱新觉罗·弘历，东巡吉林时，游览了龙凤寺，祭礼了龙潭。图为后人依据乾隆当年所走的路线所立的"御道"牌坊。

（图片来源于网络）

等到了历时八年的"三藩之乱"被平定后，康熙帝特谕吉林乌拉将军巴海："今以云南等处底定，躬诣盛京告祭三陵。意欲于扈从人等喂养马匹之暇，省看乌拉地方"。

"乌拉地方"，合为大乌拉和小乌拉。大乌拉即打牲乌拉，也就是乌拉街满族镇，以及吉林城。皇帝要巡视"乌拉地方"，事关重大，巴海将军立刻做迎接皇帝巡幸的准备。将军派下人用黄土垫平道路，净水泼街，窗明几净换还本色，人换衣裳马换鞍，于是乌拉地方气象大变样。

此次康熙东巡吉林乌拉，随行的有钦天监，康熙的外国师父南怀仁等人。钦天监查看了吉林的地理形势后，向康熙汇报：

"陛下，此九龙山有九龙之象，尼什哈山有如巨龙伏卧。吉林城确是藏龙卧虎之地，日后定会出帝王。"

说者无心，听者有意，钦天监的话引起康熙皇帝的警觉。身为皇帝，最怕的就是另一个皇帝的产生。所以康熙即刻命令吉林乌拉将军："巴海！你速速派兵凿毁九龙山的数座山峰。铲断有帝王之兆的龙潭山的山城城墙，挖断那里的龙脉，以破吉林乌拉之地的帝王风水。"

吉林将军巴海跪在地上接令："喳！微臣明日便让人将岸上几座山峰铲除。"

据1913年版的《鸡林旧闻录》载，"七门岭有两峰对处为'过龙脉'，亦凿断之，以破其兆"。康熙皇帝命巴海将军派人凿断龙脉的相连之处，后来形成了一处断岭。断岭位于龙潭山的半山腰处，也是龙潭山山城之门。细观之，断岭处两侧的山峰相距十几米远的样子，的确是人工挖凿出来的。

而在与水牢相隔不到300米远的地方，一个规模稍小，深约3米，直径约10米的深坑，无论风雨，从未积水，人们称它为"旱牢"。旱牢建于高句丽山城建设时期，战时用来存放军事器械，平时可以关押犯人。

这旱牢也神奇，无论何时，从不积水，在当地人们口口相传的故事中，还夹杂着亦真亦假的种种异象。水牢、旱牢，虽并未显现神迹，令人感到一些遗憾，但是古老的传说还是被人们津津乐道着。

龙潭神树

乾隆在位时紧随祖父的步伐，前往吉林乌拉东巡祭祖。圣驾先是在松花江江边驻跸，然后巡吉林城，接着到小白山望祭，最后还有一项重大的活动，那就是登临当时被称作"尼什哈山"的龙潭山祭祀。乾隆不仅只为了祭祀先祖，还要祭祀"神树"和"龙潭"。

能让皇帝大费周章地前来祭祀，这与清太祖努尔哈赤平定乌拉有关。

明朝中后期，位于松花江中游海西女真乌拉部，在乌拉街满族镇旧街村筑城建都，建立了东至图们江流域及朝鲜东海，东北至乌苏里江一带的部落国家，名为"乌拉国"。

为抵御建州女真努尔哈赤的进攻，乌拉国在松花江沿岸修建了五座城堡，其中之一就是重筑了高句丽人留下的龙潭山山城，当时称"俄漠城"。"俄漠"为满语，是"水泊"的意思。水泊指的就是龙潭山中的"龙潭"。

龙潭山下，"清高宗乾隆皇帝登祭碑"。
（图片来源于网络）

努尔哈赤率他的儿子皇太极等诸将，以乌拉国主布占泰夺其城、要迎娶他已聘叶赫老女为由，攻打乌拉国。因为俄漠城重要战略位置，占据松花江这一天险，进可攻，退可守，努尔哈赤先攻打此城。老汗王亲自带兵猛攻，却中了乌拉军的埋伏，建州女真的军兵四处逃散，单枪匹马的努尔哈赤落荒而逃，甩掉追兵之后却迷了路，不知不觉中钻进俄漠城。没想到，乌拉兵执刀挟矛漫山遍野找寻他。为了不被发现，他见龙潭东南角有株古桦树，高可参天，两人不能合抱，轩昂挺直，树下蒿草灌莽，甚隐蔽，便藏匿其中。

吉人自有天助，这株古桦树护佑了开国太祖努尔哈赤，众多的乌拉兵从他身边走过却没发现他。等到夜深人静，努尔哈赤从桦树下溜走，后来重整兵马，终于灭了乌拉国。努尔哈赤深信自己此次能化险为夷，自有神明相助，对庇护自己的尼什哈山和那棵树，心存感激，念念不忘，并传话后人，有机会要报恩。更是希望以这种信仰，激励留住在龙兴之地生存的满洲同胞们永不离开，守护大清的千秋基业。后来在建立乌拉街设打牲乌拉衙门总管的时候，特意命令当地旗人：不准服役、不准当兵、不准经商，只许狩猎。

入关后，历代的清朝皇帝，都会千里迢迢地来此地东巡。当登上山顶，看到除了山城之外并无任何可以用作祭祀的神庙，乾隆便命令吉林将军修建一座寺庙，名为龙凤寺。

据《吉林通志》记载："龙凤寺佛殿三楹、龙王殿三楹、客厅三楹、更衣厅五楹、禅堂三楹、西配房六楹、钟鼓楼各一，乾隆十九年，高宗皇帝驾幸吉林，御书'福佑大东'匾额悬正殿。"古色古香的庙宇群，红窗、红门、红柱，青砖青瓦，雕梁画栋，建筑十分精美。

寺庙修建好之后，乾隆特意沿山阶而上，途经龙潭山、旱牢，接着来到龙凤寺，途中他走累了曾小憩于一棵榆树下。他见榆高虬劲，绿冠荫蔽，乘荫纳凉甚是清爽，悦而言道：

"榆冠葱茏，胜吾黄罗华盖，真乃华盖大将军也！"后人便将此树取名"华盖榆"。

乾隆为这座新建的龙凤寺，亲笔御题"福佑大东"匾额于大殿上，意在福佑吉林这片土地。几经周转，还找到了当年庇佑先祖的那颗大树。看着眼前高大的桦树，想起锁龙潭里神奇的故事，想起当年祖辈征战乌拉，统一东北，最终入主中原的不易。乾隆不禁流着泪对身边的官吏下旨道：

"先帝创业艰辛，得此神树和神山庇佑，今日吾等后辈来此，应当谨记先祖创业之不易，所见神树，念及过往种种，朕下令封此树为神树，那龙潭封为神潭。"

"陛下圣明！陛下圣明！陛下圣明！"跟随乾隆爷前来的一众官员跪在地上，

赞颂乾隆的圣旨。

御封大桦树为"神树"，是为了感谢大桦树隐蔽太祖之恩德。乾隆一时兴起，又封了几棵将军树，这些树的树龄至少百年，而且数量至少有百多棵。乾隆认为龙潭山不仅有龙的传说，而且庇佑过自己的先祖，这座山必定有仙人保佑。站在山顶可以俯瞰整个吉林城，望远方看，尽眺松花江，从东一直蜿蜒向北，不愧是人杰地灵的风水宝地。乾隆御封完成之后，又下旨嘱咐当地官员，此后的每年春分秋分时节，吉林的文武官员必须在吉林将军率领下到龙潭山祭礼"神树"和"龙潭"。

到了光绪年间，光绪帝又给龙凤寺赐了块牌匾，上面写道："挹娄泽洽"，寄托了他希望满洲能够受到天龙的保佑，风调雨顺的愿望。

龙潭山，吉祥天佑，林碧水秀，兴亡成败，悲欢离合，已在历史的涤荡中消失了踪迹，化作曾经的过往。但历史，却为今天留下了不朽的故事，或生动神秘，或刻骨铭心，让热爱生活的人们，津津乐道，心口流传。

历史上，清帝东巡祭祖始于康熙，其在位期间曾三次东巡。"东巡"是指清朝统治者出关告祭祖先、拜谒陵寝、寄托孝思，还会考察沿途民情吏治、了解地方边备敌情、安抚少数民族、慰问勋旧遗族，同时赏赐、惩罚、免赋或是告赦天下等。因此，"东巡"不单纯是清帝祭祖谒陵、告慰祖先，同时也是一项带有极强国务色彩的政治活动。

（图片来源于网络）

草木枯荣，人世更迭，现实的生活，神奇的传说，历史的痕迹在龙潭山相互交错，远古的先民在这里安居繁衍，强盛的王朝在这里崛起，极盛之后的衰败在这里上演。夜幕低垂，明月映照，静谧的龙潭山俯视着这片土地，似乎在与眼前这座城市倾情对话。它诉说着千年过往，历数着时代的脚步，陪伴着城市的霓虹，在历史与现代的水乳交融中，上演着生动的故事，迎接下一个崭新的黎明。

龙的传奇

门临江立

临江门往事

（皮福生供图）

在松花江两岸，人类的活动可以追溯到3000年前。滚滚江水孕育了东北地区的古老文明，传承着山水相依的民俗文化。而发端于长白山深处的松江水，蜿蜒流淌，日夜不息，孕育了"四面青山三面水，一城山色半城江"的吉林城。在松花江放船歌中，有一句唱到"连樯接舰屯江城"，所以，吉林城也有另一个名称——江城。

吉林城是这片山水相依的民俗文化的缩影，而吉林城的临江门则是文化的见证。

木城水都

吉林城吉祥天佑，林碧水秀。两千年来，曾经是古代东北第一个民族政权夫余国早期都城的发端地，孕育过强盛的满洲部落，见证了清王朝的崛起和没落。

在最初建城的时候，吉林城被称作木城、水都。当年建成时间短，具有临时性。用红松木杆子连成一片，把整个城市围起来，形成了吉林城最初的雏形。

长时间以来，因为临山傍水，易守难攻，交通便利，军事用途始终是吉林城最重要的城市属性。松花江，这道天然屏障，为这里的百姓和驻守的军队提供了完美保护。新中国成立之后，硝烟散去，吉林省成为新中国的重工业基地，吉林省近四成的工业企业坐落于此，而临江门则是这座城的咽喉要道以及重要的货流集散地。

（皮福生供图）

门临江立

169

风门水口

想要了解临江门大桥，就要先从"临江门"这个名字的由来说起。吉林城曾经有八座城门：东莱门，即小东门；朝阳门，即大东门；巴尔虎门，后称巴虎门；北极门；致和门；迎恩门，即西门，后改称临江门；福绥门，俗称水门洞子；还有德胜门。

临江门，之所以能成为八门中最重要的地理标志，在于其头道码头。当年吉林城与外界往来需要过江，南来北往的客商，以及大宗的货物运输，十分不便。而头道码头恰恰是吉林城货物吞吐量最大，最便捷的码头，也是水路交通和陆路交通的一

吉林市是中国唯一省市同名的城市，满语名为"吉林乌拉"，意为"沿江的城池"，因康熙皇帝东巡吉林城所作《松花江放船歌》有"连樯接舰屯江城"之句，故吉林市又被称为"江城""北国江城"。（姜山供图）

个重要交叉点。为了节省人力物力，在不大量改动吉林城旧址的基础上，建桥的最佳选址地点就是临江门的头道码头。当时官员决定，在临江门的头道码头建一座连接吉林城河两岸的大桥，这座桥就命名为"临江门大桥"。

临江门大桥的建立，大大增强了吉林城对外的货物运输能力，这里成了南北水运的重要停靠点和商贸集散地。头道码头人口密集，临江门大

桥附近商铺林立，热闹非凡。东北生产的木材，在这里顺江漂流，而后辗转输送至北京乃至更远的南方。川流不息的货船，带来了中原的货物，又满载东北特产频繁往来。长白山上的红松、山参、貂皮、鹿茸，南方来的各种货物都得经过临江门大桥，在头道码头卸货、装载，通向世界各地。吉林城的经济也在人声鼎沸中渐渐变得繁荣起来。

临江门大桥的建立带动经济发展的同时，临江门也极大地加强了东北各地之间以及中原和东北的地域文化交流。

长白山物资非常丰富，吉林城外居住着各族人民，有满族、鄂温克族、蒙古族，加上中原各地的移民，他们有些在松花江上放排，有些做船运，有些上山打猎，各种木帮、参帮、马帮，载着各自的货物，要么走陆路过临江门大桥，要么走水路从松花江的上游一直到第一站头道码头，在这里停靠之后，跟南方来的客商进行贸易交流。上岸后，这些南来北往的各地人民就在吉林城里吃、喝、住。城外的跑马场，赛马厂里的人，从临江门大桥或者从渡口坐船进入吉林城，各地的人民在城里交流，自然也促进了文化交融。

所以说临江门是一个特殊的所在，它迎接了很多外来文化，比如吉林市的渔猎文化；长白山讨生活的木帮、淘金、采参文化；中原移民带来的中原文化。在顺治、乾隆年间，大量的山东、河北、山西等地的人来到这里。他们为逃避饥荒，配合清朝出关垦荒的政策，背井离乡来到东北。这些移民中夹杂着一部分知识分子，如流放的官员，文人们被流放到吉林后，带来了中原的文字、书法、诗词和儒道佛的文化，对当地的原住民产生了巨大的影响。二者结合，形成了吉林市后来修建的书法城，是移民文化与当地文化相互交融的结晶。临江门这个特殊的文化吐纳之口，让吉林城更具吸引力，成为了一个开放、包容并促进文化交流的要地。

吉林市位于长白山向松嫩平原过渡地带，自然环境优越，地貌类型复杂，有"远迎长白，近绕松花"之势。由于不同时期的大地构造运动，以及江河的侵蚀、剥蚀和堆积形成的流水地貌，地势由东南向西北逐渐降低，形成中山山区、低山丘陵区、峡谷湖泊区、河谷平原区四大地貌景观。（姜山供图）

兵家必争之地

临江门的作用不仅在拉动经济、促进文化交流上，作为吉林船厂的见证，它更有着不可替代的军事作用。

临江门大桥的头道码头，位于松花江左岸，吉林船厂就在它附近不远处。

船厂背景深远，可以追溯到明代东北的船王——"萨哈连船王"亦失哈。当年亦失哈奉皇帝之命，带领大批的东北移民，包括各种铁匠、船工、木工和放排的工人来到现在的船厂附近，在这里修起了吉林船厂，为北疆水师建造战船。郑和七次下西洋所乘坐的船也正是由明代的吉林船厂建造。后来清朝水师把这里作为操练场，并留下了大规模造船的历史文化遗存。

清朝第四位统治者康熙皇帝，巡幸吉林城，天子座驾从西边的临江门

进城，当地的官员为了彰显皇恩浩荡，特意将临江门改名为"迎恩门"，为后世纪念。

随康熙东巡的各位文臣武将，如吉林将军巴海；文官的议政大臣；史官笔录高士其；五品带刀侍卫曹寅；还有帝师兼随从南怀仁等。另有一些王公大臣，皇子，包括后妃，一行人浩浩荡荡来到了吉林。

八旗军队为保护皇帝、王公贵族、大臣的安全则驻扎在吉林城外，这样才能保证他们入城内安心歇息。然而，当地的官员为了在皇帝面前彰显自己的政绩，证明自己是治民有方的。先是大摆宴席，请来了吉林城里最好的厨子、戏班、跑江湖的杂耍艺人，为的就是侍候好皇帝陛下，以便自己头上的乌纱帽也能再往上翻一番。

康熙冷眼瞧着这些地方官的作为，并没有说些什么。酒足饭饱后，当地的官员便争先恐后为康熙当导游，引康熙来到临江门，为的就是让他亲眼看到热闹无比的江面，以及这车水马龙、灯红酒绿的繁华景象，官吏向康熙帝汇报：

"启奏陛下，这里乃是吉林城最繁华之处，自从临江门大桥建好以来，南北货运大获促进，吉林城的税收每年可翻数倍，各地百姓和谐共存，这都是托陛下的福啊！"

听着地方官们对吉林城奢靡之相不厌其烦地夸赞，对其真正想问的一概不提。康熙脸色慢慢沉了下来，冲着官吏阴沉沉地说了一句：

"朕此番前来，不仅问俗，更为观兵！尔等莫不是忘了何为居安思危？"

此话一出，那些官员便知道自己未能体察圣意，顿时慌了手脚，纷纷跪倒在皇帝脚边，连连求饶道：

门临江立

"臣等罪该万死，未能体察圣意，如今吉林船厂发展如火如荼，望陛下能让臣等领圣驾前去巡视，以将功赎罪！望陛下开恩！"

说完又冲着康熙磕了几个头。康熙赏罚分明，看到属下已经认错，心情好了些，挥了挥手，说道：

"赶紧起来，带朕前去，若是让朕不满，尔等的顶子也不用戴了。"

"谢陛下开恩！微臣定不辱使命！"

听到康熙的旨意，下跪的官员们开始吓出一身冷汗稍微缓解，好在还留他们一命，便急忙领命，向皇帝保证自己能完成任务。

船坚炮利

康熙来到松花江边的吉林城，不仅是来察看百姓在当地的生活，还有一个重要用意，那便是视察吉林的军舰。

当时的东北并不算安生，有来自北方的沙俄势力蠢蠢欲动。一旦生起战事，在山多水深、河泽密集的东北地区，唯有大力发展水师，使其成为支柱型战斗能力，才能抵挡住入侵。清朝政府为预防北方的威胁，在北方的水师建制，依旧沿用旧制。在吉林北山西南面设立水师营，经营北方的水兵。而水师营进城登岸，必须从临江门上来。

也就是说，临江门在平时不仅要承担商贸聚集、货物运输的责任，还要照应各种各样的船只往来，如来自长白山上游的一些木排顺江而下和军事运输。整个北方水军的给养，基本都由吉林城负责调运，都得从临江门出发，运到黑龙江齐齐哈尔，一直到漠河下游的整个黑龙江流域。临江门是担负中国北方军事给养的一个重要码头和港口，这是它最为关键的作用。

康熙在下属引领下来到头道码头，登上了皇家专用的战船，沿江而上，登临吉林船厂。康熙视察吉林水师：只见在那松花江岸边，一座座高大的造船工厂沿江而立，里面灯火通明。工人们正热火朝天地为北方的水师以

及吉林城内的用船忙碌着。船厂后面的山上，响起伐木的森林号子，江面上停着一艘艘威武巨大的水师战舰。岸边的水师营地里，将领们正在带领士兵们做训练，正是一幅严阵以待的景象。

康熙皇帝看着眼前这幅热闹图景，十分满意，抚着自己的胡须，对着身边的下属夸奖道：

"好！好一个吉林船厂！朕十分满意，你们几个做得不错！"

那几位下官一听到皇上的夸奖，立马跪下谢恩：

"陛下圣明，这些都是托陛下的福，才能发展成如今模样！"

"行了，朕要登船一观着春江美景！"

康熙爷不再搭理唯唯诺诺的臣子们，趁兴即刻登船赏景。

他登上吉林船厂建造的水师巨舰，巡视松花江，居高临下，面对滔滔江水，看着眼前浩荡的舰队，欢心不已。兴奋之余，欣然写下了《松花江放船歌》：

松花江、江水清，夜来雨过春涛生。

流花叠锦绣縠明，彩帆画鹢随风轻。

箫韶小奏中流鸣，苍岩翠壁两岸横。

浮云耀日何晶晶？乘流直下蛟龙惊。

连樯接舰屯江城，貔貅健甲皆精锐。

旌旄映水翻朱缨，我来问俗非观兵。

松花江、江水清，

浩浩瀚瀚冲波行，云霞万里开澄泓。

后来乾隆巡视吉林时，通过欢喜岭一路走到吉林市，并在临江门驻足，并未登上水师军舰。他望着滔滔的松花江水，又看到美丽的一个古城，当然那也是龙颜大悦。

此时的头道码头，已经成为松花江流域的第一大港，不单单是军

吉林市的中心城市四面环山，三面环水，整个城市由江而来，沿江而走，依江而展，偎江而美，具有山水园林城市特有的魅力。（姜山供图）

事基地，同时也是商贸往来、文化交流的重要枢纽。

随着皇帝御驾亲临，负责保卫安全的八旗军队早已在吉林城周围地方驻扎下，也留下了许多有意思的地名，如小白山周边、黄旗屯火车站、红旗路口、蓝旗大桥、白旗路等，都是当年康熙、乾隆前来巡视的历史印记。这些被深刻烙印在人们的记忆里，在漫漫的历史长河中一直流传至今。

而吉林的临江门，作为东北一处地域文化标志，见证着清朝极盛时期

　　吉林市境内水系发达，由松花江、拉林河、牡丹江 3 个水系的部分河段和支流组成。10 千米长以上河流 277 条，20 千米以上的 73 条。松花江水系在吉林市境内流域面积为 22336 平方千米，占全市总面积的 84%，拉林河占 15%，牡丹江支流威虎河仅占 1%。还有小沟溪 1327 个，多分布在丘陵山区及盆谷地。水资源异常丰富。（姜山供图）

的辉煌，也彰显着当时这里交通和商业的空前繁盛。1928 年，迎恩门改名为临江门。

　　一座桥，一个时代。当年坚实的临江门，如今已布满了岁月的痕迹。拂去历史的烟尘，临江门风采依旧，它记录着一段历史的更迭变迁，诉说着一座城市的沧桑蜕变，在四季流淌的松花江上，巍然矗立，擎起时代，擎起未来。

草原瑰宝

英雄史诗

　　吉林省蒙古族英雄史诗，生动传奇、引人入胜，如点点繁星，点缀着科尔沁草原璀璨的文化天空。英雄的故事，照耀着这片生机勃勃的草原。

　　发端于大兴安岭深处的嫩江水，奔流不息，日夜南下，与松花江倾情赴会，交融于此，这里，就是前郭尔罗斯蒙古族自治县。它古老神奇，美丽富饶，是蒙古族传统民俗文化之乡。勤劳智慧的的蒙古族人民，世世代代在这里繁衍生息。他们发挥丰富的想象力，凭借特有的智慧，创造了不朽的草原文化。

　　满族传统封号之一巴图鲁为满语中"英雄""勇士"一词音译，与蒙古语的"巴特尔"同源，在元、明时期亦音译作"拔都""拔都鲁""把都儿"等不同汉语音译。到了明朝末期，巴图鲁成为女真人的称号，此后又逐渐发展为清代赏赐武将的封号。一般而言，巴图鲁勇号有两种：第一种只作巴图鲁，不再加上别的修饰词语，是为普通勇号；第二种在巴图鲁之上还添加其他字样，是为专称勇号。（姜山供图）

故事明珠

用乌力格尔形式来说唱英雄史诗，是很多蒙古族民间艺人，延承这门说唱艺术的首选方式。"乌力格尔"蒙古语意为"故事"，这种艺术形式在松原市前郭尔罗斯蒙古族自治县境内源远流长，更是以古老萨满神祠逐步形成民俗化而形成的产物。

"乌力格尔"融汇了蒙古族史诗说唱、祝赞词、好来宝、叙事民歌、祭祀音乐，以及北方汉族曲艺等各种艺术精华而产生和发展起来的。一般由"潮尔"，也就是近似于马头琴的一种乐器、或"胡仁"，也就是四胡，为伴奏乐器。

没有读过英雄史诗的人，不知道马背民族的语言有多么精美；没有听过蒙古琴书的人，更不知马背民族的锦囊里深藏百金；唱出来的歌，横看是诗，竖看是诗，人看是诗，鬼看也是诗。其中，《英雄阿勇干·散迪尔》就是乌力格尔这顶艺术桂冠上最璀璨的那颗明珠。

群魔乱舞

上古时期，天和地刚刚分开，宇宙有了光亮，山刚刚显现出了方位，河水刚刚有了流向。

太阳还很年轻，她刚刚长出金色的头发；月亮还很稚嫩，仍旧在咿呀；那月亮上的香檀树，还是棵小嫩芽；大地之母，还睡在襁褓之中；那时的三山五岳，还是一个个的小土丘；那时的四大海洋，不过是四个小湖泊；如意树上的神鹰，此时还是一只小幼雏。

在草原上，有一个非常美丽的国度叫阿拉坦翠岭城。这个国度里金城翠殿，遍地檀香，彩云镶在穹庐顶端，神马就守护在宫殿的门旁。莲花开在碧绿色的池子内，鹦哥落在玉檐上歌唱。这个国度和平而宁静，被人们称为"草原上的长生天"，这也许就是草原上最神圣、最美丽的天堂之所在吧。

在这个国度生活的子民们，唯一且虔诚相信的就是长生天。他们坚信，当自己死后可以魂归长生天，在那里永享和平。心诚则灵，他们的虔诚得到了长生天的注视。长久以来，天是那么蓝，地是那么美，草原是那么绿，漫山遍野都是牛羊。这个国度里的人们生活的都特别平静、安详、无忧无虑。牧民们的帐篷里，弥漫着羊乳、牛乳的奶香，空气中弥漫着祥和之气。在这里居住的人民，不知道什么是苦痛，每日如同过节一般喜庆热闹，营地里永远充斥着欢歌笑语，升腾着福气，长生天赐予的圣水滋润着阿拉坦翠岭城。在大人们呵护下茁壮成长的孩童们，不知道什么是贫穷。此乃太平盛世的景象。神圣的阿拉坦翠岭城国王，叫端布可汗，育有一儿一女。王子名叫达赉扎木苏，长得非常英俊潇洒，机智聪慧，端庄的面庞闪烁着和善的光芒。他身材魁梧，头上戴着英武的头盔，身着金色的铠甲、战裙，腰上挂着蒙古刀，一副随时愿意为守护国家和人民而与敌人决斗的模样。

公主名叫普日列玛，她的脸庞美丽动人，细长的柳眉，纯洁的双眼，挺翘的琼鼻，娇俏的双唇，像是苍天赐派的姣姣之女，身材窈窕修长，皮肤洁白滑嫩，全身上下都散发着奇异的香气。她喜欢每日端坐在镜子前向长生天祈祷风调雨顺，五谷丰登。她的装束清新脱俗，用细软的丝绸裁剪出的柔长的飘带，系住那一头油黑发亮的头发，头上戴着镶嵌七色珠宝的头饰，闪烁五彩缤纷的虹光，而千金不换的水晶耳坠，戴在公主软润的耳畔，身穿绣着孔雀凤尾的上衣。当她站立在人群中，太阳显得不再暖和，月亮也更显黯淡，她的脚印就是花朵，蜂蝶也爱落在她的肩膀，长虹就是她的发带，彩云就是她的霓裳。

　　而在这个神圣国度的远处，有一座黑色的高山，上面有一座妖魔洞，里面住着草原上让人闻风丧胆的魔王蟒古斯。在蒙古语中，人们把魔鬼叫作"蟒古斯"。魔王"蟒古斯"有一个女儿，名为嘎拉宾。这父女俩以烧杀抢掠、折磨人为乐。听闻阿拉坦翠岭城的王子和公主的美名，便动了心思，要将这个平静的国度摧毁，想看看二人丧失家园后跪地求饶的痛苦表情。

　　这天，蟒古斯和女儿一起偷偷潜入阿拉坦翠岭城，魔女嘎拉宾发现王子非常英俊，产生了把他占为己有的想法。另一边，魔王蟒古斯则被公主的美貌所迷住，魂不守舍。魔王和魔女开始施展法术，展露真身，发誓要得到这兄妹二人。

　　在草原上生活的牧民，本以为又是平静的一天，没想到却忽然刮起阵阵阴风。慌乱中，牧民们发现本来湛蓝的天空中冒出血色，和煦的春风也变成了阵阵风暴。魔王蟒古斯召唤出一群群妖洞的小鬼，这些小鬼一身青色或红色的皮肤，头上长着犄角，都是兽头人身或鬼头人身，面目狰狞，双眼赤红，赤身裸体，发出各种尖鸣吼叫。看见牛羊等牲畜活物就一顿撕咬，见到人类就发出怪叫。

　　在魔物的影响下，这片土地以及在土地上繁衍生息的生灵也出现了各种异变，山峦竟也开始相互对骂；草木互相吞生；乌鸦"吃肉、吃肉"地叫着；秃鹫"吸血、吸血"地唱着。此时，狡诈凶残的魔王蟒古斯变成一个巨大怪物，不停地向人们吼叫着。它的身躯比山丘还高大，长着十二个脑袋，集十二种兽性于一身。十二个脑袋各行其事，每一个脑袋都有独特的外貌和邪恶的能力：虎头专事吞吃，贼头专事拐骗，疫头专事吐放，蛇头专事喷毒；一头专事放火，一头专事放烟，一头专事夜哨，一头专事偷听……看到牛羊就吞，烧杀抢掠、无恶不作。

　　人们逃出自己的帐篷，稍微跑得慢就会被魔物杀害，或者被眼前的景象吓疯。总之，此地再无安宁之日。

魔王的女儿嘎拉宾主攻城池，释放出阵阵妖气到阿拉坦翠岭城上空。那些忠勇的守城卫士，被这些妖气昏倒，便再未苏醒。魔女一直想把王子抢回去做丈夫。在妖洞里时，她也常常自言自语："本公主要找个达赉扎木苏般的丈夫。"如今，她即将得手，便肆无忌惮地发出癫狂的叫声。为了见王子，她甚至跳入湖水中，清洗那酸臭的身体，又折了根带叉的树枝，试图梳理她那一头乱发。

城内的国王与王子带领剩下的军队与敌人交战，王子看着眼前面目狰狞的魔女，毫不畏惧地呵斥道：

"大胆妖孽，竟然害我国民，长生天必然会降下神使，将尔等统统送入十八层地狱！"

而魔女见到自己心心念念想要霸占的王子出现在眼前，不怒反喜道：

"让吾思念而不得的王子啊！来吧！本公主马上将你带回仙洞！"

民间俗称"镇服蟒古斯的故事"或"平妖传"，是由职业的"潮尔沁"（操马头琴演唱的艺人）或"胡尔沁"（操四弦琴演唱的艺人）演唱。（姜山供图）

王子听到妖孽的无耻话语，怒不可遏地骂道：

"妖孽，看本王子将你斩于马下，将士们，随我冲！"说完便带着手下冲向了魔女嘎拉宾。他们毕竟只是凡人，难抵妖魔鬼怪的法力。魔女嘎拉宾解下身后的皮囊，对准扎木苏王子，念起可怕的咒语。王子和部下们全都中了魔咒而昏迷过去，之后被吸入嘎拉宾的皮囊中。躲在城墙上的国王和公主也难逃厄运，同样被魔女吸入皮囊中。魔王父女一看目的达到了，即刻命令手下回妖洞。随着一阵乌黑的狂风呼啸而过，魔王一行人飞速回到了山上的妖洞。

魔王抓住公主后，威胁普日列玛道：

"普日列玛啊，在这金色的世界上，在我看上你的那一刻，你我便结下姻缘。你注定要成为我蟒古斯的妻子。"

普日列玛听了魔王的话语，脸上毫无惧意，对魔王说道：

"愚蠢的魔王啊！你看见外面的日升日落了吗？那代表着我为你挖掘坟墓的决心！永不停歇。"

这是蒙古公主最强硬的回答。蒙古民族的性格造就出蒙古民族的语言风格。普日列玛是蒙古女人，棒打不离蒙古包。自幼生长在汗帐内的普日列玛公主，怎么可能忍受与魔王同居魔洞的生活。刚烈的普日列玛，就用这样的语言和"响亮的耳光"回敬着魔王，仿佛在宣告，蒙古女人一生只为钟情的男子而活，宁愿同归于尽也不能容忍贴近不爱之人的肉体。

"哼！愚不可昧的凡人，你必定会为我的魔力所折服，这世间没人是我蟒古斯的对手！"

蟒古斯听到普日列玛的话语，骄傲自大地哈哈大笑，仿佛无人可以阻止他。善恶终有报，蟒古斯要为他的狂妄付出代价。

郭尔罗斯属于"科尔沁"一支，流传的英雄史诗中最典型的是《阿勇干·散迪尔》和《迅雷·森德尔》，流传较广，影响较大。（姜山供图）

英雄出征

魔王蟒古斯之女嘎拉宾抢王子达赉扎木苏为夫，魔王蟒古斯抢国王之女普日列玛为妻。一场突然的灾难，就这样让阿拉坦翠岭城这个原本宁静祥和的国度变成了人间地狱，这个消息很快传到了长生天那里。得知一直被自己守护的人间国度阿拉坦翠岭城，竟然惨遭毒手。长生天的天神们便召开大会。

长生天开口问道："在人间国度出现的这个蟒古斯，危害人类。哪位勇士可下凡间镇压这个魔鬼？"一位英俊勇武的神明站了出来，主动向长生天请缨：

"长生天，被魔王祸害的那块土地曾经是我的故乡，我愿意下凡消灭

魔王蟒古斯，拯救信众。"这位英雄正是阿勇干·散迪尔。

长生天听到他的话，欣慰道：

"阿勇干·散迪尔，我赐予你一匹双翼神驹，它具备勇士忠诚的秉性。辽阔无边的草原，是它嬉戏的牧场；清澈如镜的湖水，沐浴神驹的成长。甘美甜香的牧草，养育它膘肥体壮；圣洁纯净的泉水，是它饮用的琼浆。它能连通主人的心意，只要是轻轻"霍咧，霍咧"地呼唤两声，即使是远在天涯，它也能回到你身边。当你遇到险情时，神驹是你的屏障，当你遇到不幸时，神驹能给你力量。它见到过无数的仇敌，它参加过千万次征战，它践踏过多少的血滴，它带回来的总是胜利。它会是你对抗邪恶最好的伙伴。"

"多谢长生天的恩赐，请静候我的好消息。"

1979年11月，前郭县文化工作者在哈拉毛都镇后蒙村采风时，录制了民间艺人白·色日布扎木萨演唱的《阿勇干·散迪尔》和《迅雷·森德尔》两部英雄史诗。（姜山供图）

阿勇干·散迪尔向长生天拜谢，而后翻身骑上了这匹神驹，冲向凡界魔王的妖洞。

他顶盔挎甲，脑袋上戴着金盔之顶，飘着一束鲜艳的红缨，那束红缨与红日齐明。他身形魁梧，身子有山那么高，脑袋是比小湖还大。他穿着银色铠甲，那铠甲与霞光朝相辉映，战袍上绣着九条金龙，一身正气，足以震慑宵小。腰间紧紧绑着一条镶银裹玉的皮带，脚上蹬着豹皮的长靴，长靴足有半尺。

他将百十斤重的马嚼子，扣进了神驹的嘴里，然后把重达千斤的马鞍子，搭上了神驹高壮的背脊。他是要去与蟒古斯决战的英雄，胯下紫檀色的神驹，一声嘶鸣疾驰而去。一路上扬起了蔽日般的烟尘，在那辽阔的江河湖海之上，好似飞鸿一般在疾奔。它甩动着细长的尾巴，恰如滚动的惊雷闪电，四蹄迅疾如飞的速度，把白云之影丢在身后。

草原瑰宝

185

犹如迅雷的散迪尔，是震破虎胆的英雄，甩开流星大步前进，如虎豹在原野疾行。当他蹚过一条河水，河水呈现一条裂缝，当他踏过一片沼泽，沼泽出现一道深坑。

出征的散迪尔啊：

是长生天出征时的佩剑，

是长生天最忠诚的长弓。

是长生天掌心里的明珠，

是长生天睡梦中的恒星。

是长生天月下的伴侣，

是长生天日下的身影。

是长生天夜里的耳朵，

是长生天白天的眼睛。

他不是带着千军万马去出征，而是单枪匹马一个人和蟒古斯搏斗。不出一日，他来到蟒古斯的妖洞前。只见那妖山上，污血汇成一片血海，翻滚着腥红的波浪，善良的牧民被魔鬼吃掉，人骨堆成的高山，闪现着骇人的白光。就算隔着万座重山峻岭，也能闻到污血的臭味，就算隔着千条江河湖海，都能看到那座白骨山头。

妖山的每粒尘仿佛都在叫着："吃肉！吃肉！"

妖山的每一棵树都在吆喝着："喝血！喝血！"

奇形怪状的石头都在狂颠着："杀呀！杀呀！"

瘦骨嶙峋的小山互相碰撞着嘶吼："冲呀！冲呀！"

散迪尔天神下凡，一片神光顿时照亮了这片被污染的天空。他骑着神驹，一路冲向山顶的魔王，挥舞着强壮的双拳，将阻挡他前进的魔物都碾成齑粉。与同好相处时，就像绵羊般温顺，和蟒古思博杀时，就像雷霆般迅猛。

智勇双全的散迪尔，他一跺脚的时候能跺出坑。他顺着打，打死了三百魔鬼，横过双拳再打，打死过五百妖精。他就这样将一路上的妖魔鬼怪斩尽破灭，直到和魔王、魔女交手。他冲着魔王父女喝道：

"蟒古斯！嘎力宾！你们这两个妖魔，残害苍生无数，不顾天理，烧杀抢掠，种种罪名，罪无可恕。今日吾受长生天之命，本神必将尔等诛灭于此！恢复人间太平！妖孽速速受死！"

"本魔王倒要看看你这神使到底有几斤几两！好女儿，一起上，把这毛神使撕了祭旗！"

"遵命！父王。"

魔王蟒古斯和魔女嘎力宾对散迪尔毫无敬意，二魔直冲散迪尔。随即一神二魔激烈地交战在一起。魔王驾驭着火牛，手持火蛇鞭，显现出十二颗邪恶的头颅攻击散迪尔，打得昏天黑地，山河破碎，周围接近的小妖怪都被这强大的余波震死，只剩他们还在战斗。

散迪尔面对妖魔父女二人的联手，丝毫没有惧怕之意，他愈战愈勇，即使把钢板似的铠甲，磨成了铁屑；即使把青松似的腰背，累成了弯弓；即使把明月似的脸庞，晒成了皱皮……他仍然具有撼山之力量，倒海之神功。

长生天里有九十九尊天神，七十七尊地母。为了以防万一，在散迪尔出征之后，长生天还派了女神乌银高娃和阿喜玛，二位女神属于神灵世界中的佼佼者。此次下凡，是带着帮助散迪尔镇服蟒古斯的使命而来。

传说乌银高娃的诞生是马鲁勒生下一只火球，奇异的火球熠熠闪光。火球滚动了九九八十一圈，火球迸裂，现出一个美丽的女婴。女婴瞬息间长大成人。蟒古斯的黑窟里，仿佛突然间升起一轮太阳。身边飘荡着缕缕云霞，浑身闪烁着七色虹光。乌银高娃的乌发，能引来千万只蜂蝶，乌银高娃的眼睛，能映出南湖的牡丹。

草原瑰宝

187

只见她手持宝剑，骑着仙鹿，手持镶银的神套索，甩出去，就可以铲除一群大大小小的妖魔。脖颈间带着一面铜镜法器，它具有超常的魔力，拥有先知先觉的功能，既可护身，还能与妖魔斗法，更能驱鬼祛邪、聚魂聚神。

女神阿喜玛，降生于母魔马鲁勒之腹。阿喜玛自天庭下凡人间，协助英雄散迪尔铲除妖魔。梅花神鹿是她的坐骑（梅花神鹿是萨满教主的守护精灵，具有腾云驾雾的本领）。驼皮口袋是她的宝囊（驼皮口袋，即是宝囊）也是收敛妖魔灵魂的工具。三百六十丈的套马杆，甩出去，就可以铲除妖怪。她的胸脯上，挂着神镜，闪光的神镜小巧玲珑，所照之处尽显神通，一切灵魂都被聚拢在镜中，使妖魔们丧失了起死回生的能力。

原来妖魔的魂灵不在体内，而是隐藏在妖山上的各种生物之中。有时栖息在原始孤独朽树；有时隐藏在秃山怪石空洞；有时隐藏在蟒蛇的腹内；有时钻进了骆驼的双峰；有时驻扎于乌鸦的巢穴；有时藏入了满天的星辰。但妖魔的魂灵都被聚入女神的铜镜，这些为祸人间的妖魔被统统消灭。

紧接着，女神乌银高娃和阿吉玛，用神器和法器，协助英雄散迪尔镇服蟒古斯。她们的参战，让本来只是占据上风的散迪尔一下子便获得了胜势！喊杀声，震动了明月，震殒了星辰，使日光发暗，使江河泛滥。

数着黑夜里的星星，足足杀了九九八十一天；

叨念着草木的数字，杀了九九八十一天；

叨念着蝼蚁的数目，杀了九九八十一天；

叨念着蜂蝶的数目，杀了九九八十一天。

最后，散迪尔用自己的天生神力，把一座山峰举起来，朝着蟒古斯和嘎力宾抛去。魔王父女二人已经被散迪尔打得十分虚弱，再加上遭遇二位女神的联手，已经命在旦夕。二人没躲过散迪尔砸来的山峰，被击碎成粉末。魔王和魔女的灵魂被女神收入神镜之中，二者的躯体则化为纷纷的石

雨，落在草原上，随着一阵神风吹过，便彻底烟消云散，草原上恢复了和平。

天空恢复了湛蓝，草原重新变得翠绿，河流也变回清澈，牛羊和小鸟们哼着欢快的曲调又回到草原上。幸存的百姓们，又放开了嘹亮的歌喉。如花似玉的姑娘们又可以在这片草原尽情欢舞歌唱。从此，这世间，再见不到蟒古斯和嘎拉宾的模样。阿拉坦翠岭城善良的百姓们，又可以重享世间的幸福！在草原上繁衍生息的蒙古人，以烈酒和琴声，吼唱着民族的意志；以骏马和牛羊，搅拌着多彩的生活；以弓箭和篝火，梳理着浓烈的情愫；以鲜血和汗气，充塞着苍凉的穹庐。他们要让子子孙孙铭记，永远歌颂那位消灭了魔王、为草原重新带来和平英雄——阿勇干·散迪尔。

英雄不死，一个民族才能将光明置放在额头。口口相传的英雄史诗，古老神奇，更彰显着游牧民族持久的生命力和顽强拼搏的意志。艺术作品的产生，取决于时代精神和风俗。人们对英雄的崇拜，是对美好生活的无限向往，这是发自心底的深沉热爱。

斗转星移，光阴似箭，绵延于芳草之间。发端于白色毡帐里的英雄史诗，哪怕时代更迭，也总会被一代又一代的人民传承、赞颂下去。

流淌的记忆

南岭净水厂

南岭净水厂占地面积
107万平方米,生产用房面积
37338平方米,主体建筑为地
上二层,1934年竣工,1935年
11月21日投产,1936年进行
了扩建。

厂址位于长春市亚泰大街
7398号,今为长春水务集团
有限责任公司南岭净水厂,是
市级重点文物保护单位。

（姜山供图）

管仲在《管子》中说:"凡立国都,非于大山之下,必于广川之上。高毋近旱而水用足,下毋近水而沟防省。因天材,就地利。"寥寥几十字,道出了城市起源与水的关系。城,因水而兴。长春市第一净水厂,始建于1932年,1935年中竣工并投入使用,是长春这座城市的第一座净水厂。90多年的历史,历经数次改建扩建,这里依旧保留着长春城市供水的历史缩影,记录着这座城市的发展历程。

应运而生

　　长春市地处我国东北地区松辽平原中心地带，伊通河由南向北流过城区，为长春市的形成和发展提供了宝贵的水资源。伊通河是西流松花江的二级支流，水量比较小，是季节性河流。在一年之中，只有两个多月的降雨期，所以水量也是很少，长春市的水资源相对比较匮乏。

　　对于人类来说，水是维持人体机能的生命之源；对于城市来说，水是推动时代发展的工业之血。居民生存需要水，产业的存在和发展需要水，城市的建设和各项文化、体育事业、环境、道路，都需要水。如果离开了水，城市是无法生存，也无法发展的，可见水对城市是多么重要。

南岭净水厂为钢筋混凝土结构。处于山丘之间，周边环境较好。坡屋顶的正面中间部位向后凹进，另设楼梯通向二层，正立面大体对称，但是入口则仅设在一边，体现了建筑的矛盾性与复杂性。（姜山供图）

　　清乾隆年间，因关内连年旱涝灾害不断，怕引发流民激变，清政府颁布"弛禁令"，改变了东北长期以来实行的封禁政策，东北地区大面积土地被开发，人口激增。嘉庆五年（1800 年），清朝设置长春厅，置理事通判，隶属吉林将军。光绪十四年（1888 年），长春厅升为长春府。在当时，长春城市人口仅有几万人，百姓沿河而居，凿井取水。19 世纪末，沙俄与清政府签订《中俄密约》，攫取了中东铁路的筑路权。沙俄在长春二道沟设立宽城子火车站，并建设铁路和机车给水设施，利用河水铺设了从伊通河至宽城子车站长 2 千米的输水管道，这也成为了长春最初的近代供水设施。

　　1905 年，日俄战争结束，俄国战败，同年，双方签订《朴茨茅斯和约》，日本从俄国手中获得了中东铁路长春至旅顺段的相关特权，并于 1906 年成立"南满铁道株式会社"。"南满"成立后，在长春头道沟新建火车站，

并强行划定周边约 7 平方千米的土地作为"满铁附属地"。为了给"满铁附属地"提供方便且充足的水源，1908 年，日本人在长春二道沟开辟地下水源地，并于 1912 年在长春西广场建设给水塔，铺设区域供水管线，由"满铁附属地"公务局水道科负责管理。相对成熟的城市供水的系统在长春出现。当时城市人口大概有 12 万人，但实际上使用自来水的仅有 2.6 万人。而且以移民过来的日本人为主，绝大多数普通中国人只能使用水质很差的浅井或者手压井，有的还不得不去用水桶到外面去挑水、买水。当时的地下水对于城市来讲是很匮乏的。

1932 年 2 月，东北全境沦陷。此后，日本在中国东北扶植建立伪满洲国傀儡政权，将长春设为伪满洲国的首都并更名为"新京"，开始了对东北人民长达 14 年之久的奴役和殖民统治。1932 年 9 月 16 日，伪满洲国设立直接隶属于伪国务院的伪国都建设局，负责新京的规划和市政建设。为了解决城市供水问题，伪国都建设局起草了一份 50 万人口规模的城市上水道开发计划。

1932 年，"伪满洲国"宣告成立，长春更名为"新京"，伴随着《大新京都市计划》的发布与实施，为完善城市供水系统而修建了这座净水厂。

南岭净水厂建成后，源源不断的清水流向长春市区，由于后来人口的增加，净水厂无法满足用水需求，随之进行了一系列的扩建，到 1980 年期间共建设 5 座净水系统，直至 2015 年时，因南岭净水厂设备老化严重而暂停供水，随之被新水厂所取代，结束了它长达 83 年的使命。（姜山供图）

净月潭森林公园，在 1932 年时被称为"腰站"，腰站三面环山，中间有一条由雨水汇集形成的河流，当地百姓称之为小河沿河。1932 年，伪满洲国城市上水道开发计划将这里选定为城市供水的水源地，拦河驻坝。1934 年 5 月，水源地工程开工。

血水与泪水

南岭净水厂的设计当时主要由日本人来主导和完成。参与建设的专家主要是日本人佐野利器，京都大学的教授城市给水专家武田高四郎和城市排水专家草间伟。但南岭净水厂建设的实际工作却都由中国人来完成。据老工人回忆，当年在现场干活儿时，每日早上五点多就被日伪军叫起来，要到深夜才能放人回家，而且没有饭食，辛苦的中国劳工们得自己准备，搞得民声载道。当时的钢筋混凝土搅拌所用的沙子，需要经过水洗，日本人会戴着白手套来检查工人们的工作，他们将戴着白手套的手往沙里一插，如果手套稍微有点儿黑色，轻则打工人嘴巴，重则要严厉处罚工人。

在寒冷刺骨的冬天，工人们穿着带补丁的衣服，踩着破烂的鞋子，用锄头、铁锹，一下一下地敲打着坚硬无比的地面，因为要将直径 300 厘米的输水管线掩埋到 1.5 米的冻土层以下，以防止冬季冻裂，但冬天的冻土就像百年寒冰一般坚硬，工人们被日伪军侵略者逼得忍饥挨饿，还要在这

南岭净水厂虽然停止供水了，但并没有被荒废，而是被完美利用了起来，原有的伪满时期修建的老建筑被升级改造，焕发了新生。这里成为如今的长春水生态文化园，一度成为网红打卡地，被誉为长春版"798艺术区"。

（姜山供图）

种环境下干活儿。心狠手辣的侵略者，让当时东北的百姓遭受了惨无人道的苦难。

从1932年始建到1935年，从净月潭水源地到南岭净水厂之间的输水管线铺设完毕，同期修建的南岭净水厂也宣告竣工。建成后不久，"腰站"就被命名为"净月潭"。

南岭净水厂，通过建在河边的取水泵站来取水。冬季也可以在冰下取水，不足的部分依靠处于高位的净月潭水库，通过地下管道向水厂来补水。设在伊通河边的取水泵站，在水量充沛的夏季，可以通过管道向净月潭补水，来储存起来备用。作为与南岭净水厂配套的供水设施，净月潭水库具有汇水、调节、沉淀、净化等功能。地表水经过"混凝、沉淀、过滤、消毒"等净水工序，由机泵通过输配水管道向市区供水。至此，一套由取水、输水、净水、送水四部分构成的现代化城市供水系统终于建成。

初建成时，南岭净水厂的贮水面积约4.6平方千米，蓄水2580万立方米，日制水能力为2万立方米，于1936年1月净化后的清水开始流向长春市区。此后，南岭净水厂几经扩建，1942年时，南岭净水厂的两个净化系统每日供水能力达到4万立方米。在1960年新立城水库建成以前，长春市主要使用地表水源。

南岭净水厂根据功能不同分为几个车间，有滤池车间，用来对水源进行第一次的过滤，过滤之后的水流入沉淀池，这一步的加工工艺采用投放净化药剂的方式。在过滤后的水中加入药剂，处理地表水的浑浊度，混合药剂之后的水，让它在池子中沉淀一段时间，然后水里的杂质会沉淀在池子底部，清水留在上层。取上层的清水，进入二层

水生态文化园（姜山供图）

车间进行沙层过滤，沙层过滤以后这个水就很清了。接着用杀菌剂沙层过滤的水进行消毒。最后一步是水质检验。有一个专门化验室进行检验。经过这一系列的措施之后，水质合格之后，净水厂用水泵把水源送到城市的管网里去，再通过管网送到住户；若是水质不合格，就返回去重新消杀一遍。这就是一套完整的供水过程，现在这套净水工艺还在使用。

但刚刚竣工的净水系统，面对城市人口的增加和工业用水的激增，并没有缓解城市供水的压力。伪满洲国选定长春作为伪国都后，城市人口急速增长。1934 年，长春城市人口已达 25 万，1936 年突破 30 万，1939 年突破 40 万。而到了 1941 年，长春城市人口已经达到 50 万人。人口激增导致长春市的供水形势十分严峻，屡屡告急。为了缓解城市供水压力，南岭水净厂始终处于扩建的状态。

在日伪统治时期，长春城市人口近 60 万。其中，日本人约为 16 万，用水普及率约为 95%，城市供水优先保障的就是官厅会所。中国人约为 44 万，用水普及率仅为 29%，且多为伪满官吏和住在比较繁华的商业区，

这座文化园意在让大家更好地认识水、利用水、善待水，也是一处亲近水的好去处。据说有水流流动时，人们看到的景象就是当年"净化水"的一个过程，非常有意思，同时还具有一定的科普意义。（姜山供图）

这里的房屋造型多样，每一座都有着属于各自的特色，不失为一处拍照的好去处，尤其是在秋冬季节，凋零的树叶、苍劲的树干及那一栋栋造型别致的房屋，整体看起来极具时代感。（姜山供图）

以及靠近日本人居住区的居民。因为供水设施只有在高级用户才是直接入户的，而分布于城市边缘的中国居民，实际上是用一种公用栓，就是在供水管网的某一个地方开一个口，安上水龙头，有人来管理，老百姓拿着桶来接水。还有一些中国老百姓是喝不到自来水的，他们的用水依旧依靠土井，水质污染严重。所以中日居民的用水状况可谓天差地别。

（姜山供图）

重获新生

1945年8月15日，日本无条件投降。1946年，国民党政府设立工务局管理长春城市供水，并设置自来水管理处。解放战争期间，长春作为国民党政府在东北的重要军事据点，战斗不断，南岭净水厂已无法维持正常的运作，到1948年3月，更是彻底停止了向市区供水。直到1948年10月21日，长春解放。南岭净水厂以及整套城市供水系统，步入了新的历史发展阶段。

解放战争中国民党占领时期，长春市的供水设施建设和管理基本上处于停滞状态。在1948年10月还遭受了严重的战争破坏。为了尽快恢复城市供水，1948年10月21日，长春市政府特别责成建设局接管南岭净水厂，组建长春自来水厂领导机构，由中共地下党员朱星担任厂长。22日，朱星组织两支抢修队，一支负责恢复南岭净水厂的机电设备、输电线路。另一支负责抢修市区供水管道。经过六个昼夜的连续抢修，市区供水得以初步恢复，日供水量恢复至1.5万立方米。

日本殖民时期，带来的一种东西方融合的折中主义建筑风格。（姜山供图）

1949年10月1日，中华人民共和国中央人民政府成立，北京天安门广场举行了隆重的开国大典。长春与全国的城市一样，沉浸在新中国成立的喜悦之中。此时，长春市的供水事业也早已发生了质的变化。

自1953年开始，为了发展国民经济，在党中央的直接领导下，我国第一个五年计划开始制定并实施，第一个五年计划的主要任务之一，就是集中力量进行工业化建设。长春在第一个五年计划之后，经济结构和城市面貌都发生了较大的变化，成为全国瞩目的新兴工业城市。自1958年开始，我国开展第二个五年计划。"二五"期间，长春市的工业建设全面开花。

国家先后在长春建立了客车厂、机车厂、光学仪器厂等一大批大中型企业。南岭净水厂是当时长春市唯一的地面水厂，在"一五"计划中对工业项目的支撑和发展起到了重要作用，但"二五"期间，随着大量工业建设，工业项目的发展需要大量的水资源供应，这对供水事业提出了更高的要求，需要提高供水能力。所以，净水厂需要进行新的工程建设。

南岭净水厂旧址（姜山供图）

为了解决水源不足的问题，长春市政府于 1954 年开始组织勘察，1956 年，计划在新立城修建水库。经国务院批准，1958年 7 月，新立城水库动工，为了使工程尽快完工，整个长春都被动员起来。来自全市各个企业、机关、学校的普通市民组成了一支义务劳动建设大军。人们义无反顾地投入到新立城水库的建设当中。新立城水库的建设是当时长春市进行轰轰烈烈社会主义建设的一个缩影。当时工程资金非常缺乏，工程建设者们就义务献工参加劳动。修建大坝时，土方工程量非常大，缺少工程机械，大家就用铁锹铁镐，大量的土方运输需要扁担、土篮，独轮车不够，就用草袋、木杠，人抬肩扛。在水库工地上，数万人顶风冒雨，历经严寒酷暑。经过几年的辛勤劳动，一座具有抗旱、防洪、防涝和综合调蓄功能的大中型水库终于建成。

2018 年 6 月，长春水文化生态园被评为"省级文化产业示范园区"；2019 年 3 月，在法国戛纳，长春水文化生态园被全球规模最大的地产领

袖峰会授予"最佳城市再生入围奖";2019 年 5 月,在美国金砖奖颁奖典礼上,长春水文化生态园被授予"最佳国际商业及特别功能奖"。

南岭净水厂如今已成为一个时光的刻度,在这里,人们走进它,就会走进一种历史的岁月之中。它成为了长春市一个独特的公园,不仅会留在现实中,更将刻在长春人的记忆里。

人们惊讶,原来"水"有这么多故事?

这是文化的力量,故事的力量,水能够建立自己的公园,恰恰是因为它有独特的地理走向。这个地理走向记载了长春市自然的历史,地势的历史,也是长白山余脉的历史,更是水自己的历史、自己的文化、自己的情感。

南岭净水厂旧址(姜山供图)

水有刻度吗？水的刻度就是心灵的刻度。当小鸟飞在这个公园的上空，人们会想起来一个水文化园的故事。如今，长春人休闲时来这里散步，人们会听到水在脚下哗哗流淌，那是一首古老的水的岁月之歌。

哗哗哗，哗哗哗……

啦啦啦，啦啦啦……

那是这座城市流淌着的记忆。

时光如水，城市的发展历经风云变幻，早已改变了往日的模样，但关于城市的记忆，却始终留在人们心中。了解了南岭净水厂的前世今生之后，才会更憧憬它更加美好的未来。

（姜山供图）

流淌的记忆

（姜山供图）

车站圈的"文青"

吉林西站

（皮福生供图）

在吉林市船营区，吉沈线 435 千米处，坐落着一座造型奇特的火车站。它有着 90 多年的历史，远离都市的喧嚣。置身于站内的月台，仿佛穿越时空，回到了民国时代。

吉林西站于 1928 年始建，并于当年建成票房及站舍，1929 年修建钟塔，1930 年建成塔亭。在建成初期，它曾被短暂命名为吉海铁路总站、八百垄站，后改称黄旗屯站。1985 年更名为吉林西站。

它的一生充满了传奇。回忆其诞生的时代，涌现出一段荡气回肠的中国铁路抗争史。

吉林西站位于中国吉林省吉林市境内，是中国铁路沈阳局集团有限公司管辖的货运二等站，是沈吉铁路的区段站，也是吉林市的内陆港集装箱专办站。（姜山供图）

必由之路

19世纪末20世纪初，帝国主义列强争相瓜分着中国。而在中国东北的土地上，为了获取各自的利益，沙皇俄国和日本之间于1904年甚至爆发了长达一年之久的日俄战争。日本作为战胜国，从俄国手中夺取了中东铁路长春至大连一段的控制权，随后又以中日合办或日方贷款等方式强行控制路权。

以中日合资条约为例，日本侵略者规定：建立资金一半以上，必须向日方借款，铁路的全部收益分配必须均等；中方在25年至30年内不得还清债务。在人事安排上，凡是总工程师、总会计师等要职，必须由日本侵略者担任。所以虽然名义上说是共同领导全路事务，但实际上中国人有职无权，一切事情还是由日本侵略者说了算。

日本几乎掌握了当时中国东北的铁路、采矿、军事等诸多重要的工业命脉，尤其是将中东铁路南满支线其一切相关权益，尽数掌握在自己的手

1928 年 11 月 20 日,吉海铁路总站投用运营;1931 年,吉海铁路总站更名为黄旗屯站;1985 年,黄旗屯站更名为吉林西站。(姜山供图)

中。张作霖主政东北之后,为了摆脱日本侵略者单方面的控制,筹划在南满铁路东侧铺设奉天至海龙的铁路,以夺回更多的资源流动和军事运输的自主权。

1925 年,东北历史上第一条中国自筑铁路——奉海铁路动工修筑。与此同时,为进一步连通沈阳与吉林两座省会级城市,并将奉海铁路与吉长铁路、吉敦铁路接轨联运。自 1926 年起,吉林省决定自筑连通吉林与海龙之间的吉海铁路。

日本侵略者在了解张作霖、张作相等人自筑奉海、吉海铁路的计划之后,担心自己在南满铁路的权益受到威胁,便想方设法横加阻挠,拒绝吉海铁路与"满铁"所控制的吉林站接轨,并拒绝运输筑路材料。

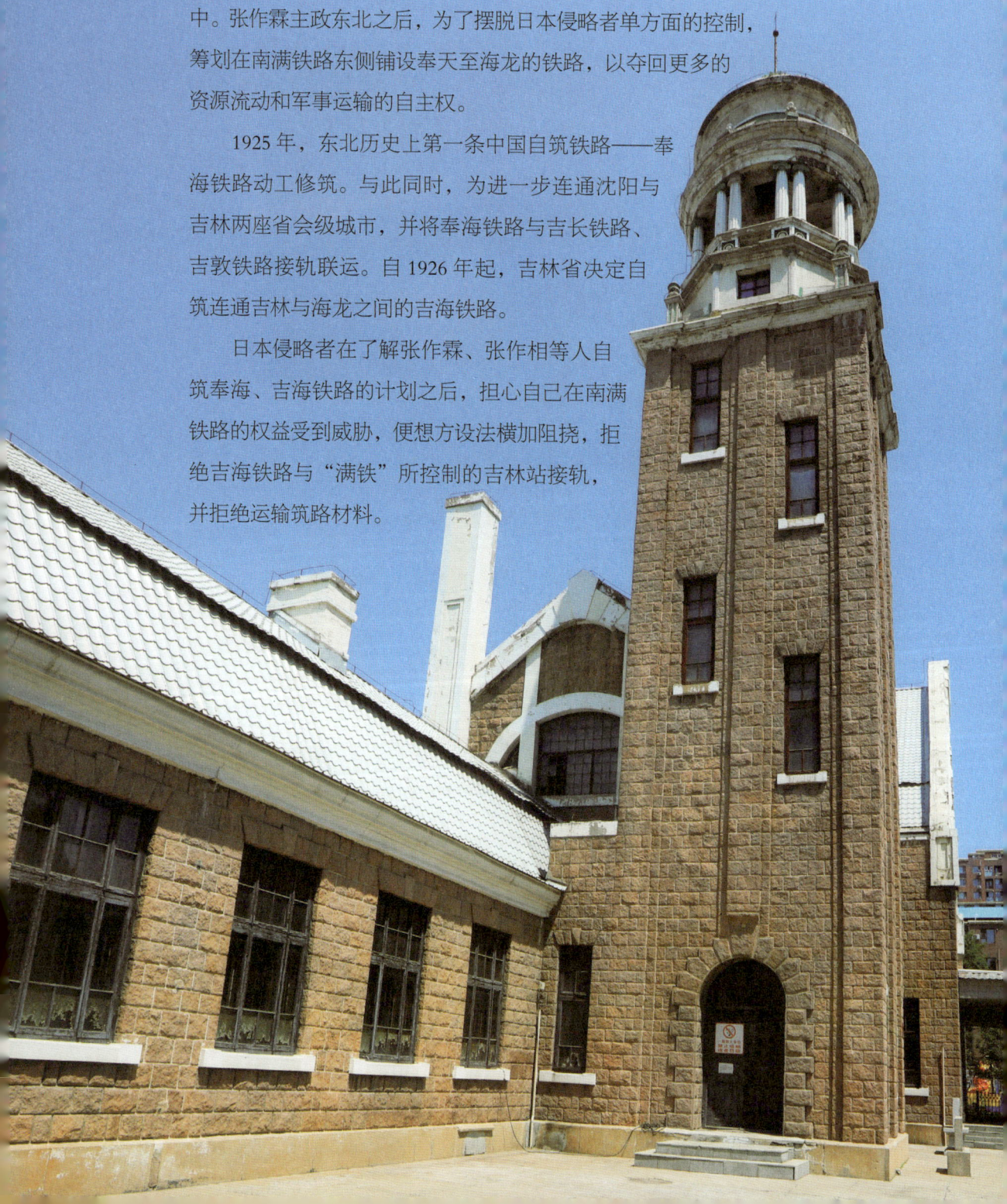

负责兴建的铁路之人不简单，正是张作霖的亲信——张作相，他一路跟随张作霖直至发迹，成为后者可靠的左膀右臂。他决定去找张作霖商量应对日本在东北铁路强权的计策。

兄弟结义

张作相，字辅臣，1881 年生于辽宁锦州，祖籍河北省衡水市深州市花盆镇太谷庄，父亲一辈闯关东来到了东北大地。虽然家中贫苦，但为了儿子将来能够出人头地，双亲还是咬紧牙关为儿子凑出了读书钱。

世道虽苦，读书也不宜尽然能让老张家过上好日子，更无法阻止地痞流氓对张家人的欺辱。为了出人头地，张作相跟当时的保险队长张作霖拜了把子，一路跟随张作霖打天下。

1925 年，张作相晋升陆军上将，调任吉林任军务督办兼吉林省长，主政吉林。从此与吉林城的发展结下一段不解之缘。

山回路转

当年，张作相跟张作霖有过一场对话。张作相对张作霖说：

"大帅啊！咱们东北的铁路，自从那日本人和俄国人干完仗之后，就一直攥在这日本人手里。咱们兄弟以后想在东北过安生日子，必须得有自己的铁路。"

张作霖神色凝重地说道："辅臣啊，你小子向来有门道，当年咱俩戴红顶子的时候你就有勇有谋，说说有啥主意。"

决定好要干一番铁路事业后，二人开怀大笑道：

"说干咱们就干！让日本人知道这东北铁路是咱们中国人的。"

面对日本的欺压行为，张作相决定避其锋芒，他从京汉铁路、京绥铁路、粤汉铁路聘请了经验丰富的工程师参与吉海铁路的建设，并在他们的建议下，决定选择吉林城西的黄旗屯作为吉海铁路的总站，也就是如今的吉林西站。但这个位置距离市区较远，主要以办理货运为主。后续为了方便旅客乘降，在距离市区较近的北山设了一座小站，命名为北山站。为了摆脱日本侵略者的控制，吉海铁路筹办处不仅拒绝了日方的贷款，也坚定拒绝了日方参与铁路建设的提议。

但让张作相真正焦虑的是这座铁路总站的设计师人选，当时他从京汉铁路请来的师傅虽然经验丰富，但他们设计的车站方案都没能让张作相觉得满意。在张作相看来，这是第一座完全由中国方面官商合股投资建造的铁路，车站是门面，必须要跟以前的不一样，但又不能太过花哨。恰好，

吉林西站不仅见证着近代以来吉林城的发展历程，更是中国近代建筑史上少有的杰作。（姜山供图）

206

他在东北各界的人脉广泛，打听到梁思成与林徽因夫妇在东北，而且林徽因在东北大学任美学和建筑设计教授，于是当即决定请这二位留学归来的名人设计车站。

林徽因，1904 年出生于浙江杭州。原名林徽音，其名出自诗经中《大雅·思齐》"大姒嗣徽音，则百斯男"。后因常被人误认为当时一男作家"林徽音"，故改名"徽因"。她是中国著名女建筑师、诗人和作家，人民英雄纪念碑和中华人民共和国国徽深化方案的设计者之一，建筑师梁思成的第一任妻子。当时的林徽因和梁思成，名气还没有那么大。梁思成和林徽因刚从美国的宾夕法尼亚大学毕业，又到欧洲考察建筑，刚刚归国不久，在听到东北的军政大员张作相邀请自己设计吉海铁路总站，内心还是十分激动的。在民族感和使命感的召唤下，他们夫妇毅然决然地接受张作相的邀请，当时主要由林徽因进行设计，梁思成负责审定。

吉林西站站房是一座大型哥特式尖屋顶建筑；站房设计继承了古典主义建筑设计的方法，在设计中追求古典柱式比例和尺度，讲究建筑的细部塑性的表现。（姜山供图）

张作相得知梁思成夫妇答应之后，发动了当时的很多媒体在报纸和杂志上报道这件事情。人们听说要建造一条属于中国自己的铁路，而且还是由梁思成夫妇设计，民众都十分高兴，大街小巷一片热闹。

1927 年 6 月 25 日，在张作相的主持下，吉海铁路开工典礼在吉林市北山隆重举行，会上邀请了梁思成和林徽因夫妇以及一众铁路的设计师。历时两年，1929 年 6 月 30 日，吉海铁路全线建成通车。至此，日本帝国主义企图阻止中国自筑铁路的伎俩，在吉林宣告失败。

吉林西站采用砖红色、带有爱奥尼柱廊的塔楼和折形的屋顶，是带有古典主义孟莎顶的造型，地基用油浸红松打桩，石墙石柱，以榆木或椴木为梁，带有典型折中主义风格的特点。（姜山供图）

惊世之作

吉海铁路总站整体呈卧狮造型，无论是前面的柱廊、钟楼的位置、双坡瓦屋面，还是正反面的拱形高窗、侧面的球形穹顶，都如出一辙，是较为典型的日尔曼风格的车站建筑，这可能与设计师梁思成夫妇当时去欧洲游历有关。由于吉林当地盛产云母，所以总站的主体建造材料就地取材使用了云母石，这让总站的主体建筑均为方石结构，规整的石块坚实而美观，呈淡褐色，中间富含云母，在日光熠熠下生出细碎的亮斑。屋顶在欧式折型木结构基础上，外挂的却是中式的琉璃瓦，顺着楼脊铺设的琉璃瓦金辉闪烁，光映四野。从总站的四周望车站看去，不仅显得十分壮丽，而且有一份神秘的色彩。

吉林西站在设计上最精彩的部分是钟塔。尖顶离地面29米，约7层楼高，在当时是吉林城内最高的建筑物。醒目的哥特式尖屋顶钟塔，驼色石质墙壁与白色人字型门面相搭配。整座建筑造型奇特，又透着端庄典雅的气质。作为东北第一座中方官商合资建造的车站建筑，它是别具一格的，既富含中国传统建筑的底蕴，又吸收了西方现代建筑的优秀风格，堪称我国近代建筑史上的杰作之一。钟塔内部的台阶均为木制结构，虽没有装饰却十分牢固。通过旋转的楼梯，从仅可供一人独行的旋转楼梯登上去就是顶亭，站内的工作人员在顶亭饲养了一些家鸽，后来逐渐引来了野鸽。老站、钟楼、白鸽，在早些年构成了吉林西站绝美的风景。

吉海铁路总站不仅外观出彩，实用性也很强。作为火车站站舍，它的设计尽可能考虑到了旅客的客货运输、乘降，而且对自然采光进行了一个最大限度的室内利用，屋顶的天窗和四周墙壁上大面积的玻璃窗，可以在白天将阳光折射进站舍内部，不仅可以照明，还为城市节省了大量的电力，毕竟在 20 世纪 20 年代，吉林省能为城市和基础设施供应的电力是比较少的。

站房造型如雄狮伏卧，象征着中国如雄狮初醒，也象征着中国人民对帝国主义侵略行径不甘示弱、奋起抗击，狮尾被设计成钟塔，塔顶塑有飞利浦旋轮。（姜山供图）

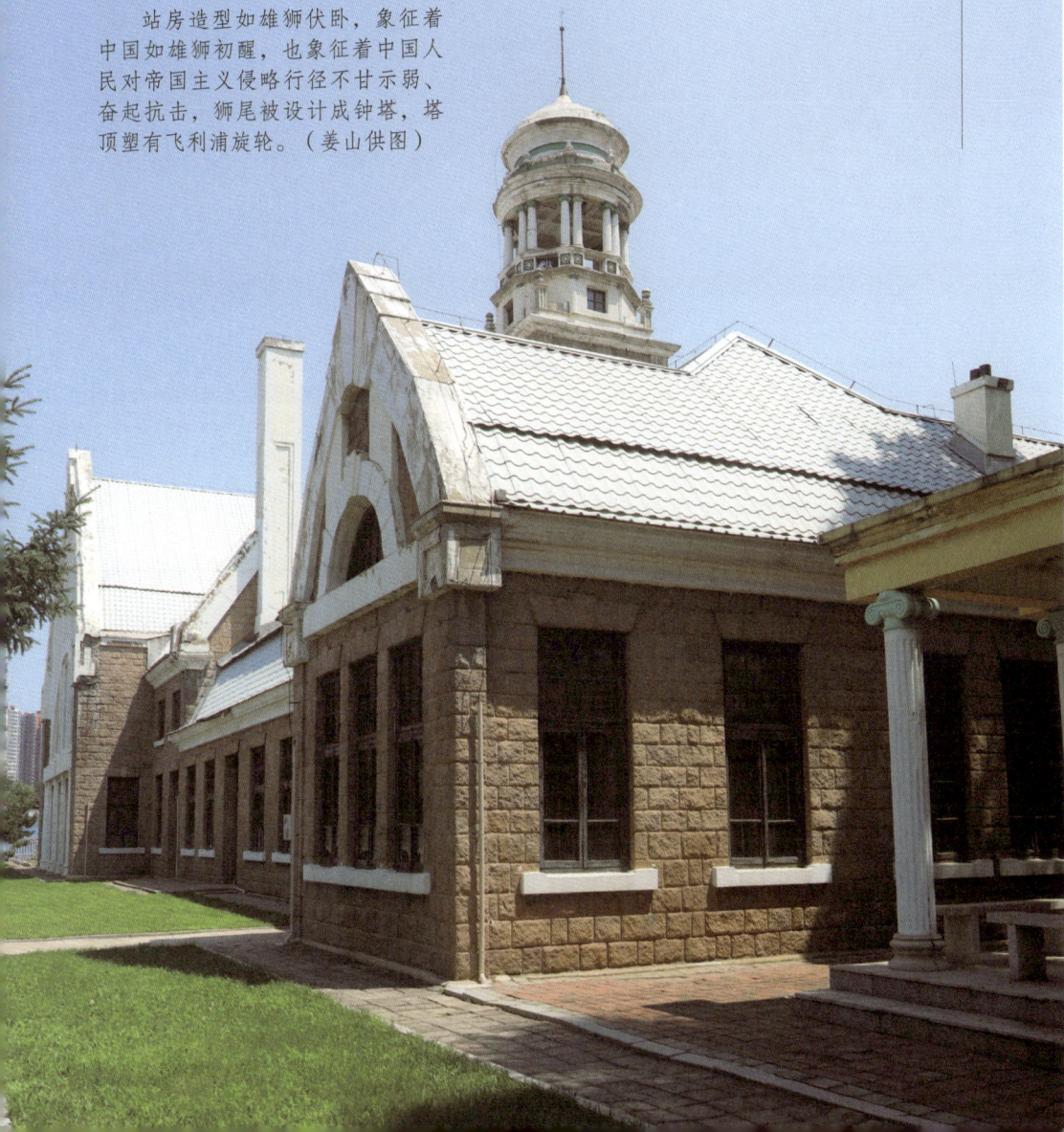

车站圈的「文青」

吉林西站站舍坐北朝南，主体建筑为方石结构，屋顶为折型木结构，室内有壁画装饰。北侧设有大候车厅、头二等候车室、女候车室、售票处和行李包裹处；中间设有钟塔，钟塔塔内有螺旋形木制阶梯，旁有食堂、厨房、卫生间和夫役室；南侧有站长办公室、电报室和车务稽查办公室。（姜山供图）

　　如今对于吉海铁路总站的设计师还存在争议，研究者发现吉海铁路总站最初的设计图纸共 20 张，其中，吉林总站票房平面图，吉林总站票房侧面图，食堂及钟塔断面图等七张主要图纸上各主要负责人的签名处均有签名，而设计者签名处所签下的名字为"W·X·Chai"，Chai 可以代表着"柴"或"蔡"。通过威氏拼音和汉语拼音对应当初从京汉，京绥，粤广铁路招的一批专业人员，大部分对应了出来，只是这个 W·X·Chai 的设计师没有对应出来。如今，人们始终不知道他究竟是谁。

　　而关于这座车站设计师的诸多猜测与谜团并未引起人们的反感，反而为吉林西站蒙上了一层神秘的面纱，使它变得更具魅力。但值得肯定的是，吉海铁路总站站舍设计之美，内部装饰之考究，在吉林建筑史上的价值是不可取代的。2013年5月，吉海铁路总站旧址被列为第七批全国重点文物保护单位。作为内陆口岸站、路局集装箱战略装车点，吉林西站至今仍在使用。每年数以万计的游客仍会慕名而来，感受这座中国最文艺车站的魅力。

车站里的"文青"

211

船厂源起

朱雀山

　　图为吉林市明代船厂文化遗存处保留到现在的古木。
　　吉林船厂于明朝洪武年间置，辖建造及维护吉林舟师的职能，是安东卫和远三万户府之间的中转站，转达政令和转运物资。（曹保明供图）

　　吉林市是一座山清水秀的城市，素有"四面青山三面水，一城山色半城江"的美誉。而所谓的"四面青山"指的是位于城市东南西北四方的四座山。在当地，人们称之为江城四大名山。城东的龙潭山，城西的小白山，城北的玄天岭，它们各有各的传奇，各有各的故事。而城南的朱雀山，则位列江城四山之首。

历史地标

朱雀山位于吉林市市区东南 10 千米处，蜿蜒的松花江水绕过巍峨青山，长白山余脉的老爷岭群山在此聚而成峰，山势陡峭，树木葱郁。肃穆的山门，神秘的古刹，海拔 817 米的山峰令人过目难忘。

吉林市的朱雀山是一座石头山，山上有山，石上有石。经过千百年风雨剥蚀，山体层峦叠嶂，轮廓分明。俯瞰下去，岩石峭立的主峰，延展开来的两侧山岭，苍松翠柏随着山风如羽毛般翻卷，有几分大鹏展翅的神形。"大鹏一日同风起，扶摇直上九万里"。青年时期的李白用这样的诗句表达了自己的凌云壮志。而朱雀山微妙的山形似乎也预示了吉林这座城市的兴起。"山不在高，有仙则名。"朱雀山能名声大振，不仅因为它绝美的景色，更是因为在烟波浩渺的历史长河之中，它与这座城市起源的羁绊，其典型代表便是山脚的两处摩崖石刻。

摩崖石刻，是中国古代的一种石刻艺术，是指在山崖石壁上所刻的书法、造像或者岩画。其盛行于北朝时期，直至隋唐以及宋元以后连绵不断。在中国，泰山及武夷山等名山上均有摩崖石刻的出现。人们利用天然的石壁刻文记事，其中有着丰富的历史内涵和史料价值。原先，这两处石碑被当地的满族先民命名为"阿什哈达"，在汉语中的意思是一山忽分为二，形容山势险峻。而后这两处石碑被文物保护部门改名为"摩崖阁""阿什亭"。其中，"摩崖阁"内的石刻，刻于绝壁中部较凸出的长方形青灰色花岗石之上，虽然经历了几百年的风雨剥蚀，但因刻字大且深，加之花岗岩石质较好，时至今日，字迹仍然依稀可辨。

摩崖阁内上面，左侧用大字所刻的内容为：骠骑将军辽东都指挥使刘。而右侧小字为落款，刻着"甲辰 丁卯 癸丑""永乐拾玖年岁次辛丑正月"。第二块石刻中，称谓更加详细，并且刻上了全名。上面记载了造船总兵官骠骑将军辽东都司都指挥使刘清，石刻中明确记载了刘清三次领兵至此、

兼任造船总兵官以及修建龙王庙、重建龙王庙的具体时间,是刘清三次船厂生活的总记。

阿什哈达摩崖石刻位于吉林市市区东南朱雀山脚下临江悬崖上,共有两块,通称阿什哈达摩崖碑,俗称大摩崖、小摩崖,是辽东都指挥使司骠骑将军刘清于明永乐十九年(1421年)和明宣德九年(1434年)两次镌刻的石碑,镌刻内容记载了他3次率兵在此造船的历史。它是研究明朝在吉林驻防造船、明代经略东北和明代东北疆域以及政治、经济、军事的重要历史遗迹,被确定为国家级重点文物保护单位。据考证,此处摩崖石刻是迄今为止吉林省内发现的唯一明代石刻。(曹保明供图)

船厂起源

　　永乐,是明成祖朱棣登基后所采用的年号。永乐十九年,即1421年。这一年,正是大明王朝最为兴盛的时期。而其中最具代表性的一个事件,莫过于明王朝将都城由南京迁至北京。在这样一个特别的年份,摩崖阁中的那方石刻出现在了这里,也从此开启了吉林这座城市的"船厂时代"。

　　1368年,明太祖朱元璋称帝,国号大明,改年号为洪武。洪武年间,黑龙江下游奴儿干地区的元朝故臣多率部纳贡归降,至明成祖朱棣得位。朱棣原先是燕王,所率领的部队驻守北方多年,对北方非常了解,明朝要经营好东北,消除元朝的残余势力,就必须招抚在东北世代繁衍生息的女真人。永乐七年(1409年),为适应当时东北少数民族的形势以及对少

亦失哈，海西女真人。明朝初年著名宦官。

亦失哈自入官后，以自身的资质和殷勤待奉，取得了明成祖的信赖。在永乐九年（1411年）至宣德八年（1433年）的二十余年中，亦失哈屡受朝命，出使奴儿干地区，并于奴儿干都司所在地兴建和重建了永宁寺。明宣宗、明英宗时期，曾被调至辽东任镇守太监，负责辽东防务工作，直至明代宗时被召回京师。

（吉林市明清造船厂遗址博物馆供图）

数民族管理的需要，明朝设置奴儿干都司，管辖各卫所，是明朝管辖黑龙江口、乌苏里江流域的最高一级地方行政机构。

然而，被明成祖朱棣誉为"锁钥之地"的黑龙江流域，尽管战略意义十分重大，但由于地广人稀、物资匮乏。地方军政官吏、手工匠人和驻防官兵的给养，全依赖于辽东都司和中原内地供给。且辖区辽阔，路途遥远，山川险阻给来往运输带来很大不便，陆路运输耗费巨大。为了缓解交通困难的局面，朱棣决定发匠卒数千造船，将以开边。因而，永乐八年（1410年），朱棣派东北船王亦失哈巡抚奴儿干，并且命他在东北建造船厂。一是用来穿行内河，为当地的驻军和城市提供补给；二是可以用粮食、丝绸收买奴儿干及海外苦夷诸民，促进民族融合，加强中原与东北的交流。

永乐五年（1407年），皇帝派靖妃给亦失哈下令，让他带领人马回到辽东，表面上建立船厂，实则要让亦失哈代表朝廷去收服北方的少数民族，一再叮嘱亦失哈，说道：

"亦失哈，你此番东去，非同一般，绝不是来京受命，办完造船之事，就安安稳稳地回到你的北方故乡，做你的亦家船之事。你此去阿什哈达，是全权代表皇帝回北疆的。北疆的一切政务都要管好，如都司的建立，各地官员的选配、任用、上奏，与乌拉、辉发、长白、哈达、叶赫诸部的通

好与管理，还有与上游的白山、沙济、额穆等一带族民的联系，更有要早早修造一处与葫芦岛一样的船厂，备造宝船、战船、民船，还有刀船、大船、帆船、补养船、接济船等一应船只，要尽快动手而为之。一旦圣旨下来，你要与鲍海等船师东进入海，通好与联络鞑靼外海各野人部，宣示大明仁政，统御海疆等要务，这可是天大的事，都在等你一件件妥善办理。早有成效，早有佳音禀报给皇上，我们都在恭候你的喜报、捷报啊！亦失哈，此行你可是重任在肩，前程豪壮，前途似锦。皇上深信亦失哈之德、亦失哈之才、亦失哈之智、亦失哈之品，期待你圆满完成此任，勿负皇上圣恩，好自为之，保重，保重，多保重啊！"

（皮福生供图）

靖妃娘娘口若悬河、语重心长的一番话，使得亦失哈感激万分。

他感激地向靖妃娘娘跪谢道：

"微臣跪谢皇上隆恩，亦失哈的种种前程都是拜皇上所赐，臣必定为朝廷竭尽全力，万死不辞！"

此次北上荣归故里，朝廷不仅派了一大队精锐护卫，还有鲍海副都指挥使，鲍海原籍北疆，鞑靼人，在朱棣为燕王时，是鞑靼王赐给燕王朱棣的通事官，留在燕王府。朱棣发动靖难之变，推翻了侄儿朱允炆，自己称帝。鲍海也因参与起兵反叛，杀敌夺城有功，按其鞑靼语言赐姓鲍，取名鲍海，寓意他来自鞑靼海。现在，鲍海已是一位将领，被册封为辽东都指挥使，随护亦失哈去辽东阿什哈达，并受命率兵五千，镇守阿什哈达，统管治理当地治安，设立都司处执掌社会安定，执行明朝之地方政策。

出发当日，绵延一里的车队和人马从京城出发，前锋是手持长枪的

大明精锐骁骑，亦失哈和鲍海的马车在车队中间，长长的明军骑兵军武长队，烟尘滚滚，非同一般。特别醒目的是在骑军马队之后，竟然又是20多辆四马大轮车，车上面都以谷草盖着，很是显眼，必是粮草啊！一般军伍大队远征远行，才备有粮草，围观的百姓对这浩浩荡荡的车队指指点点：

"这支军伍兵要去哪里长久驻扎？咋带着这么多的人马和粮草辎重。"

确实如此。因为亦失哈此次回辽东，他的身份不再是此前的船王，而是代表着大明朝廷来的，他到辽东广袤沃土去行使朝廷大权大策，开疆拓土，耀大明之武威。他是经永乐皇帝的御批圣旨，经靖妃与户部尚书合办，特批四马大铁轮车共25辆，装载粮草、布帛、铁锭、锅釜、碗具、日用百货，以及大铁箱，内中秘密装有当年大明朝通用的洪武通宝九万串。因为当时的永乐通宝尚未铸成，各地通用的依然是洪武通宝和洪武初年铸造的铜币"小放牛大铜钱"，铜钱上那一牧童扬鞭驱牛的形象催人奋进，彰显了大明风和日丽和风调雨顺，深受万民喜爱，人人争存此铜钱，又盛传其可以除魔辟邪。这25辆车又有百余马队骑军护卫在左右两侧，戒备森严，这样的场面，必然会引起百姓们的惊叹和讨论。

亦失哈以钦差大臣身份多次巡视奴儿干地区，推动了奴儿干都司的建立和辽东地区的开发，促进该地区各族人民与汉族人民的往来和联系，同时又加强了明廷对奴儿干的行政管辖，从而维护了国家的统一。（吉林市明清造船厂遗址博物馆供图）

经过舟车劳顿，亦失哈所带领的人马终于来到吉林阿什哈达。镇守当地的是亦失哈的老友田甸将军，他带领守军迎接亦失哈，老友重逢，免不了一番彻夜畅谈。在田甸的府里，他和亦失哈坐在炕上，炕上摆着酒坛和两个大碗，他问亦失哈：

"亦失哈，你是皇帝身边的人，你带来了皇帝的恩威，带来了永乐

大帝的温暖和关怀。你就发话吧，你说怎么干，咱就怎么干。咱这毛巴木克棱的数千根大红松原木，堆成了木垛海，足有五里地长！这都在等你回来派上用场呢。亦失哈呀，我这两年就是在守护着这宝贝疙瘩原木，没有丢掉一根！这也是我的老命！现在，这些大原木、大树，我可要如数地交给你了！"

田甸说着，又猛喝了一碗酒，已是热泪盈眶。原来，这些宝贵的木料，是当年亦失哈带领大量的当地人民进长白山伐来的，而后从松花江放排才到了如今的位置，但这些木材是牺牲了许多木帮中人和亦失哈好友的性命才换来的，所以，每每想起这段往事，他们二人总是忍不住流泪。

亦失哈说："谢谢你呀，老哥哥！皇帝有旨，命我回来，立即着手筑造巨船。"

田甸说："造巨船？"

亦失哈说："对。只要万事俱备，皇上便下旨，咱们乘船顺江东进！一切就看咱们造船的进度。目前，造船工艺已经完全成熟，就用长白山红松来筑造巨船二十九艘。"

田甸听到老友说要造船，心里十分兴奋，从刚刚的悲伤中缓过劲来，他问亦失哈：

"亦失哈啊，你可选好了船厂的地址？我们这块地方是造船的地方，但准确的船厂选址得找个懂门道的，不然，准栽在这儿。"

"难道老哥哥已经有合适的人选啦？"

亦失哈听到田甸这番说辞，也明白了其中道理，于是急切地问道。

"这种事，咱们最好去找当地最有名的萨满林宝，一方面，他德高望重，另一方面，让当地少数部族看到我们朝廷能邀请他们的人来选址，也能跟他们拉近些关系。"

田甸此时不疾不徐地为亦失哈解惑。

"还是咱们老哥哥说话靠谱，我明天便让人去找我们这最有名的萨满林宝，一定要让这份差事开个好头！来，老哥哥，干了这碗酒，得亏有您提点啊！"

随即，二人又喝了起来。到了第二日，亦失哈专门请来当地部落的萨满林宝，萨满林宝跟随亦失哈的人马登上朱雀山，以找到得更好的观测位置，他在山顶开辟出的空地上观测天文地相，以求吉祥，为其祈福。萨满林宝是一位老人，他看完四周的位置后对亦失哈说：

"亦失哈大帅，此阿什哈达是块好地方。这正是城临镜水沧烟上，地接屏山绿树头，大江正绕青龙、白虎、朱雀、玄武而过，是一处旺地，此乃黄道赤道所在，正与二十八宿靠挂一起。这二十八宿是东方苍龙七宿：角、亢、氐、房、心、尾、箕；西方白虎七宿：奎、娄、胃、昴、毕、觜、参；南方朱雀七宿：井、鬼、柳、星、张、翼、轸；北方玄武七宿：斗、牛、女、虚、危、室、壁。围绕阿什哈达，正有青龙龙潭山；温德亨山为白虎；而朱雀山为前；玄天岭却为玄武山在后，此地乃天下奇地也。"

图为作者曹保明(左三)与明初都指挥使塑像合影。

刘清，字嘉兴，和州（今安徽省和县）人。刘清征战一生，在辽东都司任职二十余年，四次带兵到吉林船厂采捕、造船、运粮，留下了著名的阿什哈达摩崖石刻，为亦失哈巡视奴儿干和奴儿干都司护印军的建设立下了汗马功劳。（曹保明供图）

219

船厂源起

亦失哈听到后感到冥冥之中必有天意，便对萨满林宝感激道：

"林宝萨满，那您觉着在哪个位置开工最合适呢？"

"亦失哈大帅，朱雀山在前，在山顶远眺前方，不远处的松花湖像一面镜子闪闪发光，而近处的松花江则似一条银色的丝带，簇拥着这座吉林城。此处便是最适合的位置。朱雀山往上是崇山峻岭，往下是平原，比较适合建城造厂，且是南北水陆交通的枢纽，山上有红松、白松等等各种树木众多，利于造船。"林宝萨满答道。

"好！那就按萨满所言，船厂便在朱雀山山脚动土！"亦失哈说。

船厂坐标

不久之后，在朱雀山的山脚下，东北历史上第一个国家内河船厂正式出现了。这座船厂占地十分开阔，工人大多从原先的木匠和木帮里招募，再加有船王的指导，这座船厂夜以继日、灯火通明、人声鼎沸，斧子、锤子、木板、木棒的碰击声，日夜不绝于耳，大明的北疆船业，从而始之。

在亦失哈、田甸老将军、鲍海副指挥使的精诚努力下，永乐八年（1410年）腊月，人们发现，在松花江上游那漫长的江岸线上，陡然出现了连排七里长的巨船三十艘，这种壮观的场景，亘古未有。

在奔流不息的松花江上，有史以来第一次出现这种庞大船队的辉煌场面。一艘艘巨船都是新船，空气中散发着浓浓的油彩气味，几十里，上百里都能闻到。一刮西南风，下游的乌拉、永吉，甚至舒兰一带都可闻到。离阿什哈达几里地，甚至十几里远，就能在遥远的地平线和江面上看见"船山"云影。到了跟前，那更清晰、壮观，只见大船上，高高的桅杆、大篷帆，桅杆顶上都有钢丝缚成的红缨长龙，伸着双须，嘴里吐着红珠，在风中晃动，迎风摆尾，长龙下的小铜铃在响，那三十艘巨船桅杆上的小铜铃，来一阵风，它们"丁零零"一齐响，犹如有数百只神鹰正在松花江江面上

空的云层中翱翔。此声可传出数十里之遥，那么振奋人心，那么壮烈豪迈，这是吉林阿什哈达船厂工匠们的汗水和技艺的结晶。

亦失哈站在最中间的高大宝船上，对着眼前的田甸将军和鲍海副指挥使等一众要员们感叹道：

"各位兄弟们！经过这段时日船厂的日夜赶工，咱们总算将这些宝船造出来啦！如今，只等皇帝陛下降下旨意，吾等便出使北土的各地部族，将他们统统收归大明，他们也都是大明的子民啊！这碗酒，我亦失哈既敬给白山黑水，也敬给诸位的辛苦，来，干了这碗酒，收复北土！"

"收复北土！收复北土！"

船厂源起

221

（图片来源于网络）

田甸将军和鲍海副指挥使等人举起手中的酒碗，仰头喝下这口热酒，这一队新建的宝船上洋溢着隆重喜庆的气息。

到了大明永乐九年（1411年），亦失哈奉旨为钦差大臣，率船队远航北土。因前程坎坷，途程艰辛，永乐帝恤悯田甸大将军年迈，不便主掌兵旅战事，而鲍海因地方的发展管理，以及平定流寇，防止扈伦四部的兴起，必须有常驻之步骑兵巡守辽东广袤地域，未准与亦失哈护行。由北京赵王高燧当下一位主将，名叫康旺，任命为都指挥使同知率兵千员，护送亦失哈乘巨船二十五艘，装载粮米和皇上定的各种赐品，浩浩荡荡，由吉林船厂出发。经乌拉、夫余、忽林站、黑勒里，在黑龙江萨哈连下游的特林地方，拜谒当地的首领、部落老人、族众。

永乐十八年（1420年），朱棣又派刘清到吉林，帮助亦失哈一同经营当地的船厂，招抚当地的少数部族。

刘清是明朝初期的一位著名的将领，他是安徽和州人，在洪武末年他随父亲从军，屡获军功，被任命为卫千户，后又跟随明成祖朱棣南下发动靖难之役助其夺得政权。在战争中，他又屡立战功，被授予山西都指挥千使，后又多次立功，被授予陕西都指挥使。期间，刘清由于私通外境、僭越服饰等罪名被贬官，并降一等级到辽东做都指挥使。

刘清在朱雀山主要的事迹是两次兴建龙王庙。在古时候，为了求得庇佑，各行各业的匠人们都有各自信仰的神明。正如铁匠们拜火神祝融，酿酒师傅拜酒神杜康，造船业拜的自然便是主水的龙王，所以龙王庙作为船厂的守护神庙也并不稀奇。而有着"匠卒数千"的朝廷船厂，自然也要祭拜。当年朱雀山龙王庙的香火十分旺盛。刘清来到吉林后，主要是修复龙王庙，治理周围的部族骚乱。

经过亦失哈和刘清多年的悉心经营，阿什哈达船厂所造之舟不仅数量众多，而且规模宏大，经得起江海联运的万里风浪，明代船厂工艺达到了最为鼎盛的时期。

　　在永乐九年（1411 年）至宣德七年（1432 年）的 20 多年间，亦失哈曾九次奉命巡抚奴儿干，用粮食、丝绸收服了奴儿干及海外苦夷诸民。而后，这位著名的船王在一次出航中消失不见，传说是有神明将船王接引回了天庭。至于刘清，传闻在他离开船厂前，将造船所需金银装了整整"九缸十八锅"埋在这朱雀山，以待日后再来时取用。更有人说，这"九缸十八锅"的金银财宝是亦失哈多次北巡奴儿干时留在船厂珍贵的货物，有一首民谣传唱，"九缸十八锅，不在前坡在后坡，你要不相信，去问刘二哥"。有这种关于宝藏的传说，更让朱雀山披上一层神秘色彩。

　　如今，驻足于朱雀山广场，松花江水在我们的眼前缓缓流去。600 年以前，这里曾旌旗招展、帆影林立。而如今的江面上早已不见舟船往来。历史的云谲波诡如梦似幻，有时不免令人难辨真伪。但有了阿什哈达摩崖石刻的朱雀山，却可以让人清楚地记起关于这座城市，曾名为"船厂"的缘起。

大师的杰作

江城石头楼

　　位于松花江畔的吉林市，是东北地区著名的历史文化名城。吉林城内，有着众多历史文化遗存，乌拉街、吉林文庙、北山古庙群、黄旗屯火车站。在这些历史文化遗存之中，有一处建筑曾被《中国现代美术全集》《中国建筑史图说》等权威著作收录，且时至今日，仍在使用。它的出现在中国建筑史、中国教育史上都留下了深刻的印记，并见证了这座城市近百年来的历史变迁。

　　位于吉林市船营区的石头楼，坐落在吉林市船营区长春路169号（现为东北电力大学校址），因为楼体墙壁均为石筑，故人们称之为"石头楼"，这是吉林省的第一所高等学府。（姜山供图）

全国重点文物保护单位——原吉林省立大学教学楼旧址，有着一个朴实且亲切的名字——石头楼。石头楼群，由三座楼组成，分别是主楼、东楼、西楼，三座楼呈品字形排列，这个排列方式，借鉴了东北当地的满族民居的三合院布局。三座楼房的功能各不相同，主楼当时主要是礼堂和图书馆，东楼和西楼作为大学生上课的教室来使用。

吉林省立大学，是吉林省历史上自行创办的第一所公立大学，它的成立在中国教育史上占有重要的地位，是民国时期吉林省高等教育的里程碑。而"石头楼"之所以能够成为传奇，更与它的设计者梁思成有着密不可分的关系。

应时而建

1922年，梁思成毕业于清华学校。1924年，他与林徽因一起赴美国费城宾夕法尼亚大学建筑系学习。在当时，这对令人羡慕的情侣可能还没有想过，他们会在几年之后与东北这片土地结下深刻的缘分。1924年，奉系军阀重要将领之一，素有"辅帅"之称的张作相主政吉林。而他的到来，对当时的吉林教育界，产生了重要的影响。

提起民国时期的教育，一个个灿烂如星辰般的名字闪耀在当时教育的夜空中，如著名的国学大师陈寅恪先生所说的那句："独立之精神，自由之思想。"在当时，办学，尤其是办大学，成了最受人们重视的一件事。作为近代吉林省内的第一所高等学府，吉林省立大学的筹建最早始

石头楼始建于1929年，1931年建成。90多年过去了，石头楼虽然经历了不同历史时期的不同命运，但是仍保存完好。经过东北电力大学几代人的细心呵护，这座近代建筑史上的杰作保存了原有的风貌，让后人能够亲眼见证中国近代建筑史的不朽之作，领略梁思成先生的设计风采。石头楼的意义远远超过了其建筑的本身。另外，这个吉林市乃至吉林省第一所高等学府所包含的历史信息，更使石头楼具有标志性的意义。（姜山供图）

大师的杰作

225

于 1920 年。当时，东北大学的建立仍在计划中，吉林省士绅曾联名向省教育联合会请愿，要求在长春成立东北大学，然而最终却未能如愿。

在主政吉林之后，张作相引进人才，整顿吏治，同时将大部分精力放在了公共设施的修建上，比如他主持修建了吉海铁路、吉林市自来水厂，同时将吉林市内的各大马路进行了整治，使整个吉林市的市容面貌焕然一新。正是在这种时代背景之下，吉林各界再次发出了兴办高等学校的呼声。

天作之合

张作相对吉林各界要求创办吉林大学的要求十分支持，但是并未匆忙作出决断，当时张作相还在为寻找这座大学未来的设计师而苦恼，他对下属下命令道：

"你打电话先让吉林省署财政厅和教育厅商议筹措好建校经费。这学校咱们是一定要建的，但得找个合适的设计师，绝对不能是外国人。咱们中国的学校，就得是中国人来设计。"

就这样，设计师的人选一直未定，但好在张作相在东北人脉广阔，很快就从东北大学工学院院长高惜冰处打听到梁思成夫妇在国外成婚，准备返回国内的消息。这真是赶巧了，他急忙让高惜冰帮忙给梁思成夫妇打个电报：咱东北建学需要你们啊！

而 1927 年，梁思成与林徽因完成了在美国宾夕法尼亚大学的学习，并以优异的成绩毕业，他们分别获得建筑学硕士和美术系学士。为了填补世界建筑史上关于中国建筑的一段空白，梁思成决定到哈佛大学研究院去研究中国建筑艺术，并选定《中国宫室史》为博士论文题目。

3 月 31 日，是宋代人为《营造法式》编者李诫立碑所刻的时间，按照父亲梁启超的规划，梁思成和林徽因将自己的结婚典礼日期定在这一天，即 1928 年 3 月 31 日，似乎也意味着两人将把毕生精力投入到对中国古建筑的研究之中。婚后，梁思成夫妇开始在欧洲各国游历。当时梁思成夫妇

在西班牙首都忽然接到一封电报，他打开电报，对着眼前的新婚妻子有些激动地说道：

"徽因，你看，这是东北大学的高惜冰院长给我发的，想让我到东北大学的建筑系任职，可以帮吉林主政的张作相设计大学，我认为这是一个值得前去的机会。另一份则是天津基泰建筑公司发出的邀请，希望我能去公司就职，我兴趣不大。你说呢？"

林徽因看着眼前一脸兴奋的丈夫，回应道：

"你呀，这辈子就跟房子、屋子这些建筑脱不开干系了。你若真要去，那也得征求父亲的意见，万万不可孤身前去，惹父亲不高兴。"

"好，只要你支持我，我就有底气啦。"

听到妻子对自己想法的支持，梁思成心中有了信心，随即回去与父亲商量。

梁思成夫妇与父亲进行了商讨，梁思成跟父亲说：

历史上的吉林市因自然条件、社会因素影响，存在许多文化交融下的产物，如始建于1917年的吉林市天主教堂，其至今仍保留完好。（姜山供图）

"父亲，如今的吉林已经不同往日，张作相主政，大力兴办教育，高惜冰院长也支持我归国为国家做贡献，而且大学的工作相对宽松和自由，也有利于我进行《营造法式》的研究，以及撰写我的《中国建筑史》。我认为值得一去，在东北大有可为。"

梁启超看着眼前新婚燕尔的儿子，十分骄傲，但这毕竟是选择儿子日后工作的重大事情，他觉得必须慎重，他回答儿子道：

"思成啊，国内现在的确百废待兴，为父也赞成你回国效力，但你切记一定要照顾好家人，而且不要只拘泥于教育界，到东北大学后便可组织公司，从小规模办起，徐图扩充。为父就说这么多，你出门在外要记着这些话。"

就这样，梁思成夫妇在8月中西伯利亚回国，路过沈阳，与高院长磋商

他在欧洲归途上拟好的草案和建筑系的课程体系。

1928 年秋，梁思成与林徽因回到国内，于东北大学任教。张学良出任东北大学校长。东北大学也进入了新的发展时期。而 1928 年，对于中国近代高等教育来说也是非常特别的一年。在这一年，民国时期的中国最高学府"国立中央大学"成立，始建于清末的众多学府也纷纷在这一年更名。清华大学、武汉大学、浙江大学均是在这一年正式更名。一时间，民国时期的大学热被推向了最高潮。

1929 年 3 月 2 日，在张作相主持召开的吉林省政府委员会第七次会议上，设立吉林大学被提上日程。张作相签署命令，责成吉林省教育厅筹设吉林大学。1929 年 4 月 25 日，吉林大学筹备委员会成立，张作相出任筹委会委员长。筹委会决定，将大学校址设置在当时的省城吉林，并确定校名为"吉林省立大学"。

吉林省署拨专款 25 万现洋作为学校建设费，在八百垧路北购买了500 余亩土地用于校舍建筑。为了配合八百垧路北新校舍的修建工程，学校成立了吉林省立大学建筑委员会。而作为吉林省第一所大学，吉林省立大学的校园规划和教学楼设计工作，受到张作相的高度重视。他邀请时任东北大学建筑系主任的梁思成作为吉林省立大学建筑的设计师。

1928 年 9 月，梁思成在东北大学创建建筑系并担任系主任，林徽因是当时可以找到的唯一的建筑学系教师。教师资源实在捉襟见肘，梁思成想起了与父亲梁启超的对话，组建自己的事务团队。与此同时，努力扩大建筑系的师资规模，他邀请了留学归来的陈植、童寯、蔡方荫加入东北大学建筑系任教，四人组成"梁陈童蔡营造事务所"。陈、童、蔡均是当时全国最优秀的建筑人才，并且他们每一个人后来都成为了中国建筑学领域的大师级人物。当然，事务所的核心成员毋庸置疑是梁思成。但毫无疑问，梁陈童蔡营造事务所有着当时中国建筑界最为豪华的阵容。

20世纪30年代以前，东北地区仅有沈阳一所刚刚创建的东北大学。吉林的应届高中毕业生若想升学只能去东北大学，地方有识之士纷纷向吉林省当局，以及时任东北边防军副司令长官、省政府主席的张作相请愿，要求创办一所吉林省自己的大学。

张作相同意后旋即着手解决新校舍的选址问题。"吉林省立大学"新校址原选在江南一带，但因来往交通不便（因需摆渡过江），后又改选在吉林城西郊欢喜岭下八百垄（即现址）。此地地势平坦、环境静谧，极为适宜营建校舍。（姜山供图）

梁思成的第一件作品是1929年在北京香山为其父亲梁启超设计的墓碑和墓亭。而石头楼是梁思成所代表的梁陈童蔡营造事务所的第一件作品，是他们设计理念的成功实践。

石头楼由正楼、东楼和西楼组成。正楼最初被设计为吉林省立大学的礼堂和图书馆，地上三层，地下一层，建筑面积3383平方米，平面呈T形，屋脊两侧有鸱吻，正门外有两段石台阶。西楼和东楼是当时的教学楼，两者建筑样式相同，建筑面积相等，均为3018平方米。楼中部为四层，两侧为三层。正楼、东楼和西楼，三者呈"品"字形排列，这种布局遵循了欧洲古典主义手法中常见的对称和轴线原则。尽管梁思成在石头楼建筑布局和石材加工技艺上运用了欧洲古典主义手法，但在建筑正脊和檐部的装饰上，加入了浓重的中国传统装饰元素，除了正脊两侧的鸱吻，建筑檐部的一斗三升，加人字斗拱装饰格外引人注目，这是典型的中国传统建筑元素。这种建筑装饰形式在《营造法式》中有专业的术语，分别叫做"柱头铺作"和"补间铺作"。其实，梁思成第一次使用这种一斗三升加人字斗拱的组合是在 1929 年香山梁启超墓亭的设计之中，这种组合之后又多次出现在他的其他作品中，如海光寺公园、市立图书馆等。

石头楼的主体是由蘑菇石砌成，表面显得凹凸不平，这其实是石材的一种处理方法，而在石头楼的贴面采用了另一种石材，叫精料石，原材料是花岗岩，只不过在石材的处理方式上对其表面进行打平磨光，这个石头楼群的设计实际充分体现了中西合璧，也是梁思成先生在美国宾夕法尼亚大学毕业回来之后，引入了这种欧洲比较流行的石头贴面的建筑风格，加入了我们国家古建筑的一些特点，在屋顶檐口部分的鸱吻，还有在石头楼女儿墙部位，采用这种古建筑最常用的这种斗拱，人字斗拱的这种形式，这种中西结合的设计风格在当时是极为少见的，别具一格。或许这一切源自他所受的教育。美国学者费正清曾这样评价梁思成和林徽因：

"他们是最具有深厚的双重文化修养的，因为他们不但受过正统的中国古典文化教育，而且在欧洲和美国进行过深入的学习和广泛的旅行。这使他们得以在学贯中西的基础上形成自己的审美和标准。"

独树一帜

20 世纪 20 年代，欧美建筑商在中国的各通商口岸陆续开拓市场，中国的建筑风格有着非常明显的变化.许多留学欧美的中国建筑师纷纷回国崭露头角，于是，国内营造欧式建筑之风大盛，他们的作品，均带有明显的地域文化和时代特征，已经摆脱了唯传统为尊的束缚。到了 30 年代，中国的建筑开始逐渐回归中国传统建筑的本质与文化，并开始尝试将传统

文化理念融入到近代建筑之中，由于背景民族气质及设计思想的不同，这个时期的国内各地建筑，也呈现出中西合璧、多彩多姿的设计风格。而梁思成等人设计的石头楼，事务所的代表性作品，集中体现了作为核心成员梁思成大师的设计理念，以及体现出其他三位设计师的设计思想，是这一时期非常典型的代表性作品。

1930 年，在完成了石头楼的设计工作之后，梁思成前往天津，参与天津市规划。1931 年春，梁思成回到北平，进入中国营造学社工作。童寯接任了东北大学建筑系系主任的工作。

1931 年 7 月，吉林省立大学的建设完成，共建成石头楼三座，学生宿舍一栋，教职员宿舍 19 栋，实验室一栋，石头门房两座，建筑面积达到 15000 平方米。在设计之初，梁思成考虑到学校未来的发展需要，在正楼两翼预先设计出了图书馆藏书库扩建部分的轮廓，以此作为日后修建的依据。而日后东北电力学院在正楼两翼扩建了 400 平方米的建筑空间，实现了当年梁思成的设计初衷。如此规模的学校，在当时吉林省内可谓首屈一指，即便在东三省乃至全国也数一数二。石头楼不仅是当年吉林省立大学重要的教学场所和纪念性建筑，更是中西营造法式巧妙结合的成功案例，具有很高的历史、艺术和科技价值。

石头楼竣工的当天，张作相邀请了东北各界的人物前来庆祝。作为设计师的梁思成夫妇和他们的事务所，自然不可缺席。张作相十分激动地对着众人们说道：

"咱们东北各界的朋友们，今日，从商讨到真正建成，历时多年的吉林省立大学，今日，终于竣工了！要感谢归国为教育事业做了巨大贡献的设计师梁思成和林徽因夫妇以及在座的各界人士，感谢你们为东北的教育事业做的一切，以后的学子们都会记得你们的名字。"

但没想到金秋时节本应喜迎新生的校园，等到的却是侵略者的铁蹄。

1929 年 6 月，张作相携随从亲自前往八百垄察看地势，勘定位置，并决定聘请时任东北大学建筑系主任的梁思成先生负责总体设计。吉林省立大学就是在这样的一个时代背景下建设起来的。（姜山供图）

九一八事变爆发，日本帝国主义开始全面侵略东北，当时的吉林省代省长熙洽开门揖盗，将吉林省省会吉林市拱手让敌，9 月 21 日夜，日本关东军第二师团，没费一兵一卒就占领了省会吉林市。此时，刚刚开学不久的吉林省立大学只能被迫停办，大部分师生无奈辗转逃往关内继续求学，梁、陈、童、蔡这四位核心人物也只能各奔东西。近代吉林省为民族振兴而创办的高等教育事业，就这样毁于日寇的侵略。

东北沦陷期间，包括石头楼在内的原吉林省立大学校舍先后被伪吉林省立第一师范学校、伪高等师范学校、伪国立师道大学占用。1946 年 6 月，国民党军队占领吉林市后，在原吉林省立大学校址成立了长白师范学院。1948 年 3 月 8 日，吉林市解放，石头楼再度回到人民的怀抱。

2001年，在梁思成先生诞辰百年之际，《梁思成全集》正式出版并在国内外发行。《全集》共九卷，分不同专题叙述了梁思成先生各个时期的学术成就。其中第九卷主要展示了梁思成先生的建筑设计作品、绘画作品和梁思成年谱。此书共收入梁思成先生设计作品10项，附有照片和图纸。翻开这本厚重的图书，从第5页开始介绍的是吉林省立大学礼堂图书馆，共有5张建筑照片和9张设计图纸，上面标识的说明文字是"吉林省立大学礼堂图书馆，1930年，梁陈童蔡营造事务所"。

80多年过去，石头楼虽然经历了不同历史时期的不同命运，但是仍保存完好。东北电力大学几代人的细心呵护，使这座近代建筑史上的杰作保存了原有的风貌，让后人能够亲眼目睹中国近代建筑史的不朽之作，领略梁思成先生的设计风采。

石头楼平面布局呈品字形，这种平面布局颇具东北满族民居三合院风格。

主楼、东、西配楼皆用长方形花岗石砌成。主楼平面略呈"T"字形。东、西配楼式样相同、面积相等且相互对称。顶部均为人字形屋脊，南、北两侧置门。三栋建筑摆脱了屋顶的繁琐，并以现代的手法处理粗石。主楼的全部和东、西配楼的中间部分以粗花岗石饰面，上部两端以中国清代传统建筑的琉璃鸱吻形象结束，窗间墙做中国传统木结构八角形处理，柱上端露出枋头，承接檐口的枋头仿自我国古代北齐天龙山石窟（山西）的一斗三升、人字拱装饰。

这些不同时代的古典细部装饰，处理巧妙、组合融冶，在富有中国传统样式的简洁中，透出现代建筑的趋向，将立面装饰得具有浓郁的民族色彩，同时含有很强的文化韵味和中国精神。

（姜山供图）

来自星辰的礼物

吉林陨石雨

在吉林省吉林市，有一个名为"桦皮厂"的地方，早在 1644 年，清王朝就曾在此地征壮丁，以桦树制造弓箭及马鞍，作为贡品送交内务府，此地也由此得名"桦皮厂"。

300 多年后的 1976 年 3 月 8 日，这里因为一件惊天动地的事件而闻名天下。并不是因为弓箭和马鞍，而是因为一份来自外太空的礼物。

天外来客

陨石，又称陨星。当小行星高速闯进地球大气层时，其表面因与空气摩擦产生高温而燃烧，并且发出强光，俗称流星。如果流星没有完全烧毁而落到地面，便称为陨石。根据科学统计，流星的到访并不稀奇，平均每个夜晚都有 1 亿多块太空碎片闯进地球大气层。幸运的是，这些碎片绝大多数只有鹅卵石那么大，1 亿多块碎片的总重量也不过区区几吨。地球大气层相当厚，足以把它们中的大多数化为灰烬。所以它们通常都有惊无险地从我们头顶疾驰而过。如科幻电影中那般，巨大陨星冲撞地球的浩劫场面，至少在人类已知的文明历史中，有幸并未发生过。

陨石是闯入地球的天外来客，它带来了珍贵的宇宙信息，科学家们称陨石为"太阳系的考古样品"。在几十亿年的时间里，记录了许多变化。（姜山供图）

1976 年 3 月 8 日 15 时 2 分 36 秒，那时候是小学放学的时间，学生们高兴地走在放学回家的路上。突然，天空中划过三道闪亮的流光，发出"呜呜"的响动之声。孩子们抬头往天上看去，那三道亮光里包裹着几颗黑乎乎的东西，后边带着滚滚的浓烟。他们手指着天空，纷纷喊道："你们快看，天上那是啥？动静咋这么大？"

旁边稍微大点儿的孩子凭着本能的反应，急忙跟小的喊道：

"大家快往家里跑！这玩意儿砸下来很危险！"

大家听完，赶忙撒开腿往家跑。但还没等跑到家，刚到门口，只听见"轰隆"一声巨响，伴随着强烈的地震，房屋突然开始摇晃，但不久之后，这场动静就停止了。当地的小孩和大人们统统跑出来看是怎么回事，他们来到发生撞击的地方，只看到黑乎乎的一个深坑，外面散落着数不清的石块，也不懂是什么东西。大家议论纷纷：

"乡亲们，这玩意儿可是从天上掉下来的，会不会是啥不干净的东西？"

"你胡扯啥呢？天上掉下来的玩意，指不定多珍贵呢，说不准能拿去卖了。"

"对啊！要不咱们把它挖出来拿去卖了！"

来自星辰的礼物

他们生产队的队长，此时也在现场。看到这种场景他知道要先稳住乡亲们，然后赶紧报告大队，让大队报告公社，才能找专家来解决问题。于是，他冲大家喊道：

"乡亲们！这玩意儿掉到了咱的土地上，理应归国家管理。大家不要轻举妄动，说不定有啥危险。等我报告给大队，看看上级怎么说。大家等我的消息。"

村民们听到队长的喊话，也就各回各家了，只留着几个人在这里守着。

吉林一号陨石坠落，强烈的冲击引发了 1.7 级地震，而这次源于外力的地震，被吉林市地震台实时监测到。加上当地生产社向上级的汇报，这件事情引起了中国科学院的关注，专门派了专家来对现场进行封锁考察，而且这件事情当时也上了新闻，引起了社会各界的关注。

独一无二

此次的陨石撞击事件，一方面，幸运的是没有造成人民群众的生命和财产损失，另一方面，算是外太空送给吉林的一件礼物。这颗陨石可能成为人类发现的最大的一块陨石，同时这场陨石雨的规模和陨石坑的分布也是世界之最。

专家们将这块陨石命名为"吉林一号"。这颗陨石接触地面的时候，撞击产生了爆炸，初春的冻土层还未融化，都被它砸得满天飞，形成了一个六米半的深坑。"吉林一号"陨石整体呈棕黑色，表面上布满了气化的坑印，净重为 1770 千克，体积为 117×93×84 立方厘米，是迄今为止人类所见到的最大的整块石陨石。

据科学推算和研究证实，"吉林一号"来自于近地小行星带，事实上

大部分的陨石也都来自于那里，它的母体形成于47亿年前，比地球上最古老的岩石还要早近8亿年。那时它是一颗小行星，遨游在火星与木星之间。800万年以前，因为偶然的碰撞，小行星破碎了，从此偏离了自己正常的轨道，在太空中飘荡。就这样飘荡了800万年后，受到了地球引力牵引，并最终散落在地球上。

石陨石是发现的陨石中最常见的一大类型。1976年陨落在吉林地区的就是这一类。主要由硅酸盐矿物组成，里面最丰富的矿物是橄榄石、辉石，此外还有大量硅、氧化镁及少量的铬、磷、铁、镍、锰等元素。这类陨石通常是由熔融状态后凝成的球形结晶所组成，所以又叫球粒陨石。也有不含球形结晶的，叫无球粒陨石。吉林地区陨落的即属于球粒陨石。

（姜山供图）

它和地球上的岩石不一样。地球岩石形成经过了漫长时间的演化，地球的地核中间布满岩浆，它经过热核运动，把岩浆都聚合再喷射到地表，经过长时间的风化之后形成岩石。陨石则是在太空冰冷的情况下宇宙的尘埃，就是恒星物质。它经过互相吸引聚合，聚合成一个个小的球粒结构，球粒结构是聚合到一块了。它保持了宇宙形成时最原始的状态，有经过岩浆熔融喷发出来，内部结构没有发生变化，保持了原来的形成结构，所以陨石能带来太阳系形成时期的原始的信息，例如生物信息和各种元素。

放在光学显微镜下面观察，就可以看到各种各样的球粒，有的是条状的，有的是斑状的。不同的球粒代表着它的形成环境不一样。通过研究球粒陨石，可以知道太阳系在最初形成时期它的形成过程和元素的构成。它是非常珍贵的宇宙样品。通过观察陨石实验室里面的陨石薄片，我们能以崭新的科学视角来观察这个世界。

目前世界上已知最大的陨石坑是南非的弗里德堡陨石坑，它的直径达300千米。而保存最为完好的陨石坑是位于美国的巴林格陨石坑。它的直径约为1245米，平均深度达180米。吉林陨石也与它们一样，收录在了《吉

（姜山供图）

尼斯世界大全》中。

　　研究发现，"吉林一号"陨石母体冲入大气层后，在距离地面大约19千米的高空爆裂成大大小小的碎块向地面洒落。其中三个最大的碎块，在全部碎块的最前端飞行，形成三个火球突然出现在吉林市的上空，第一个火球形同满月，后面跟着两个足球大小的火球，从东偏南方向朝着地面降落。这三个火球光芒耀眼，后面拖着不长的尾焰，最终降落在陨石分布区的最西端。这片陨石碎片的分布区长72千米，宽8千米，分布面积近500平方千米，此次陨石雨是世界上最大规模的陨石雨。而且陨石是按重量依次分布的，具有典型的规则分布。

为什么注重 19 千米这个分裂距离呢？因为陨星以极大的速度冲进大气层，由于与空气的摩擦，它的表面温度可达 3000℃，这样就导致陨星表面和内部温度不均，再加上陨星冲击空气时产生的冲击波形成了压缩作用，使陨星在一定的高空发生爆炸。爆炸点过高，散落的碎片继续划过大气层，直至燃尽；过低，强烈的爆炸冲击波则会造成难以想象的灾难。而吉林陨星在宇宙中经过了两次较大的碰撞，在大气层经过了两次的爆炸，刚好在 19 千米的高度分裂，这样它就能形成大量小体积的陨石，散落在各个方向。等残渣落到地上，其对地面的伤害降到最低。可以想象假如分裂点再高一点，陨石爆炸后燃烧的距离更长，温度更高，燃烧更充分，可能在到达地面前就化为灰烬了。而再低一点，就意味着它将在城市上空引爆一个巨型炸弹，爆炸的冲击波会直接波及地面。假如真的是那样的话，这些来自星辰的礼物，就变成了来自星辰的灾难。19 千米，对天文学家来说这样一个分裂点是完美的。但对我们来说，这个分裂点是幸运的。

而吉林陨石的陨落范围大概是 500 平方千米左右，分布的范围非常广，量也非常大，且按规律分布，大块在前，小块在后，排序非常好。在"吉林一号"陨石陨落之前，不管是国外或国内，也爆发了几次陨石雨，但都没有形成这么大的陨落范围。尤其"吉林一号"的分布图形是非常标准的。而且不管是在陨石雨本身或者是分布范围方面，其都极具研究价值。此后在世界上研究陨石雨和小天体的时候，都会拿吉林陨石雨作为范例，所有的教科书，引用的陨石相关的教材、教学，也都是以吉林陨石为范例的。

这场陨石雨蔚为壮观，大量的碎小陨石散落在永吉、蛟河两县，遍及 7 个乡镇，18 个村。当时共收集到陨石标本 138 块，碎块 3000 余块，总重 2616 千克。覆盖面积近 500 平方千米，虽然远离城市，但在 500 平方千米的散落区域内，仍居住着近万户人家。非常神奇的是，这场陨石雨，没有造成任何人员伤亡。就连附近的牲畜、野生动物动物都没有因这场陨石雨受到伤害。"吉林一号"陨石是目前人类所发现的最大的一块石陨石，也是这场流星雨的中最大的一颗"雨滴"。这场陨石雨规模之大，重量之巨，数量之多，实属罕见，被称为世界科学史上的一个重大事件。包含"吉林一号"陨石在内，随着那场陨石雨降落地球的众多陨石被收藏在吉林市陨石博物馆。这里是中国第一个，也是目前唯一的以展出陨石雨为专题的博物馆。除吉林陨石雨之外，这里还收藏着全世界十几个国家送来的各类陨石标本。2003 年 6 月，中科院士欧阳自远，担任主要设计负责人，负责设计国家邮政局发行的第一套以陨石为题材的邮票《吉林陨石雨》，该邮票共三张，分别描绘了爆炸后三颗火球坠落地球的场景，"吉林一号"陨石以及吉林陨石雨分布图。以此来展示这场陨石雨最显著的三个特点。这套邮票如今已也成为国内外陨石爱好者争相收藏的藏品。不得不说，这份来自星辰的礼物，颇为友善。

无价之宝

吉林陨石雨带来了大量宇宙信息。而这份来自星辰的礼物，对于当时的中国科学界的价值无法估量。

通过对大量陨石标本的研究，科学家在吉林陨石中找到了 40 多种矿物、15 种化学元素，这对于探讨陨石、地球以太阳的形成过程，研究宇宙空间和天体演化提供了科学依据。同时，吉林陨石蕴藏着极为丰富的有关太阳系起源，太阳星云的分馏与凝结、行星的形成过程、小行星的演化、行星际空间的辐照历史和陨石降落过程的物理、化学等科学信息，是研究天体演化、生命起源、元素起源、空间技术，以及其他多种科学不可多得的实物资料。

而这一系列的研究成果，正是通过对吉林陨石的研究而得出的。我国

也因此在这一领域走在了世界的前列，吉林陨石的研究成果已被国际公认为地外物质研究的范例。它所创造的科学价值，尤其是对人才的培养，对于我们进入到月球和火星的探测，起到了一个桥梁的作用。

　　朴实的外表，深沉的重量，美丽的内涵。吉林陨石充分向我们展示了其魅力。800万年的星际旅行，不伤一人散落人间。

　　吉林陨石这份来自星辰的礼物，为整个吉林大地乃至整个中国带来了前所未有的影响。即便在几十年后的今天，每年仍有数以万计的游人、学者以及天文爱好者来到吉林市陨石博物馆，倾听它的故事，感受它的神秘，领略它的魅力。

（姜山供图）

来自星辰的礼物

民国旧居

王百川大院

在吉林市北山脚下的船营区德胜路 47 号，有一座目前吉林省内唯一尚存完好的民国年间四合院民居——王百川大院。

王百川大院与北山寺庙群相邻，院后即是宽旷的吉林市人民广场。藏在这座四合院里的岁月，是清末至民国中期那段风云动荡的记忆，浓缩了吉林这座古老的城市作为满族发祥地、东北重镇的厚重历史。

吉林市的建城历史可以追溯到清康熙十二年（1673 年），这是一座有着 300 多年历史的古城。昔日，这里布满了与王百川大院相似的四合院民居。在当年，比较标准的大宅院还有牛宅、冯宅、吴宅等。

吉林的四合院建筑，除了具有与北京等地四合院的共性，还有着其独特的个性。改革开放以后，随着城市建设的发展和街路的变化，它们大多都被拆掉了，吉林四合院作为盛极一时的居民建筑已经成为了历史。

王百川大院位于吉林市船营区德胜路 47 号，是吉林市唯一尚存完好的清代至民国年间吉林典型的四合院民居。人们要想寻找老吉林城四合院的影子，只能到王百川大院去寻踪了。

（皮福生供图）

由于吉林市建城较早，加之清末民初本就是一个群英辈出的时代，吉林城的历史上出了不少传奇人物，尤其是两位富豪巨商：一位是船厂

牛家的第四代传人牛子厚；另一位就是这座大院的主人王百川。在吉林城，牛子厚可谓大名鼎鼎。牛家鼎盛时期，在吉林城拥有几十家商号，在东北各主要城镇也都有买卖，号称从吉林到京城，不喝别人家的水、不吃别人家的饭。而能与牛子厚相提并论，王百川其人的故事也颇具传奇。

王百川大院主人王百川，商人出身，曾在俄国道胜银行吉林支行工作，该银行的俄国人将现金及动产带走，将房产低价售出，王百川廉价购得。（姜山供图）

胸怀大志

王百川，生于1876年。名富海，字百川，生于沈阳。幼年父母早亡，曾出家于千山。少年时期的王百川，因为父母早亡，只剩他一人，为了能有口饭吃，便到了千山上的寺庙出家。当时的王百川穿着一身的补丁衣服，脚下一双快烂掉的草鞋，来到寺院门口，跪在住持身前祈求道：

"大师，孩儿父母早亡，如今无路可走，望大师发发慈悲，能让我侍奉佛祖左右。"

影壁，起源于中国，亦称作照壁、影墙、照墙，是古代寺庙、宫殿、官府衙门和深宅大院前的一种建筑，即门外正对大门以作屏障的墙壁，曹雪芹在《红楼梦》中就描写了"北边立着一个粉油大影壁"。

影壁的功用是作为建筑组群前面的屏障，以别内外，并增加威严和肃静的气氛，有装饰的意义。影壁往往把宫殿、王府或寺庙大门前围成一个广场或庭院，给人们一个回旋的余地。因此，影壁成为人们进大门之前的停歇和活动场所，也是停放车轿上下回转之地。

图为王百川大院的影壁。（曹保明供图）

主持看他的确身世可怜，便收留了他，但给王百川留了一句话：

"孩子啊！你今时困顿投我佛门，日后你若发迹了，必不甘心于此。"

而后，王百川就在千山一直待到成人。在主持的教导下，他学会了为人处世，练了一身防身的功夫。而后，果然如主持所料，王百川并不甘心一辈子只在寺庙，成人之后便拜别主持，孤身一人来到了吉林城。

他自小贫苦，对钱有很强的渴望，便寻了一个钱庄当学徒。在这里做了几年，他凭着自己的一股倔劲，精通了金银币鉴定和精算。此时他又不满足于这个小钱庄，掌柜看出他的心思，对他说："小王啊，你想挣大钱吗？"

听到掌柜的这么说，王百川知道有机会，便上前低身向掌柜的请教："掌柜的，您说，小的听着。"

"我这小庙日后是容不下你的。你想挣大钱，得去钱多的地方，咱东北现在那儿钱最多？得是俄国人的银行。"

"小的谢掌柜的指点。"

时来运转

王百川说完，第二天便收拾行李离开钱庄，来到俄国道胜银行锦州支行应聘。凭着自己在钱庄学到的本领，又熟悉当地的民俗和规矩，完全符合俄国人的雇人条件，顺利入职俄国道胜银行锦州支行，后受到俄国人的信任。

1904年日俄战争爆发。1905年，俄国战败，他们的银行倒闭，转移财产。不动产和资金被俄国人囊括而走，但是他们将房产低价售出，而王百川看准这个机会，俄国人将廉价盘购了的全部房产，凭借着这笔房产的日益升值，王百川摇身一变，成为吉林的大财主。

"九一八事变"前，王百川曾任吉林永衡官银号帮办经理。吉林永衡官银钱号，是清末民初东北地方的主要金融机构之一，代理省库，发行纸币，经营存贷汇兑业务。创建于光绪二十四年（1898年）六月，初名永衡官帖局，宣统元年（1909年）八月与官钱局合并，改名为吉林永衡官银钱号。成为当时吉林省唯一的

影壁作为中国建筑中重要的单元，与房屋、院落建筑相辅相成，组成一个不可分割的整体。雕刻精美的影壁具有建筑学和人文学的重要意义，有很高的建筑与审美价值。

（姜山供图）

民国旧居

官办金融货币机构。民国初年，王百川任吉林永衡官银钱号长春分号经理，后升为吉林永衡官银钱号总经理。这是一个几乎把握着当地资金运转的职位。

当时的他，还没有足够的身价用来兴建一座大院。每次路过牛家大院，王百川都心生羡慕之情，那时他暗下决心，对自己说道：

"日后我王百川也要在吉林城有一座自己的大院！"

机会留给有准备的人，此时吉林省主席张作相，以五姨太花福田名义在该银号及日本正金银行、朝鲜银行等处存款银元50万元。"九一八事变"后，张作相寓居天津，生活拮据，要伪满吉林军政长官熙洽斡旋提取吉林永衡官银号的存款。熙洽在银行界没有太多人脉，但又想把张作相交代的事情办好，他知道王百川是吉林永衡官银钱号的经理，凭着自己手下有几个兵，他带着手下来到王百川住处，用枪威胁王百川：

"王百川，这事是给张主席做的。你给爷好好办了，咱们相安无事；若是办不好，下回就请你吃枪子儿！"

"大爷！大爷！您饶了我，小的肯定给您办得漂漂亮亮的。饶了我这条命，我才能给您办事啊。"王百川看到来者不善，先用缓兵之计拖延。但他心底下已经有决定了，一定不能让他们好过。

"哼！知道就好，两天后大爷我要看到钱，明白吗？"说完，熙洽带着人走了。

王百川应道："好嘞！好嘞！您等着。"拿到熙洽给他的银票后，并没有取钱给熙洽，而是把熙洽的消息报给了警察，警察去抓人，而他自己便把银票的钱取出来，再换到别的银行，王百川就这么获得了一大笔横财。事后，张作相在天津得知此事，大为光火，但鞭长莫及，也无可奈何。拿到真金白银的王百川突然想起了牛家大院，决定给自己老王家也建一座大院。

独具匠心

1932 年，在合并了原东三省官银号、吉林永衡官银钱号、黑龙江省官银号和边业银行四行号的基础上，伪满中央银行成立，王百川任伪满中央银行吉林分行总经理。而此时，王百川的大院正式开始兴建，他觉得要建大院，就得按照最好的来，就得是两进的四合院，得找吉林城里最好的作坊来设计。

东北的四合院，其实是当年在吉林设立打牲乌拉衙门后，中原移民和官员带来的，东北四合院考虑了当地寒冷的气候特点和满族建筑的元素，形成了独具特色的四合院类型。

二进院分为前院和后院，前院由门楼、倒座房组成，连接前后院的一般为垂花门，后院由东西厢房、正房、游廊组成。寓意着家族兴旺，步步登高。而最高的地方就是主人住的地方。四合院即四合房屋，中心为院。合院以中轴线贯穿，北房为正房，东西两方向的房屋为厢房，南房门向北开，所以叫作倒座。为显阔气，许多人家甚至建前后两组合院，前后相连。而作为商人的王百川，认为能建这么一座院子，足以彰显自己的身份。

王百川大院由源和德作坊马青山包工包料建设，历时两年竣工。青砖瓦木结构的二进四合院，坐北朝南，左右对称。正房 7 间，东西厢房各 5 间，外厢房各 3 间，门房 7 间，东北有仓房、厨房以及厕所，房后有花

院内原有二门一座，典型的垂花门，是内外有别的一个表现形式。"雕梁画柱、垂珠倒悬、蝙蝠戏金钱，花墙磨砖对缝"是关于二门的介绍。甬路两边砌花岗岩石条，每条长 2 米，重约 400 千克。中间砌有青砖。（姜山供图）

园和菜窖，四周有青砖围墙。四合院占地 2400 平方米，建筑面积 865 平方米。正面左右廊柱悬挂抱柱楹联、梁柱之间，透雕燕尾，庭中有花木、金鱼缸，显示主人之经济地位和社会地位。一进两侧的是耳房，里面住的是王家的差役，二进的正房是王百川按照辈分排序的亲眷居所，总共 30 间，都是红松木头的房子。

门房临德胜路，高出地面约半米，用条石铺成的便道直通大门，有活动门槛，可供车辆进入大门。正房为硬山陡坡脊，五檩五柏带有游廊，正房与东西厢房前面均有木质孔漆明柱，正房与厢房之间有回廊相通，厢房比正房举架稍低，南山墙有精美砖雕。大门、二门与正房在同一中轴线，内院比外院高一尺左右，正房房基又比内院地面高约一尺。

为了防火，院墙地下一圈有几个大水缸，一旦着火，佣人可以过来舀水救火。房室外建有高大的院墙，在院墙四角有角门。院墙石头基础，屋墙除前檐墙外均为"三不漏"房。以山墙作为柱子和房柁，全部使用青砖磨砖对缝，做工精良。后院的房屋高度和跨度最大，青砖青瓦、磨砖对缝，腰墙砖雕，红漆明柱以及梁柱之间的透雕燕尾与彩绘，都十分考究。

院内二门，典型的垂花门，是内外有别的一个表现形式。雕梁画柱、垂珠倒悬、蝙蝠戏金钱，花墙磨砖对缝。甬路两边砌花岗岩石条，每条长 2 米，重约 400 千克。中间砌有青砖。月台前有金鱼缸，并有绿植花木种植其间。正如许多传统吉林民居，王百川大院的房屋的高度和跨度较大。从大门口到正房之间层层递进，一进的东西厢房会比二进的东西厢房明显矮很多，以正房为最高，整个院落也是呈上坡式的倾斜方向，两侧外厢房比内厢房稍窄，并无前廊。整个框架是呈向上的倾斜状，表达了主人王百川在居所的位置是最高的，以彰显他的身份。

若有客人拜访，门底下有个门板，马车的车轮一压，会拽动连接墙上的绳铃，铜铃一响，院里的仆人便跑出来，把这个板拿起来，马车进来之

四合院里最重要的房间就是正房。正房就是北房，也称上房或主房。由于祖宗牌位及堂屋设在正房的中间，所以正房在全宅中所处的地位最高，正房的开间、进深和高度等方面在尺度上都大于其他房间。正房的开间一般为三间，中间一间为祖堂，东侧的次间住祖父母，西侧的次间住父母，而且老房子正房左边（东边）的次间、比右边（西边）的略大，这是受"左为上"传统习俗影响的结果。（姜山供图）

后，再把这个板放下，而后把大门一关，十分便捷。而王百川大院从此便在吉林城里打响了名声，王百川也被人们称为与牛家的牛子厚并列的富商巨贾。

到了 1945 年 8 月，日本战败投降，国民党政府在吉林市成立"吉林地方治安维持会"。王百川大院的一进院落被用作国民党 60 军军部。在吉林解放前夕，王百川化妆外逃，在大绥河被截，押至吉林文庙后绝食而死。而王百川大院也风光不再。在解放后，变成了大杂院。

如今的吉林市，生活着几十万的满族同胞。吉林市人民政府多年来计划打造一个文化交流平台，即吉林市满族博物馆将之作为展示吉林市满族历史的一个平台，但是一直没有一个非常切合的地点来承办。到了 2004 年的时候，吉林市规划局迁出王百川大院。这个大院归给政府，政府将之划拨到吉林省文化局，王百川大院这个地方用来承载满族博物馆应该是最切合不过的。吉林市满族博物馆以王百川大院主体建筑为载体，以展示和弘扬吉林市满族文化、地域文化为主，开馆至今，以大量的文献、图片、实体文物，以及辅助展品，再现了满族的起源、清王朝的兴衰历程，弘扬和传播了具有民族特色的满族历史文化。文物与文化共同演绎了吉林市作为历史文化名城的发展轨迹。

民国旧居

（姜山供图）

　　1984 年，吉林市建委将该宅内的居民动迁，该院成为建委规划处的办公地，后为吉林市规划局使用。2003 年，该宅移交吉林市文化部门。2008 年，吉林市满族博物馆开始筹建，2009 年 11 月正式开馆。王百川大院周边的民宅大多已拆除，取而代之的是人民广场宽阔的休闲场地。人民广场回迁楼已经完工，站在回迁楼上俯瞰王百川大院，青砖瓦舍与北山、人民广场、周边现代建筑的有机结合，更可体会到一种时代的跨越和视觉冲击。（姜山供图）

　　吉林市是满族发祥地之一，有着悠久的历史和鲜明的地域文化，并留有较多的古建筑遗址，这些古建筑是这座城市在历史变化中留下的宝贵财富，着承载这座城市的历史和文化底蕴，是这座城市文明的象征。

　　王百川大院，这座有着近 90 年历史的老宅，一砖一瓦都记录着那个年代东北民居的风貌。追溯上千年的文明起源，一书一物都讲述着吉林满族及其先民的民俗遗风。从民国旧居到博物馆，王百川大院成为了吉林这座城市极具特色的一张文化名片，静静地述说着属于它的传奇故事。

民国旧居

251

铁骨钢轮

吉敦铁路桥

　　在松花江吉林市段的第二个大转弯处，有一座圆圆的山丘，人们称之为"东团山"。在东团山的脚下，三座铁路桥并立，横跨于松花江上，由北向南分别为松花江铁路桥、长图线松花江特大桥和吉珲客运专线松花江特大桥。而这三座桥，如平行线一般，将吉林铁路百年来的前世今生，鲜活地展示在人们的面前。

　　松花江铁路桥，又名为团山铁路桥、吉敦铁路桥。始建于1926年6月，1927年8月竣工通车，全长443.78米，两侧设有1.5米宽的人行道。它作为吉林省内最早的横跨松花江的大型铁路桥梁已经服役了很多年。现如今，与它有着同样历史的铁路建筑已不多见。行走在这样一座桥上，我们似乎还能听到近百年来铁骨钢轮碰撞的声响，而我们将要翻开的，则是一段长达百年的吉林铁路史。

吉林铁路交涉总局
（皮福生供图）

百年铁路

1804 年，英国的矿山技师德里维斯克利用瓦特的蒸汽机造出了世界上第一台蒸汽机车，时速为 5~6 千米。因为当时使用煤炭或木柴做燃料，所以人们都叫它"火车"，这个称呼一直沿用至今。19 世纪初，蒸汽火车曾以无比的巨力开启过人类历史上一个崭新的时代。火车的诞生和发展，给人类社会造成的最直观影响就是城市的兴起以及交通的便利。

1843 年，清代思想家魏源在他所撰写的《海国图志》一书中，向国人介绍了"火车"这项世界上最新的发明。1865 年，英国人在北京宣武门外铺设了一条长度为 500 米的铁轨。这也是中国上第一条铁路。然而在当时，火车这个庞然大物却吓坏了当地百姓，慈禧太后亲自下令拆除。

中国铁路的诞生和早期铁路的发展与帝国主义列强有着千丝万缕的联系。到日俄战争前，1 万多千米长的中国的铁路及其权益先后落入列强之手。

1896 年 5 月，俄皇尼古拉二世行加冕礼，要求清政府派李鸿章为庆贺专使。同年的 6 月 3 日，典礼过后，在俄方共同防御日本侵略的威逼利诱之下，李鸿章与俄国财政大臣维特外交大臣阿·佛·罗拔诺夫代表中俄双方在莫斯科签订了《中俄密约》。为使俄国便于运输部队和战争物资，清政府允许在他们黑龙江、吉林市区等地建造铁路。

吉林西站旧照（皮福生供图）

清朝光绪二十二年（1896 年）末，沙皇俄国将铁路命名为"满洲铁路"，此举遭到李鸿章的反对。李鸿章坚定地对俄国的使者说：

"此条铁路，必须名曰大清东省铁路，若名为满洲铁路，即须取消允给之应需地亩权！"

铁骨钢轮

俄国人见李鸿章态度如此坚决，只得妥协。因此将铁路正式定名为"大清东省铁路"，又称"中国东省铁路"，简称"东清铁路"。

东清铁路于 1897 年 8 月举行开工仪式，1898 年 8 月正式动工，以哈尔滨为中心，分东、西、南三线，由六处同时开始相向施工。全线划分为二十一个工区，其中南部支线八个工区。1902 年 11 月，西线正式营业。1903 年 7 月，东线正式营业，哈尔滨至海参崴开行直达列车，实现了与外贝加尔铁路的联运。南线于 1903 年正式营业。至此，中东铁路全线正式通车运营。

中东铁路在本质上是沙俄为了满足其侵占东北、完善西伯利亚大铁路规划的一段路网。早期，为了欺瞒清政府，所以对外表述是共建，取名东清铁路。具体实施以后，沙俄直接将清政府剔除在外，对中东铁路沿线广大附属地的政治、经济、文化和社会发展进行了管控，并享有大量的特权。

1904 年 2 月 8 日，日俄战争爆发，次年，沙皇俄国战败。1905 年 9 月 5 日，双方签订《朴茨茅斯条约》，条约中规定，俄国从中国攫取的旅顺、大连租借地及其附属的一切权益、公产均转让给日本，并将长春至旅顺段的中东铁路支线及其所属的一切权利、财产，包括煤矿，均移让给日本。

日本于 1906 年 11 月 26 日成立南满洲铁道株式会社，总部设在东京。1907 年 3 月 5 日，"满铁"根据第 182 号天皇敕令，将总部从东京迁往大连，原关东都督府民政部办公楼则改为分社社址。1907 年 4 月 1 日，"满铁"正式开业，下设调查部、总务部、运输部、矿业部及地方部。至此，影响中国东北乃至整个中国近代史的重要机构"满铁"正式登上历史舞台。

日俄战争以后，东北铁路除京奉线以外，皆被日本和俄国牢牢地掌握。而国有铁路的建设更是困难重重。

早在 1902 年，吉林将军长顺就曾奏请筹筑自筑铁路，约需白银 260 万两，户部先拨 80 万两，省内自筹 180 万两。同年 6 月，因无力自筹经费以及受沙俄胁迫，长顺与沙俄签订合约，同意由沙俄修筑并经营吉长

铁路。1907年，为实现侵略扩张和掠夺资源的目的，日本曾三次与清政府签约，由"满铁"借给清政府一半筑路费，共计215万日元，按九三折扣付，年息五厘，期限为25年，铁路行车收入须存入日本银行，而且这条铁路的总工程师和司账人员必须由日本人出任。就这样，一条全长127.7千米，由吉林至长春的铁路，于1910年6月开工，1912年10月全线竣工。该路经营权被日本人控制，变成了"满铁"支线。

1911年，辛亥革命爆发。次年，南北议和，清帝退位，袁世凯接替孙中山出任临时大总统。1912年，张作霖被任命为第二十七师中将师长。袁世凯死后，张作霖被北京政府任命为奉天督军兼省长，1918年9月被任命为东三省巡阅使，正式成为奉系首领。当时，长春以南的铁路运输全部被"满铁"控制，即使是奉军使用铁路，除了交付运费之外，还得服从"满铁"加设的各种条件。

奉系军队假如需要使用"南满"线运输士兵，则必须在日本驻奉天总领事和关东军司令部批准之后才能乘车，且须临时解除一切武装，枪支弹药另行托运，关东军和铁路守备队有权监督。与此同时，奉军假如需要运送军事物资，也必须得到关东军司令部批准才能运输。更为令人气愤的是，日方甚至可以随时拒绝奉军的运输要求。

铁路自主

主政东北后，张作霖为了摆脱日本的控制，就筹划在"南满铁路"东侧铺设奉天至海龙的铁路，以便使铁路运输摆脱"满铁"的控制，争取更多的资源流动和军事运输的自主权。1922年，张作霖责成奉天省省长王永江与日本方面交涉，收回修筑权。经过两年的交涉，最后奉天省以向日方借款修筑洮昂铁路作为妥协条件，取得了奉海铁路的修筑权。

奉海铁路是东北第一条由中国人自己建设的铁路，它的建成填补了东北国有铁路的空白。它是完全用中国自己的技术和资金建设的，它的建成打破了日本对东北铁路运输垄断，也打破了外国对东北铁路的垄断。

而日本的狼子野心不减，按照他们南满铁路的修建规划，还想修建一条天图铁路，并在吉林与长吉线接轨，天图铁路是自天宝山至图们江北岸地方，也就是开山屯的铁路。1923 年春该线路动工，1924 年 10 月竣工，11 月通车，修建天图铁路是为了给修建吉会铁路打前站。如果中日开战，日本可自朝鲜沿天图或吉会铁路三天之内出兵增援吉林。这条铁路的建成，不但加速了日本对东北地区的资金掠夺，更为日本由朝鲜出兵直接侵略东北提供了重要的交通保障。

天图铁路事件之后，吉林地方政府意识到，在日本侵略势力逐渐扩大的情况下，单纯回避日本的隐性要求和公开的吉会铁路修筑要求，是达不到抵制目的的，必须积极应对。所以，1922 年 10 月 27 日，吉林省财政厅长蔡运升来到长春，与日本驻长春领事山村平吉会面，以非正式的形式表达了吉林政府有意磋商修筑吉敦铁路的意向。

日本修筑吉会铁路的野心持续多年，终于得到了中国方面的回应。日本人心中窃喜，但是当日本方面了解到，中方是以修筑吉长铁路延长线的名义提出了修筑吉敦铁路，而总里程与吉会铁路的需求相差甚远，"满铁"

吉林火车站旧照（图片来源于网络）

256

内部产生了分歧。一部分人认为建设吉敦铁路不仅没有完成吉林与朝鲜会宁的连接，还会给"满铁"干线铁路带来竞争。但最终，吉敦铁路还是顺利开工。

在建设奉海铁路的同时，1926 年，吉林省决议自筑吉海铁路。1927 年 6 月 25 日，在时任吉林军务督办兼吉林省长张作相的主持下，吉海铁路开工典礼在吉林北山隆重举行。此时，吉敦铁路的建设计划已经摆在了东北地方政府的会议桌前。

交通枢纽

吉敦铁路是民国时期东北地方政府主建的第一条全线主体位于高寒山区、穿越众多河流和森林沼泽地带的交通线。吉林地方政府之所以选择修筑该路，主要基于以下几个原因：

第一，吉林市作为吉林省的省会，可以说是吉林省甚至东北地区的经济中心。然而，随着中东铁路的开通，哈尔滨、长春迅速发展了起来。作为省城的吉林市，急需通过铁路振兴经济。第二，以吉林为铁路枢纽，将蛟河、敦化两大物产丰富的县城通过铁路与吉长经济带链接起来也对拉动吉林省东部发展有着至关重要的作用。

虽然建设吉敦铁路的方案早已形成，但在当时，吉林及东北地方政府一却难以筹措这笔额度巨大的建设资金。根据铁路修建方案计算，从吉林省城到敦化，

东洋医院（1937 年摄），后归吉林铁道局吉林医院管理。（皮福生供图）

大约要建设 220 千米铁路，共需资金 2200 万元，加上购买铁路用地、勘测费用、车站等配套设施建设费用预付利息等还需 2000 万元，总计投入超过 4000 万元。与此同时，包括奉海、吉海在内的铁路修建，已经使得地方政府财政资金匮乏。而且对于吉敦铁路的修筑，吉林地方政府是十分谨慎的，主要担心两点：一是怕借日款，从此背上巨债的包袱，不得脱身；

铁骨钢轮

二是怕举债修建的吉敦铁路被日本利用，引狼入室成为吉会铁路的一部分。所以迟迟不敢落实，吉敦铁路的修筑陷入僵局。

到了1926年，经历了数轮谈判之后，吉敦铁路终于开始修建，起点为吉林市，跨松花江后转向东北，过老爷岭、威虎岭至敦化，长210.5千米。1928年10月10日，吉敦铁路通车。吉敦铁路桥作为工程的重要一部分，于1927年修建完成，它横跨于松花江上。在吉敦铁路修建的151座桥梁中，除松花江铁大桥、避溢桥采用钢桥外，其余均用当地木材，先做临时性木桥，通车后再改建为永久性桥梁，是吉林站与外界交通运输的战略枢纽。

1929年6月30日，吉海铁路也顺利通车。至此，日本帝国主义企图阻止中国自筑铁路的伎俩，彻底宣告失败。

吉敦铁路虽然建成了，但事与愿违的是，吉敦铁路在筹划建设期间，主政者抽条、挪用建设经费和主持者渎职，给"满铁"干扰和破坏铁路建设提供了机会，导致全线工程迟迟不能交付验收和开通。以张学良为首的东北地方政府对其调查后认定这是一起腐败窝案，并进行了严厉查处。

1928年5月24日，北京交通部代理总长常荫槐下令撤销相关负责人职务，等候查办，并特派航政司长王焕文调查吉敦铁路工程账款。在初步确定了账目差额之后，1928年8月19日，东北保安总司令张学良下令通缉相关负责人。在张学良的督促下，相关部门对吉敦铁路腐败案展开了细致而全面的调查，相关责任人一一落网。直至1931年"九一八事变"爆发，该案仍然没有结案。基于这样的历史原因，吉敦铁路腐败案最终成了一桩悬案。

虽然最后仍无定论，但对吉敦铁路腐败案的查处，在一定程度上打击和缓解了当时吉林省内普遍存在的腐败问题，工程监督机制也得到了进一步的重视和贯彻。

勇往直前

1945 年 8 月 15 日，日本投降，抗日战争胜利。吉长铁路、吉敦铁路、奉海铁路再一次回到了国人的手中。此时苏军驻扎中国东北，中东铁路改称中国长春铁路，由中苏共管。当时东北铁路的总里程已经达到了 11479 千米，几乎能够覆盖到发达地区的所有村镇，东北铁路也进入到人民铁路的新时期。

解放战争时期，铁路建设大幅好转，铁路线路、桥梁、隧道、各种机车、各种铁路设备得到修复，承担了运送大量作战部队枪支和弹药等军用品的运输任务，也运送了民用物资。当时流行一句话，"解放军打到哪里，我们的火车就要修到哪里，为我们解放战争的全面胜利奠定了坚实的基础。"

东洋医院（1937 年摄），后划归吉林铁道局吉林医院管理。（皮福生供图）

1946 年 5 月 28 日，人民解放军在撤出吉林市时，将吉敦铁路大桥的第 1、5、9 号桥墩炸毁。国民党军队占领吉林城后，曾经设法修复该铁路大桥。但在试车时，起临时支撑作用的木排架倾倒，试验的五辆货车坠落江中。其后国民党军队又在大桥下游处修建了一座便桥以维持通车。

1948 年 3 月 9 日，吉林市解放。1948 年 9 月 7 日，人民解放军铁道纵队第二支队开始吉敦铁路大桥抢修工程，苏联工程师哥勒多夫参加了设计及技术指导。1948 年 11 月 7 日，抢修后的东团山铁路大桥移交给吉林铁路局，11 月 15 日恢复正常运输。

长春解放后，大批粮食通过吉敦铁路大桥运入长春，使长春迅速恢复了生机和市内秩序。吉敦铁路是当时东北仅有的两条铁路通道之一，由拉滨线来的物资，通过东团山铁路大桥到吉林后，又能转道梅河口、四平、

伪吉林铁路局办公旧址（姜山供图）

郑家屯、新立屯、义县最后至锦州、山海关，有效地保障了辽沈战役后期及东北野战军入关作战等。

1949年4月，百万人民解放军抢渡长江，并乘胜前进，追歼残敌。此时，我军后方津浦、平汉两条铁路干线尚未修通，运输前方所需物资及供应大城市生活必需品粮、煤等产生极大困难。党中央决定拆除东北铁路某些运量不大线路上的钢轨及器材，紧急抢修津浦、平汉两条铁路干线，为夺取解放战争的最后胜利创造一部分条件。此时全国能通车的铁路的总里程为21989千米，而东北铁路长度超过全国铁路总长度的一半。整个工程共收集铁路器材2200多车，包括机车25台、客货车431辆、桥梁76孔、钢轨4万多根。其中300千米长的钢轨、56孔桥梁以及大批铁路器材运进关内后，迅速用于修复津浦、平汉两条铁路干线，为支援全国解放贡献了力量。

1950 年 4 月 25 日，中苏双方成立中国长春铁路公司，作为中苏两国在中东铁路移交前共同管理该路的机构。1952 年 12 月 31 日，中长铁路移交仪式举行，时任政务院总理兼外交部部长的周恩来出席移交仪式。有着多年历史的中东铁路，最后回到了祖国的怀抱。中东铁路分为了滨洲线、滨绥线、哈大线三条铁路线，并延续使用至今。

铁骨钢轮，百年沧桑。如今，吉林铁路作为中国铁路的一部分，对中国铁路发展所起到的关键作用，毋庸置疑。历经了一百多年发展，中国也从最初受制于列强被迫修路，转而成为让全世界都为之惊叹的高铁大国。

铁骨钢轮

文化融合之瑰宝

吉林文庙

吉林文庙（皮福生供图）

继往圣之绝学

　　孔子，是我国伟大的思想家、政治家、教育家。在中国两千多年的封建历史，儒家学说有着极其特殊的地位。公元前 195 年，汉高祖刘邦于淮南还都，路过鲁地，以太牢之礼祭祀孔子，首开帝王祭孔之先河。汉武帝时期"罢黜百家，尊崇儒术"，儒家占据了正统地位。东汉时，汉桓帝刘志下诏修建曲阜孔庙，并任命守庙官，孔庙由家庙变为国庙。公元 739 年，

唐玄宗封孔子为文宣王，孔庙也从这时开始被称为"文庙"。

截至明清时期，全国文庙已多达 1560 座。目前国内保存较好的孔庙尚有 300 余座，列入国家重点文物保护单位的有 21 座。同时，日本、越南、朝鲜、美国、印度尼西亚、新加坡等诸多国家都建有文庙。而综观天下文庙，有四座极为特殊，被人们称为"四大文庙"。它们分别是曲阜文庙、南京夫子庙、北京文庙，以及吉林市文庙。

曲阜文庙始建于公元前 478 年，以孔子故居为庙，岁时奉祀。西汉以来历代帝王不断给孔子加封谥号，文庙的规模也越来越大，成为全国最大的文庙。南京夫子庙，始建于 1034 年，作为古代中国江南文化枢纽之地，六朝至明清时期，世家大族多聚于夫子庙一带，让秦淮河畔有了"六朝金粉"之美称。建于 1302 年的北京文庙，有元、明、清三代的进士题名碑 198 通，为研究中国古代科举制度提供了重要文献资料，现收藏于首都博物馆。

开后世之太平

吉林文庙，是清王朝在龙兴之地修建的第一座文庙。它的建立代表着清朝统治者对儒家文化的认可，进一步来说是对汉文化的认可，把儒家文化由原来的治国之策变成治国之本。

无论在规制上，还是在规模上，吉林文庙都是在封建王朝时代中、地方建立的最大的文庙，但它也有着一段相当悠久和曲折的历史。

清朝初期，清政府对东北的文化管控十分严格。为了不让满洲人被汉化，禁止在东北兴建学校学习汉文，满洲人只能学习满文和骑射。为了控制东北地区汉文化的传播，清政府还在吉林和辽宁交界修建了柳条边，禁止汉人北迁，以防止破坏满洲的龙兴之地。

康熙十二年（1673 年），吉林建城垣，十五年（1676 年）设将军衙门。吉林成为松花江、乌苏里江、黑龙江流域的政治、军事、经济中心，史称"吉林乌拉"。吉林建城之初尚无文庙，随着吉林城镇、人口的迅速发展，儒家文化也渐渐地影响着这座东北重镇。

满洲以武立国，以骑射立国，在一统中原的时期，可以凭借军功封赏的制度得到提拔和晋升，但统一全国，建立清王朝以后，战争越来越少，军功越来越难以获得，满洲后人的发展途径越来越少，这时候较为清明的大臣意识到需要一套顺应和平时期晋升的制度，而最合适的莫过于以儒家文化为主的科举制。

雍正二年（1724年），办理船厂事务的赵殿正式向雍正皇帝上书，要求在东北建立文庙，以振兴儒学，增加满洲子弟进入仕途、报效国家的途径。然而，令这位康熙四十二年（1703年）的进士没有想到的是，在吉林建文庙的奏表遭到了雍正的严厉斥责。雍正给赵殿回了一道长达千字的诏书，呵斥自己的臣子："我满洲人等，因居汉地，不得已与本习日以相远，惟赖乌拉宁古塔等处兵丁，不改易满洲本习耳。今若崇尚文艺，则子弟之稍领悟者，俱专意于读书，不留心于武备矣。即使果能力学，亦岂能及江南汉人，何必舍己之长技，而强习所不能耶。"

全文1000余字，这是一个前无古人的批文，雍正皇帝的第一层意思是认为大兴儒教有悖祖训。但皇帝亦知道此为东北吉林满洲同胞们的强烈要求，所以在这之后转为了对臣子进行劝慰和劝导，说东北的满洲子弟同胞们是希望和未来，要严守满洲人的风俗，保持满洲人尚武骑射的精神。

由此可见清王朝的建立不仅仅意味着王朝的更迭，更是满汉两种文化的碰撞、冲突和交融。在当时，满洲与汉族相比，处于文化相对落后的状态，统治者对处于相对优势的汉文化，采取了兼容的态度。一方面向汉文化靠拢，以凝聚人心，维护自身的统治；另一方面，为了不失去本民族的民族特征，极力维护服饰、发式、骑射传统，保持民族特征和文化习俗。这种让东北固守满洲尚武习俗的政令，直到乾隆时期才有所放宽。

1736年，清高宗乾隆即位。乾隆皇帝与之前的几位皇帝完全不同，他是满洲人，但自小便在京城出生长大。作为皇子，从识字开始，就有两个老师，一位是汉族大儒，一位是满洲老师，分别负责教导传统的儒学文化与满洲的传统文化。作为一个在

汉文化熏陶下长大的皇子，乾隆皇帝对于汉文化和儒家文化十分痴迷。

乾隆酷爱写诗，相传一生作诗四万余首，比收录了 2200 多位诗人作品的《全唐诗》少不了几首，他还精通汉族的字画、书法。虽然乾隆皇帝也极力维护满洲传统习俗，但他也深知，隆礼重德对于治国安民维护政权稳定具有重要作用，他尤其对儒家的等级伦理观推崇备至，因为这套伦理能极大地维护皇帝的封建统治。为表达自己对儒学的喜爱，乾隆皇帝曾亲赴曲阜文庙祭孔，并留下碑文：

"朕惟至圣先师孔子，天纵圣仁，躬备至德，修明六艺，垂训万世。自古圣帝明王，继天立极，觉世牖民，道法之精蕴。至孔子而集其大成。后之为治者，有以知三纲之所由以立，五典之所由以叙，人政之所由以措，九经之所由以举，五礼六乐之所由以昭。宣布列于天地之间，遵而循之，以仰溯乎古昔。虽尧舜禹汤文武之盛，弗可及已。而治法赖以常存，人道赖以不泯，讵（岂）不由圣人之教哉。"

在那之后，基于加强清王朝统治地位的需要，同时也是为了加强满汉文化的融合，乾隆皇帝钦命修建文庙。乾隆七年（1742 年），永吉州文庙落成，儒家文化在清王朝的"龙兴之地"——东北，迅速传播，推动了关东政治、经济、文化的发展。这也让永吉州文庙成为了汉文化与少数民族文化融合的重要历史见证。

文化融合之瑰宝

重振中学

光绪三十二年（1906年），清政府内忧外患，其统治地位已是日薄西山。民间洋风、西学东渐之势不可阻挡，各种先进的思想风潮陆续透过紧锁的大清国门传了进来。苟延残喘的清王朝深感"人心不古"，决定利用传统思想禁锢人们的行为，维持社会的稳定。

清政府把祭孔活动升为国家之大计，由慈禧太后下令把祭孔的规制升为祭天地相同，祭孔如祭天，希望通过儒家文化唤醒中原和全国的人民对清王朝的认可和信任，而且清王朝撤销了将军，在吉林设立了吉林府，由巡抚来管理，撤将军建立巡抚，把东北由军管变成民管。首任吉林巡抚朱家宝，为了表示对清政府的支持和感激，决定要在当地的学政上做出一些政绩。他首先想到的便是近些年清政府推崇的儒学，原有的文庙简陋，不足崇礼，要建一个最大的、最好的文庙。于是，他聘江苏训导管尚莹去关内考察文庙。巡抚朱家宝端坐在府内的太师椅上，抚摸着自己长长的胡须，对管尚莹诚恳地说道：

"管训导，吾等承蒙皇帝陛下厚爱，皇恩浩荡不可违，如今陛下推崇儒学。为报效陛下，吾等臣子理应鞠躬尽瘁，可眼下吉林府内文庙破落，实不能当振兴儒学之重任。今日本巡抚聘汝去关内考察文庙，以便汝回关外重修文庙，振兴儒学。此等重任，万万不要让吾失望。"

管尚莹听到巡抚如此重视，连忙向巡抚跪下，郑重地回答：

"吾必定为巡抚之命竭诚用命，万不敢辜负上官的厚爱！"

"嗯，那你带上本巡抚给你的人马，前去关内考察，定要仔细了。"

在巡抚说完之后，管尚莹"喳"了一声，便躬身退出巡抚府，带着人马去关内考察。他考察了曲阜文庙、南京夫子庙、京城孔庙，不日之后便带着自己的考察手札回吉林，向巡抚复命。之后，巡抚决定在吉林城的东莱门外扩建新庙，命名为吉林文庙。

匠心独具

1909 年，全新的吉林文庙建成，占地 16354 平方米，南北长 221 米，东西宽 74 米。四周红墙高达 3 米，为三进院落，内有 64 间殿堂。其中大成殿采用罕见的黄琉璃瓦覆顶。正面重檐间高悬"大成殿"牌匾，顶部正面为九龙，背面为九凤，九踩斗拱错落有致。门前立有同治十年（1871 年）修庙记事碑，两侧为金声、玉振边门。

吉林文庙正门两侧是东西辕门，东门悬"德配天地"匾额，西门悬："道冠古今"匾额，由吉林提学使曹广桢题笔所写，寓意孔子之德与天地等同，孔子之古今第一。大成门廊檐下左右分设一钟、一鼓，古时作为祀时之用。这对钟鼓各有名字，东侧为吉祥钟，西侧为魁星鼓。参加科举之前，学子们来到此处祭祀，拜聆听司鼓鸣钟，以期金榜题名，不负寒窗苦读。

第一进院落就是吉林文庙的主体建筑之一的大成门。吉林文庙过去的传统是不开正门的，只有在祭孔的时候才允许开启正门，平时只能是从两侧辕门进出文庙。从两侧辕门进入之后，可以看到南墙中间有一面"墙"，这代表着文庙的正门，在文庙建筑中，这面墙被称为"照壁"，此墙比其余三面墙都要高大、坚厚。而照壁对着的这座大门，则有着一个特殊的讲究：

吉林文庙大成殿旧照（皮福生供图）

在古代的科举制中，所有文庙，只有所在地区出了状元才可以破壁建门，这也正是全国众多的文庙中，有的有南侧正门，而有的南侧只是石墙的原因。吉林文庙建成于 1909 年，然而，科举制度在 1905 年之后便被废除，所以吉林文庙虽建有大门却从未打开过。这样一扇注定永远无法打开的门，也成为了封建科举制度终结的象征。

在紧闭的照壁大门之后，有一池一桥。由青砖砌成，形如弯月的小池名为"泮池"。"泮"字，古义指学宫，即为高等学府。所以，古时中了秀才也被称为"入泮"。横跨于泮池之上的单孔雕栏拱桥，名为"状元桥"，桥头正对着那从未打开的照壁大门，不难猜测，此桥也从未有人走过。

状元桥的北面是一座由四根花岗岩石柱组成的牌坊，每柱顶端均有神兽，牌坊的横梁正中写着它的名字"棂星门"。所谓"棂星"，本来称灵星，也就是天田星。相传，汉高祖刘邦做了皇帝后，为求风调雨顺，百姓安乐，就诏令祭祀天田星，以之作为祭天的头等要事。到了宋代，儒家把孔子与天相配，在儒家文化中，也把祭祀孔子当作祭天，所以天下文庙都筑有灵星门楼，用以祭祀孔子。后来，人们觉得汉代祭祀天田星是为了求

吉林文庙魁星楼旧照
（皮福生供图）

得农业丰产，与祭祀孔子并无关系，又见门的形状好像窗棂，于是就把"灵星"改为"棂星"。

穿越大成门，跨过高高的门槛，眼前就是吉林文庙的主体建筑"大成殿"。大成殿位于吉林文庙二进院落的正中，是祭祀孔子的主殿，坐落在1.5米的台基上，四周汉白玉雕栏环绕，双重飞檐、歇山式庑殿顶。殿脊上设有九龙九凤。"九"字在中国传统意义上有无量的意思，在中国等级数字中也是最高的。而它的殿顶尤为特殊，一般文庙都是绿色琉璃瓦，而吉林文庙的殿顶用的却是只有皇家建筑才能用的金色琉璃瓦，这不仅在东北，放眼全国也十分罕见。黄色的琉璃瓦附顶，包括大成殿用的彩绘，也是在皇城宫殿才能使用的大典金炫字彩绘，这种建筑技艺和风格，是只有皇家宫殿建筑才能匹配的等级。如此建设，说明清延对龙穴之地的文庙是极其重视的。

（姜山供图）

大成殿内，孔子、十二哲人等塑像表情端庄，神态温恭。殿内陈列425件祭器、乐器，其中，"万世师表"是清康熙帝御书，原在皇宫内，吉林文庙建成后由宫中赐给；"生民未有"由雍正题写，意为自古以来，从来没有像孔子这样品行超群之人；"与天地参"是乾隆亲笔所题写，意为孔子的贤德与天地等同；而"圣集大成"由嘉庆御书；"圣协适中"是由道光题写的。殿内两对抱柱匾额为清乾隆所书，均是对孔子的溢美。殿内东西两面山墙上有长13米、宽7米的巨幅壁画"水龙图""火龙图"，将整个殿宇的恢弘气势充分衬托出来。

从大成殿往后便是崇圣殿，崇圣殿供奉的是孔子上五代祖的排位，以及历代衍圣公的绣像。崇圣殿再过去是孔子的家庙，供奉着孔子的先祖和后辈，再往后便是围墙。这座国内最大的文庙建成之时，曾有大批的官员和学子前来祭拜，然而不久之后，盛极一时的清王朝也消散在了历史的浪潮之中，只剩下这座吉林文庙见证着那个时代的风霜。

图为满族刺绣作品"能忍者自安"，体现出儒家思想在满族群体中的深刻影响。（关云德满族民俗博物馆供图）

历史的车轮滚滚向前，即使稍有停滞，却也从未倒退半分。封建统治者利用祭孔禁锢人们思想的打算，很快便以失败而告终。但择址新建的吉林文庙也因此成为了东北地区最大的文庙，其建筑群规模之大、等级之高，尤为罕见，而凝聚着当时劳动人民智慧与汗水的吉林文庙也代表着清代建筑艺术的最高水平，是我国十分宝贵的古建筑遗存之一。

如今，吉林文庙坐落于松花江畔，周边散布着古玩收藏、古旧书店及书画院，浓厚的古典文化气息在这片古建筑群四周弥漫。而流连于吉林文庙内，一坊一段故事，一门一个传说，从朴实的门钉瓦砾，到精美的砖雕浮刻，泮水石桥，石墙丹陛，皆是珍贵的文化遗产。它不仅为吉林这座城市平添了一分古朴幽雅，更记载了这座城市悠久的历史。

（姜山供图）

吉林市乌拉街镇的满族传统民居建筑（姜山供图）

饮水思源

西关小黄楼

　　吉林市松江西路137号坐落着一座占地面积近8万平方米的园林式宾馆——西关宾馆。临街便是景色秀丽的松花江，而院内则是古树参天，绿草成茵。吉林市当地人亲切地将它称为"西关小黄楼"。这座建筑本身也颇具传奇，而关于它的来源，可以概括为四个字——"饮水思源"。

　　西关小黄楼的官方称呼实为"张作相官邸"。如果说吉林西站记录着吉林省自筑铁路的历史，石头楼记录着吉林省自办高等教育的历史，那么西关小黄楼，则记录着吉林省城市供水建设的历史。而这三件有关民生的大事都由吉林主席张作相主持操办，加之自来水厂工程是张作相主政吉林后所主持的第一项城市工程。饮水思源，将自来水厂的办公楼命名为张作相官邸，其中也包含了特殊的意义。

西关民居旧照（皮福生供图）

酌水知源

张作相，字辅臣，祖籍河北省衡水市深州市花盆镇太谷庄。父亲一辈闯关东来到了锦州。虽然家中越发贫苦，但为了儿子将来能够出人头地，双亲还是咬紧牙关为儿子凑出了念书钱。入学前，张家老母做了一个好梦，梦见儿子身着金灿灿的官袍，从万道霞光中走出，当了一人之下、万人之上的宰相。

他母亲第二日便跟私塾的先生说了自己的梦，私塾先生一听，高兴解梦道：

"恭喜呀，梦作宰相是个好兆头。你家这娃娃还没取名，我今日身为老师，便为你张家后生取个官名，就叫张作相，咋样？"

"那可太好啦！谢谢先生，日后我家娃娃就让先生费心了。"

这个寓意权势富贵的好名字并没有立即给张作相带来好运气。年纪稍大一些后，家境每况愈下，实在是没钱供他读书，张作相被迫辍学，跟着父亲外出做零活儿打短工。稍攒下几个辛苦钱后，父亲让他去学了门手艺，以求日后好谋生，然后娶媳妇。再后来，张家开了个豆腐铺，一块豆腐又怎能撑起一个家呢？干了一阵子也就干不下去了。因为这段开豆腐铺的经历，在张作相跟随张作霖发迹后，也有人嘲笑张作相是"豆腐将军"。

豆腐铺关门之后，他还跟自己的二叔学过瓦匠的功夫，但一把瓦刀与一块豆腐相比，依然是强不到哪里去，走到哪里依旧是受人欺辱、挨累受罪。就在张作相觉得老实营生都没有像样活路的时候，张家出了一件大事，彻底改变了张作相的人生轨迹。

原来，张作相一个堂弟在讨债时被欠债的人打死了。他听后十分气恼，堂弟同他从小玩到大，关系向来极好，听闻此事他很是伤心。欠债还钱，杀人偿命，张作相一不做二不休，领着跟自己一起干苦力活儿的几个兄弟，将仇家杀死，而后逃到北镇桑林子一带，上山落草当了胡子（马匪）。

刚好，那时的张作霖正在北镇桑林子一带干地方保险队。张作相听说这个跟自己名字只一字之差的保险队长是条好汉，为了报团取暖，不久便率领手下的二十来号人投奔了过去。

那天，张作相带着二十来号人跟张作霖在林子里碰面，张作相对张作霖抱拳说道：

"张大哥，咱们虽然不是血亲，但名字里就差一个字，咱们乡不亲，姓亲，都是老张家的。弟弟我今日来投奔，日后有用得着的，大哥尽管说，弟弟要是说一个不字，我就不是老张家的种！"

时常在刀尖上舔血的张作霖十分迷信，他在干保险队之前也是马匪，觉得两人名字只差一字实在十分难得，这是缘分！而且生逢乱世，自己正缺人手，眼前这二十来号人，是天意带来的兄弟，于是一把握住张作相的手说：

"兄弟，你看得起我张作霖，给我脸，若你跟兄弟们不嫌弃，以后就跟我一口锅里抡马勺吧！哈哈哈哈！弟兄们，把酒抬上来，咱们今天就来个桃园结义。"

于是，二人就在此结盟，日后张作相追随张作霖打天下。当时张作霖势力尚小，经常陷入土匪间恶战，张作相每每都会以命相搏，护佑大哥。后来张作霖接受清廷招安，四处剿匪时，张作相也是拼杀在前，为大哥立下了不少功劳。洮南剿匪是张作霖发迹的起点，张作相在此过程中表现不俗，曾有过效仿岳飞大破拐子马，干翻蒙古顽匪的得意建功之事。但自幼读过书的张作相，并不是好拼杀的强悍之人，而是厚道义气之人。

20世纪初，以张作霖为首的奉系军阀掌控了整个东北，张作相在奉系、在张作霖的拜把兄弟中，渐渐地也就从冲杀的一线走向了知大体、识大局的二线。1925年，张作相晋升陆军上将，调至吉林任军务督办兼吉林省长。主

政吉林期间，张作相对城市建设尤为重视，而吉林西站的修建，也正是张作相的主张。

为民引水

由于自小出身贫苦，张作相深知底层老百姓的艰辛，民本位思想非常强，而且吉林在经历大量的战乱之后，被以张作霖为首的奉系军阀统一，获得了短暂的安宁，此时的吉林城也是百废待兴。

水是生命之源，张作相主政吉林之后，头等大事便是解决城内百姓的饮水问题。作为东北地区的大城市，吉林市人口剧增，随之而来的便是水源不足。由于水污染，许多百姓常常饮用劣质水源，患有肠胃病，干不了活儿，极大地影响到整座城市的运转，这种危害民生的现象源于吉林建城时。

吉林市自清康熙十二年（1673年）建城后，人们以天然江河水和人凿土井水为饮用水。《吉林通志》载："光绪初年，吉林城内平均百户居民约 500 人拥有水井一口。由于水井数量少，水质差，多数居民尤其近江居民皆饮用松花江水。"

西关民居旧照
（皮福生供图）

到了清朝末期，北洋大臣李鸿章就曾向慈禧太后上奏"凿石引泉"，在旅顺水师营修建了龙引泉水源工程，工程于 1879 年开工，开创了中国近代城市供水事业的先河。随后，广州、武汉、北京等大城市相继建设了城市自来水供水工程。到了 20 世纪 20 年代初，作为吉林省城的吉林市工业发展迅速，人口已增加至近 10 万人，城市的发展使城市污水的排放量也逐渐增多。

饮水思源

275

1923 年，吉林市政公所成立。作为当时吉林省的省城，吉林市城市建设事业大兴。广大市民，特别是社会上层人士，迫切希望吉林能够兴办城市自来水工程。

在张作相主政吉林之后，戴获林于 1926 年向张作相提出来建自来水厂。他在张作相的主席办公室进行汇报，描述了当时市民的用水状况：

"属下禀报主席，如今城内井泉良好者，百不一二见，日常饮用水，悉取自江中，冬季江水凝冻，凿冰汲水，水甚清冽，然春融冰解，上游数百里山谷积雪，融流江中，各种杂质，日夕流下，岸上居民，经冬积滞一切污秽，一一融泄，混合江中，则污浊不堪汲饮，饮则病菌潜伏，成胃肠病，辗转传染，岁多死者，居民苦之。所以，属下恳请主席下令建设吉林自来水厂，以彻底整治民生乱象，此等工程，不仅能赢得民心，而且定能福泽后世百姓。"

端坐在办公椅上的张作相看到终于有一位能考察民情、为民办事的手下前来汇报，为自己的主政分忧，大为高兴，他盛赞戴获林：

"孺子可教，胸怀百姓。如今本主席正想治一治这用水乱象，但缺乏人手，你可有人选推荐？"

"黑龙江省高等法院的院长周玉柄，为人刚正不阿，与主席脾气相投，且乐于民政，是为建立水厂的上等人选。"

戴获林听出张作相求贤若渴的意思，便向张作相推荐了周玉柄。周玉柄原籍四川，当时是黑龙江省高等法院的院长。

"好，既然如此，那建立自来水厂之事可由我起头，你俩督办。但有两条要求给我记好了，一是不准使用外国资本，中国人的事情中国办。二是谁中标建水厂我都批，但得先把钱在我这存够数了，我才批你动工。"

1927 年 5 月 1 日，吉林省城自来水筹办处正式成立，同年 10 月，张作相委任周玉柄负责筹办省城自来水建设。周玉柄在招商的时候，有的外

国洋行就用装香烟的箱子，装满钱送给周玉柄，但周玉柄坚定地拒绝了。为防止一家独大，周玉柄采取工程分段招标的方式开展建设。

建设工程由 9 家施工单位分项承包，资金初定为大洋 80 万元，其中较大的施工方有天津世昌益利洋行、新通贸易公司、奉天礼和洋行、哈尔滨西门子电机厂、北京复兴建筑公司等。其中吉林自来水建设工程的设计承包给了天津德商世昌益利洋行。世昌益利洋行派德籍经理艾德满、德国工程师施佗尔西及华人工程师周柄卿等人来到吉林市进行勘察设计。最终，水厂选址于城西松花江上游的西岸。而且为了保证建完以后能够正常供水，周玉柄决定引进国外最先进设备，其中以德国的是最多。水厂的建设于当月动工。

1929 年 1 月完成全城供水系统建设后，水厂占地面积 7 万平方米。取水、净水、送水均有配套，全城修建水亭 30 余处，日供水能力 8640 吨。位于城外的北山配水池，与水厂同时建设，配水池的主要功能是调节水厂和用户之间的水量，白天多余的水就存到水池，水池上建有德式的亭子，这亭子上有 12 根柱，为配水池的放气孔，四外有十条栏杆围着。供水管网覆盖全城。总投资近 180 万大洋。

水厂建设期间，周玉柄一路跟着工程的进度。他向张作相汇报道：

"主席，全部开工迄今十八月，业经告一段落，凡所规划大概不拘于目前近利为衡，方式力崭善美规制，以久大为归，凡区区精力所能到者，皆无不悉心贯注，期重无缺漏。然世事迁变无常，凡人智虑有限，情已精注，或意外不免疏虞，谋已十全，或环境继生他变。在此筹划执行之际，遇有一切障故，自应审度机宜，力期适当。"

字里行间，足可见周玉柄对工程的恪尽职守之情。

水厂建好之后，周玉柄和戴获林向张作相汇报进程，以及商议自来水的定价。周玉柄向张作相说道：

可以说人们的生活离不开水，也正是因为有了优质的水源，才能做出让人流连忘返的美食。如图，老人正在点豆腐。（姜山供图）

"主席，如今全国水价最高乃厦门，每吨自来水水价 2.5 元，北京每吨自来水水价为 1 元，上海则为 0.4 元至 0.5 元"。

张作相问两人："那我吉林的自来水价应定为多少合适啊？"

戴获林抢先一步上前恳求张作相，说道：

"主席，吉林目前百废待兴，民众生活贫苦，定价绝不能向北京和上海看齐，且水厂初建，为引导百姓改良用水习惯，吾等认为每吨自来水可定为 0.3 元，让吉林水价成为全国最低，让我吉林的百姓都能饮用全国最实惠的自来水，百姓定会记住主席的福泽。"

听到属下这么说，张作相思索一番后，觉得自己既然是在为吉林的百姓做实事，那就要让百姓享受到优惠。他一拍板，说道：

"好！要让咱们吉林城的百姓喝到全国最实惠的自来水，价格就这么定了。"

"主席英明！"

周玉柄和戴获林听到张作相这等为民办事的气魄，都由衷地对他发出赞赏。

而后，吉林市自来水定价为全国最低的消息传播出去，引得百姓们一阵叫好。

而在建设自来水厂的同一时期，水厂的总办公楼也开始建设，它便是西关小黄楼，该建筑于1927年开建，1929年竣工，采用德国设计，部分材料也自德国进口。其临江而建，主体面朝松花江，建筑为钢筋水泥结构，建筑面积1500平方米。整座建筑地上共有三层，地下有一层地下室。建筑规划设计别具一格，尤其是建筑的第三层，除了仅有的少量房屋作为张作相夫妇的起居室、会客厅外，西南角还建有一座欧式圆亭，其余空间均为大阳台，气派十足。楼顶西南角建有一座八柱砖石结构的圆亭，建筑南北两侧均有入户门。总体的建筑风格迥异，美观大方，满满的欧式韵味。是民国年间吉林城内典型的"折中主义风格"建筑。

1929年2月24日，省城自来水筹办处邀请省城各界代表参加于西关小黄楼前隆重举行了的通水仪式，吉林市正式进入城市自来水供水时代。

改善民风

当年，周玉柄向张作相汇报时的"情已精注，或意外不免疏虞，谋已十全，或环境继生他变"这个担忧，却不幸言中。

吉林市素有"北国江城"的美誉，松花江蜿蜒流淌过这座城市，人们临江取水的习惯已延续了300年，老百姓对"自来水"这个概念很陌生。想要短时间内打破这样的常规，显然并不那么容易。

首先，百姓们认为开天辟地以来都是饮河水江水，或者是井水，这种传统习惯根深蒂固，饮用自来水自己得拿钱，而去打江水不花钱。其次，早期投入的自来水设备选用，低估了东北地区冬季的低温因素。沉淀池采用无盖敞口式设计，在使用过程中出现了冻裂。后来，虽然重修沉淀池，却也让人们对水质产生了怀疑。更雪上加霜的是自来水的生产，也影响了那些以卖水为生的人。因此当时就有谣言说"水里头有药，喝了不好"，所以老百姓们几乎不用自来水。

为普及市民用水，整治社会乱象，1930年5月24日，张作相在吉林省政府第八号布告中这样写道："本主席轸念民瘼，故不惜劳资兴办自来水，期得清洁饮料，裨助民众健康。及通水以来，饮户寥寥，而民夫挑送江水者竟多。在从前，沉淀修理未完，水质尚欠澄清，人民不想见信犹有可言，近来经省府极力督饬，踵耗多款，制成新池，并请化验专家按法消毒，查验水质，较天然江水，显有泾渭之分。是饮用自来水，诚有百利而无一害。如仍狃于积习，可谓愚昧已极。倘再查有不顾公共卫生为反动之鼓吹或从中把持者，定予严惩不贷。"

自此之后，百姓们才开始逐渐引用自来水，并慢慢习惯，而后百姓感到它的益处：一是把肠道传染病、伤寒、斑疹遏制住了；二是促进了城市的工商业的发展，吉林市的工厂都是用水大户，如纺织厂；三是方便了群众的用水，人们在寒冷的冬天不用上江边去挑水了，老百姓尝到了自来水厂带来的甜头了，张作相的政绩受到了江城老百姓的赞扬，他们纷纷给张作相竖大拇指了。

作为吉林市水务集团第一净水厂，到今天，它已经运作了近百年。

1962年，西关小黄楼楼顶西南角的圆亭曾被拆除。当年，为了适应使用需要，使用单位对楼体进行过一次大规模修复，建筑内部布局及使用功能均有变动，原装饰面几乎全被拆换，并在二层楼顶又增加一层，改建为会议室。虽然建筑外貌延续原风格，但原建筑外貌已有较大变化。2007年西关小黄楼被列为吉林省省级文物保护单位后，2011年吉林市文化局在参照了1937年拍摄的建筑照片以及1999年的测绘图的基础上，遵循"修旧如旧"的原则，恢复了西关小黄楼的历史原貌。作为重要的名人故居，它在每个阶段，所承载的意义和使用价值是不同的。

280

　　与供水塔同在吉林市北山公园的北山西峰脚下，有一处由五通花岗岩石碑组成的碑群，名为德政碑林。"德碑夕照"曾被誉为吉林八景之一。这些德政碑均是 20 世纪 20 年代所立，以纪念那个时期为吉林市的发展建设做出过贡献的主政官员。其中，张作相的德政碑立于碑群东侧，碑高 2 米，宽近 1 米，立于 1930 年。自 1924 起至九一八事变前，张作相主政吉林六年。虽为旧式军阀，但张作相为吉林这座城市近代化发展所作出的贡献，始终为人铭记。

　　时势造英雄，乱世出豪杰，这也许是世人一贯的看法。但百年前的中国，有多少人苟全性命于乱世，又有多少人真正留下了能够被后人所称颂的功德？究其缘由，终还是事在人为。100 多年过去，我们迎来了新的时代，松花江水依然奔流不息，白山黑水间已发生了天翻地覆的变化。世事沧桑，几多俊杰枭雄，早已尘封于历史长河之中。而这林荫小路、参天古树，还有静静伫立在这里的西关小黄楼，仍然记得当年的传奇。

饮水思源

中国水电之母

丰满水电站

水电之母

"一江寒水清，两岸琼花凝"，雾凇被称为中国四大自然奇观之一。雾凇非冰非雪，是雾中无数0℃以下而尚未凝华的水蒸汽随风在树枝等物体上不断积聚冻粘的结果，雾凇需要在温很低，而且水汽又很充分的状态下形成。

吉林雾凇的形成，与严寒的大气和温暖的江水密不可分。能够同时具备这两个相互矛盾的自然条件几乎是不可能的。然而，吉林雾凇之所以能够与桂林山水、云南石林、长江三峡并称为"中国四大自然奇观"，正是因为它将这不可能化为了可能。

丰满水电站的微缩景观被印在中国人民银行发行的第二版人民币5角纸币背面，成为那个时代的辉煌记忆。

而令雾凇绽放的最关键的因素，则是一座有着80多年历史的水电站——丰满水电站。它有着一个更为响亮的称呼——中国水电之母。

长达千米，高达近百米的丰满大坝将松花江水拦腰截断，形成了巨大的人工湖泊——松花湖。近百亿立方米的水容量，使得冬季的松花湖虽然表面结冰，但水下的温度仍然保持在0℃以上，加之水轮机发电时，江水温度再次提升，就形成了几十米江面严寒不冻的奇特景观，严寒的大气和温暖的江水这一苛刻条件形成于松花江上。

几十千米江面源源不断释放出的水蒸汽凝结在两岸的树木和草丛之

间，这也使得吉林雾凇的厚度可以达到 40~60 毫米，优于国内其他地方偶尔出现的雾凇。

血水电泪

丰满水电站的建立，是一个充满辛酸和血泪，可歌可叹的传奇故事！

1931 年 9 月 18 日，九一八事变爆发。1932 年 2 月，东北全境沦陷。随后，日本在中国东北扶植溥仪建立了伪满洲国傀儡政权。为扩大对中国东北的经济掠夺，日本帝国主义指令伪满国务院制定了所谓"满洲开发五年计划"。1933 年，伪满洲国国务院产业部国道局对松花江进行综合调查。

1936 年 1 月至 8 月，日本关东军司令部曾两次指令伪满洲国政府必须在 5 年内在松花江上游建设 18 万千瓦水电站。同年 11 月，伪满洲国政府制定了《产业开发五年规划》，将在松花江干流修建丰满发电站列入开发计划。

丰满水电站（姜山供图）

1937 年 5 月，日伪水电局局长、日本水力发电专家本间德雄正式提交了《松花江水利发电计划书》和《丰满发电所计划书》，这份计划书现在被收藏在中国丰满水电博物馆。在历史上，这份报告也被称为"本间报告"。该工程于当年 7 月正式动工修建，当时号称"东亚第一"水电站。同时，丰满水库在设计上时号称"东亚第一"，而水坝围成的松花湖，在当时是仅次于美国鲍尔德和福特佩克水库的世界第三大人工湖。

"本间报告"确定的坝址位于吉林市区西南 24 千米处，位于松花江的峡谷出口。峡谷两边的东山和南山，形成两山夹一沟的地形，地壳坚硬，

中国水电之母

283

适合建水电站，离市区也比较近，交通运输比较便利。而且峡口位置风力非比寻常，人们将此地称为"风门"，后取谐音将大坝命名为"丰满"。

在风门上游 40 千米处有一个比村子还小的屯，历史上一直称为"大丰满屯"。为了区别这两个地方，当地人把丰满电站所在的地方称为"小丰满"，所以"丰满电站"在吉林市也有着小丰满电站的称呼。

于是，民间便有了"大丰满不大，小丰满不小"的比喻。松花江每年水流量巨大，水流量最大的时候约 10900 立方米／秒，最小也能达到 100 立方米／秒。

但以当时的生产力和科技条件，想要修建丰满水电站这样的巨大工程，在没有像样的挖掘机和运输机械的情况下，难度很高。1937 年 4 月，丰满水电站工程还是开工了。

日本侵略者当然不会自己去干，他们只是颐指气使的设计者和指挥者，那些真正参与劳动的，是数以十万计的被迫前来的中国劳工。

水电站的修建持续了 8 年多时间，为了获得充足的劳动力，日本关东军到处抓壮丁，通过谎报做工地点，编造优厚待遇，以吃好住好大工价、三年期满免费送回家为诱饵，用强抓、骗招、征集等手段，从华北、东北地区骗招、掠夺劳动力。劳工们一旦来到丰满，一条腿就算踏入了鬼门关。为了防止劳工逃跑，日本人在松花江北设下了层层铁丝网，外有丰满警察署武装警察站岗把守，内有监工、大小把头负责盯梢。

劳工们分成早晚两个班，昼夜赶工，每天要工作 10 多个小时，稍有怠慢，就会遭拳打脚踢。他们吃的是橡子面，住的是夏季潮湿闷热、冬季彻骨冰寒的半地下式工棚，他们衣不蔽体，食不果腹。由于居住条件极其恶劣，瘟疫横行，壮者逐渐孱弱，弱者奄奄一息。而且整个工程都是在冬季施工的，当时的施工条件非常差，工人在工地上累倒、晕倒或者饿倒，日本侵略者不管工人死活，直接扔到江里。曾经有两个工棚的劳工染上了

肠道病，为了防止疾病扩散，日本人竟然在工棚外浇上汽油，活活烧死了他们。

1938 年 4 月，"江堤工场大暴动事件"发生，900 多名劳工不堪凌辱，和日本监工菊地发生冲突，菊地重伤，三分之二监工被打。劳工的反抗运动此起彼伏，从未停止。

丰满水电站旧照
（皮福生供图）

据不完全统计，在修建丰满水电站这 8 年当中，这里有 25.5 万人次从事繁重的苦役。在日本监工、特务、警察的残酷虐待、镇压下，被打死、病死、累死、饿死、冻死、事故死亡和被镇压死亡的劳工总人数至少在 6500 人以上，平均每天有 2 名中国劳工死亡。这数千人还只是在册的，其他未在册的，只多不少。 而且日军占用大量农田，发行所谓国债券从民间敛财。

惨死的劳工尸体被扔在丰满江东五垧地北处的万人坑里。后来此地修建了劳工的纪念馆。劳工们就是这样用血肉之躯筑起了日本人所说的"东亚第一"水电工程。

然而，本间德雄将丰满水电站建造成东亚第一水电站的梦想，终于还是伴随着日本帝国主义的溃败而破灭。1941年太平洋战争爆发，为了扭转战争中的颓势，丰满水电站工程加速施工。伪满政府急于发电，满足军工生产需要，支援法西斯战争。本间德雄片面追求增加坝高，却没有相应增加坝体厚度，致使大坝断面残缺单薄，加之水泥用量减少，砂石料未经筛选，混凝土施工质量低劣，使得大坝成为了一座险坝。

到1942年8月，这座大坝建成，截断江流，开始蓄水，总耗时近5年。其水坝长1080米，高91米，丰满水电站工程十分浩大。到1943年3月25日，第一台机组就开始发电了，1号机单机容量是6.5万千瓦。在日伪统治时期，本间计划安装八台机组，但是受到战争的影响，整个计划并未完全进行。

1945年8月15日，日本宣布无条件投降，此时，总投入资金2.37亿日元的丰满发电厂仍未竣工，电站机组安装已完成了第一期工程的50%，总工程量的进度停留在87%。1945年8月18日，苏联红军进驻丰满，代管了丰满水电站。

当时苏联红军从丰满拆走了大量的施工设施，和正在安装的机组部件。1号和4号机由于当时都已投产发电，没有被拆。其他正在安装的一些零部件则全都被拆走，当时价值14万美元左右。

苏联红军撤离丰满之后，1946年5月28日，国民党军队占据丰满。在此后的近两年时间里，国民党政府用日本投降后工地残存的水泥和砂石浇筑了2.6万立方米混凝土，当时国民党政府邀请了美国水务局的卡登，进行整个丰满的勘测，当时卡登提出了一份报告，认为当时的丰满大坝如果遇到百年一遇的洪水便会抵挡不住，所以他建议炸低大坝的溢洪道至7.5米，然后浇筑2.6万立方米的混凝土进行加固，但受到战争的影响，施工只进行了三分之一左右，炸低了1.5米的溢洪道，加注了2.6万立方米的混凝土。其后果是不仅降低了水库的蓄水能力，而且使坝体更加薄弱。

以命护坝

1948年，国民党为了挽救失败的命运，几欲炸毁丰满发电厂，企图制造第二个"花园口"事件。1948年3月7日夜间11时许，吉林市东南郊外一片漆黑，一伙国民党官兵趁着夜色悄悄摸到松花江畔，企图执行一项由蒋介石亲自下达的绝密任务——彻底炸毁丰满堤坝和发电厂全部设备。

当晚在丰满电厂配电盘值班的工人有徐玉珊、刘国珍、姜树林、冯怀中、赵长海、张承谟和留用的日本人山崎，以及值班长张文彬。国民党官兵闯进发电厂，抬进来一箱手榴弹。为了麻痹国民党军队，张文彬把他们带到配电盘前面，指着配电盘上的仪器说：

"这是中央控制室，是电厂最重要的地方，你们把它炸掉了，发电厂就完了，再也不能发电了。"

他们信以为真，炸坏了一块电力表和玻璃罩，配电盘铁板被炸开了一个大洞，地板也崩出了几个坑。趁着慌乱，张文彬乘机跑到厂用机室，一脚将继电器踢开，全厂电灯顿时全都灭了。厂用电一停，排水泵也停止了运转，一号、四号水轮发电机底部被淹。张文彬在烟雾中大喊："发电厂被炸坏了，大家快跑吧！大水马上就要冲进来了。"

国民党军官什么都没说，抛下现场的工人，惊慌失措地登上吉普车扬长而去。

在返回吉林市的路上，破坏组的军官用电话向吉林六十军司令部报功请赏，结果被上司大骂一通："混蛋！这里的电灯还亮着呢！"

半个小时后，国民党破坏组又返回了电厂，大个子军官抓住张文彬的衣领破口大骂，说他是解放军的奸细，非枪毙他不可。在生死关头，张文彬临危不惧，他对大个子军官说：

"发电的地方炸坏了，但还有一点儿余电，这点儿余电还能再用一会儿。"

为了继续蒙蔽他们，张文彬把他们带到了往吉林送电线路的变压器前面，指着说：

"毛病就在这儿，它能储存电，再过一会儿也就没有了。"

大个子军官命令士兵开枪打坏了变压器，整个吉林市的电灯全都灭了。国民党军队这才安心地撤走了。

张文彬用机智和勇敢保护了发电厂，他的故事在丰满发电厂一直被传诵着。

焕发新生

1948年3月9日，吉林市解放，满目疮痍、千疮百孔的丰满水电站终于回到了人民的手中。此时的它，尚未全面完成，大坝险象环生。值得庆幸的是，它终于结束了长达11年的动荡与波折，即将迎来重生。

新中国成立初期，饱受战争创伤的新中国急需恢复国民经济。丰满水电站也随即开始了全面修复和改建。1953至1957年，新中国实施了第一个五年计划，这是中华人民共和国奠定工业化初步基础的重要时期。在这个时期，苏联帮助中国建设的156个工业项目，使中国以能源、机械、原材料为主要内容的重工业在现代化道路上迈进了一大步。而在这156个工业项目中，丰满水电站重建计划赫然在列。

1950年2月，苏联莫斯科水电学院派出专家组抵达丰满，与国内有关部门共同进行大坝的续建工作。苏联专家提交了一份336号计划书，整个计划书非常全面地设计了大坝解放初期的续建、改建和之后的机组安装流程。

在中国丰满水电博物馆，我们可以看到一张中国人民银行自1955年

3月1日起发行的第二套人民币的一枚五角纸币。而印在这枚纸币正面的，就是丰满水电站。第二套人民币设计非常考究，三枚角票分别反映了农业机械化、搞好生产、建设工业的场面，体现了新中国社会主义建设的新风貌。丰满发电厂在当时正处于一期修复建设过程中，由此可见，对于新中国来说，丰满水电站有多么重要。

1960年，丰满水电站第一期工程结束，并投产发电。设计总装机容量8台机组、55.4万千瓦，设计年发电量20.42亿千瓦时，提供整个吉林、长春、哈尔滨的供电，成为当时亚洲规模最大的水电站。当时欧洲最大的发电厂则是有苏联的古比雪夫发电厂，由此丰满发电厂也被称为亚洲的"古比雪夫"。

第一代丰满人，怀揣着建设新中国的历史责任心。那一批老党员，全身心地投入到厂子的恢复和建设中，冬天的时候特别冷，零下30℃，他们就在水电站前围个篷布，简单放个小火炉，烤烤手，赶忙干活儿，然后再回来，再烤一烤手。丰满水电站复杂的建设和加固历史，也为新中国锻炼培养了众多优秀的水电人才。新中国成立后，丰满水电站陆续为全国输送了2000多名经验丰富的技术骨干。这也使得丰满水电站有了"中国水电之母"的美誉。

改革开放以后，随着东北地区经济的发展，电力需求不断上升，同时电网调峰容量也日趋紧张。1988年和1994年，丰满水电站又相继开始了第二、三期扩建工程，机组容量增加一倍以上，在很大程度上缓解了东北电网急需调峰电力和备用容量的矛盾。

1988年，丰满电厂进行了二期扩建工程，安装了9号、10号两台机组。这两台机组都是国产设备，从以此后基本上每年更换的机组部件都是国产的，主要由哈尔滨电机厂制造。之后就是三期工程，当时是由时任国务院总理李鹏亲自批复的。1960年，周恩来总理到丰满电厂视察，当时根据战役的储备要求，在江西修建了一个泄洪洞，但是和平时期，这个泄洪洞就被常年荒废没有使用，所以在 1995 年的时候，就把这个泄洪洞被改为引水建筑，安装了水压钢管，用于引水发电，安装了 11 号、12 号两台机组。这个三期工程竣工以后，丰满电厂就一共有 12 台机组全功率运行，达到了 100.25 万千瓦的总装进入量，可以称为百万电厂了。

随着时间的推移，丰满水电站旧坝体已经有 80 多年的历史，呈现出防洪能力不足、混凝土强度低等问题。经多方论证，2009 年的时候，国家发展改革委确定重建的方案按"彻底解决，不留后患，经济合理，技术可行"的十六字方针执行。丰满水电站全面重建工程于 2012 年 10 月 29 日正式开工。工程新建 6 台 20 万千瓦混流式水轮发电机组，保留原三期 2 台 14 万千瓦机组，总装机容量 148 万千瓦，年均发电量 19.09 亿千瓦时。项目在原大坝下游 120 米处新建一座大坝，恢复原电站任务和功能的同时不改变水库特征及水位。新坝于 2014 年 7 月开工，2019 年 10 月全面建设完毕。新老两坝相距仅 120 米，历经了八十多年风雨的老坝，就这样近距离地看着新坝一点一点建成。同样是五年筑坝，老坝经历的是仓促赶工，数万劳工昼夜劳作，而新坝则完全由先进的工程机械作业而成。在新坝建设接近尾声的时候，老坝也将结束自己的历史使命。2019 年 5 月 20 日，老坝预留的挡水坎被炸开一个 5 米宽的缺口，松花湖水通过这个缺口缓缓涌向新建的丰满大坝，新坝和老坝间开始充水。运行了 80 余年的丰满老坝正式退出历史舞台，建设了 5 年的新坝开始挡水，并投入正常运行。

此时的丰满峡谷口上出现了"一址两坝"的奇观。

这是世界上首个坝高近百米、百亿库容、百万装机的大型水电站重建工程。新坝采用的新技术解决了严寒地区碾压混凝土重力坝温度

控制问题，混凝土强度、抗渗抗冻性、断层坝段抗滑稳定性明显提高。

　　崭新的丰满水电站将能够更好地承担整个东北电网的调峰、调频、备用等任务，担负着下游松花江流域防洪任务，以及下游城市、沿岸的农田灌溉职能。而原坝址将作为保留左岸 90 米、右岸 306 米的坝体，作为工业遗址被人所纪念，并继续见证它守护了几十年的吉林大地的繁荣、美好。

　　距离丰满水电站 2 千米的孟家村，修建有一座吉林市劳工纪念馆，记录着那段饱含血泪的历史。弹指一挥间，丰满水电站恰似一位历尽人世沧桑、饱尝人生五味的耄耋老人。少年时，被冠以亚洲第一的称呼被万众瞩目，却在战乱中历经磨难身患顽疾。壮年时，他重拾曾经的荣耀，为了建设新中国贡献自己的全部力量。至中年，他倾其所有培育了无数水电精英。至暮年，他见证了继承者的成长，功成身退还不忘相伴左右。丰满水电站，是一段历史的见证。

中国水电之母

291

（图片来源于网络）

北国陶都

缸窑镇

缸窑镇因手工制缸业兴盛而得名。

实际上，当地丰富优质的资源蕴藏、土法烧窑的独特智慧、企业化生产的盛大景象、民俗民风的特有风韵，都是缸窑镇兴盛的原因。（姜山供图）

缸，辞海中通"瓨"字，在现代汉语中指大型陶容器。左边的"缶"指陶制容器，右边的"工"指代生产生活。《史记·货殖列传》中就有着"醯酱千瓨，浆千甔"的记载。而人们对缸的使用，甚至可以追溯至新石器时代。

缸可以说是吉林市缸窑镇几代人的根脉，这里的人对缸都有着一份珍贵而特殊的回忆。

得天独厚

缸窑镇位于吉林省吉林市龙潭区东北角，自康熙元年（1662年）至今，已有300多年的历史。这里因制缸而闻名，曾是东北地区最大的陶业制造基地。凭借着优质的黏土与精良的烧造技术，自清代以来，无论是制品的产量、品类、质量均冠绝关东，享誉全国，产品远销至亚、欧、美等大洲的十多个国家。出产于此地的大缸、坛罐、美术陶瓷等更是常年畅销东北三省。

松花江由南向北流贯缸窑镇所在的龙潭区，此外团山子河、牤牛河、溪浪河等地表水系也于此穿行汇流，水资源十分丰富。地势则沿江向西北倾斜，主要以低山、丘陵、河谷冲积平原为主，以龙潭山为代表的低山地区、丘陵地带岩层丰富，冲积平原覆盖着深厚的土层。对于"靠山吃山，靠水吃水"的古人来说，这里无疑是宜居的天堂。

缸窑镇生产的大缸。（姜山供图）

北国陶都

293

正是因为具备了水、林、土等优越的自然条件，吉林市所处的松花江流域，早在距今两千多年前，就有着人类活动的痕迹。而在众多古文化遗址的挖掘过程中，考古学者们也发现了大量不同时期的陶制品。

古人制陶多为生活生产所需，而缸窑镇的人们将制陶作为一项产业，使其兴旺发展起来，当地渐渐得到陶都的美誉。"缸窑"作为一处地名，在《永吉县志》中有这样的记载——"缸窑屯距城九十里，初有缸窑三座，因之名屯。康熙年间山西人赵某创修"。

清康熙元年（1662年），山西、河北一带大旱，许多关内灾民纷纷背井离乡"闯关东"讨生活。永吉县志中提到的赵某便是其中之一，他的全名叫赵岩龙。当时闯关东的人大多有着各自谋生的手艺，而曾经在河北开平瓷窑做过工的赵岩龙，在最初却并没有选择烧陶，而是打算以烧炭为生。

2007年，缸窑传统制缸烧制技艺入选吉林省第一批非物质文化遗产名录，刘秀利就是该项目传承人。
（姜山供图）

误打误撞

赵岩龙祖籍河北省永平府，后迁至山西，曾在开平瓷窑当过技术工人，对烧窑制缸颇有研究。在通往关外的道路中，多变的天气和杂草丛生的道路，让赵岩龙兄弟二人走得非常辛苦，他们走走停停，四处流亡，拖着满身的疲惫和灰尘，长途跋涉。为了逃避饥荒，为了活命，赵岩龙兄弟二人在陌生的东北黑土地上寻找村落。半年后，赵岩龙兄弟二人随着逃荒难民来到了当时的溪浪沟，在山坡上结草为庐住了下来，溪浪沟就是如今的缸窑镇。来到这里定居的赵岩龙，就在这里重操旧业，给附近大王岭的地主烧炭。

在烧炭过程中，有一天，他在山水冲刷的溪沟里，发现地底下有细腻的白土。他一看这白点土跟他在河北唐山开平那地方烧陶瓷所用原料差不

制作缸窑的土坯。

从取土、备料、揉泥，到拉坯、干燥、整形，再到组装、上釉、烧窑等整套的制缸工艺流程，其复杂与精细程度和对工艺水准的要求之高令人叹为观止，传承人自身对传统工艺的热爱与奉献也令人动容。

（姜山供图）

多，灵机一动，把白土取回去砌成窑。他为了验证一下这能不能烧陶瓷，便用毛驴驮着一些白土回到河北唐山，请那里的老缸匠、老陶工鉴别真伪。经过烧制实验，认定那白土确是上等制陶原料，就土质而论，较之唐山的陶土更为良好，因为这种土里含的铝的成分较高，含铁少，铝成分高就可以烧制陶瓷。

他不知道这种土就是如今业内闻名的白矽土和球黏土，但他明白这两种土都是烧制陶瓷的上好原材料。这次意外的发现，使赵岩龙意识到在东北的土地上可以进行陶瓷、缸制品的烧制。在那个年代，精通陶业技术的人很少，制陶较之伐木烧炭挣钱又多，因而，赵岩龙从唐山回来后就弃炭兴陶。回到溪浪沟之后，赵岩龙用尽自己所有的积蓄开始大量盘窑，先是盘成用木炭烧缸的椎型窑，后改进成馒头型、锅脐型等。赵岩龙自己的"窑帽子"就这样发展经营起来了。但赵岩龙在烧缸的过程中，因这个馒头型的黄土窑盖不能经久耐用而感到苦恼。他灵机一动，想起此前在山中发现的细腻白土，便把白土取了回去砌成白土窑盖。经过他多次烧炭，窑顶不但不塌陷，而且越烧越"瓷实"。

在他发现这个这原料的消息传开之后，大王岭到大口钦这一带丰富的白土带也为当地的百姓所知。从清朝到现在300多年一直被人们采用不竭。

工人正在为缸窑塑型（姜山供图）

随着烧缸的成功，当地的很多居民也在不同位置建窑烧缸。赵岩龙烧制的缸名气大，质量好，大大拓展了缸窑业在当地的发展。在那个年代，赵岩龙弃炭兴陶成了村民们口中的传奇，"缸窑镇"由此而得名。

这里盛产优质黏土，就近又可取水和泥制坯，伐木制炭烧陶。如果说优越的自然条件令赵岩龙的制缸生意占尽地利，那么北邻1657年设置的打牲乌拉总管衙门，南望1661年设置的船厂水师，1663年建窑制缸的赵岩龙也可说幸运地顺应了天时。

300年前，清王朝对于宫廷贡品有着独特的要求，由内务府在地方设立衙署清朝四大贡品基地之一，打牲乌拉总管衙门也应运而生。打牲乌拉总管衙门每年向宫廷供奉的品类众多，数量也十分巨大，单以蜂蜜举例，年贡就达万斤，另外还有需要腌制储藏的鳇鱼、鲽鲈鱼、山菜、蘑菇等均需器皿储藏运输，因此对陶制缸坛需求量极大。吉林城建城之后，吉林地区人口激增，打牲牲丁、船营将卒、落脚安家的流民、云集至此的商贾一时间吉林成为关外重镇，而用于生活所需的水缸、酱缸更是供不应求。

蒸蒸日上

康熙二十三年（1684年），赵岩龙建起了第二座窑帽子，事业已渐成规模，赵岩龙便将其制缸的买卖定名为"福兴隆"，一直延续到1720年。而从事相同产业的人们也开始向这里聚集。后来又出现了"福胜东""玉成祥""三义德"等窑号，一直到1820年。曾经的缸窑屯已成为缸窑镇，有大小窑帽18座，陶工近300人，成为名副其实的北国陶都。

缸窑兴盛的时候，有四五十座窑帽子，一窑缸按套算的话有800多套，当时按民国的大洋来算，值八九千大洋，所以缸窑当时有一句话，就是"日进斗金"。当时闯关东的很多人到东北来，都奔缸窑而来，还有的人在沈阳、长春卖水果，回到家乡以后，听说缸窑挣钱，之后就不做其他的行业了，都奔缸窑来了。

道光年间，缸窑镇的制陶业已经颇为成熟，渐渐形成了标准统一的分工模式，在《永吉县志》中曾有这样的记载："缸业家必设土场一所，晾坯子房十数间。聘正副工师，工人，共余名目不一，曰正外，曰帮外，曰苦帮，曰自在帮，曰合泥，曰揣土，曰搅月，曰上月，曰抬土，曰抬缸各一人，暨一切杂佐四人，通为十五人。"

传统制缸从采土到上釉窑烧一共分为选料、揉泥、拉坯、素烧、上釉、烧窑等八道工序，选料就是指选择制作缸窑的土料，而土的选择直接决定着成品质量的好坏。可见选土在整个制作过程中的重要性。据《永安县志》记载：当地的土质分红、黄、灰、白、黑五色。五种土因为土质不同，可以制作不同的器具。白黏土耐火性高，黏结性好，可塑性强，是生产缸陶的最佳原料。

在和泥之前，要先将泥土处理一遍，这道工序称为碾压，将选好的泥料放入事先准备好的大石槽里，石槽上有一个巨大的轮子，轮子的高度跟槽道的深度一致，轮子旁边绑着一匹马，通过马匹拉动轮子对石槽里的泥土进行来回的碾压，原理类似石磨，如今直接使用揭粉碎机碎泥。老方可以使泥块变成最细小的颗粒，然后将这些碾压好的泥土倒在缸窑前面的泥厂子的空地上，用筛子将更细的泥粒筛出来，这样筛出来的泥粒，风一刮都会成为灰尘。接着将踩土、晒土，这个过程，通过太阳的温度，基本上能够使土的生性熟化，在接下来搅拌的过程中，加水以后，泥粒揉起来能更柔和，质地更加细腻。

有了土，接下来就要和泥了。原始的制缸工艺，从备土、和泥、制坯到烧成，全部是人工操作。

古代流传人间有三苦，撑船、打铁、磨豆腐，在20世纪六七十年代的东北乡村，流行着"三大累"：一是指"活大泥"，二是指"脱大坯"，三是指"养活孩子"。从和泥到踩泥，再到抗、运，这些都是累活儿，泥土是沉重的东西，所以那句老话说得好："缸窑镇不可来，不是抗来就是抬。"在缸的生产制造中，没有轻松的工作。如今可以投入机器生产，而在从前，这些苦活儿、累活儿都得靠人力，将泥和水搅拌在一起，接着来回敲，再搅拌，搅拌完了再和泥，和完泥之后，人再踩泥，踩完了再过锹，过完锹这些泥才能用。

和好泥之后，接下来的步骤就是制坯，制作缸坯的第一步要先在专用底座上做大缸的底部。用胳膊粗的泥条盘好缸的雏形，旋转拉坯成型后继续叠加泥条，泥条一节节连接后，缸的形状逐渐显现出来。一口大缸需要三次堆加才能达到要求的高度。

拉坯成型做出来之后用车推送，然后将捏好的粗胚放上干燥池进行烘干，这个环节十分讲究对温度的掌控，所谓干燥池就是在烧窑的旁边建立的窑洞，通过连接烧窑的管道，靠的是窑里的余热，将热风输送到干燥池子里，对里面的粗坯进行热干。烧缸窑都是采用这种烘干方法，且不需要再次进行单烧，节约煤炭，降低生产成本。之后将烘干好的粗坯装上窑车，装到车上之后推进石头壁的"隧道窑"。一个个大缸的胚子装在特制的"火炕"上，烧窑的火候是关键，窑内气氛、温度的波动会使不同区域的产品形成不同的艺术效果，

粗胚在一天一宿的烧制中于烈火中涅槃，一批批缸就此烧制完成。烧好的缸还要晾一阵子，每一件成品都得过质检关。烧好的缸不怕水，所以都是露天存放。到这一步，一个耐干耐水的好缸就完成了。

自清康熙年间起，缸窑镇的制陶业一时兴盛，纯手工制作的大缸，古朴敦实，缸体内少缝隙，无砂眼，品质均属上乘。而除陶制品之外，瓷器更是工艺复杂、雕琢细腻。彼时的关东大地，无论是官家商贾的大宅，还是寻常百姓的小院，大缸小坛、瓶盆杯罐随处可见。而从清末开始，民间流行起用大型陶缸储水养鱼，兼顾防火。这些巨缸往往于缸体边沿雕龙刻凤，或着万年青松，或附梅竹松柏。曾几何时，富户人家往往以拥有几只盘龙缸来彰显富庶。

磨练技艺烧制精品的同时，朴实的窑工们也有着勤俭的智慧。对于因有

工人正在整齐地放置已经做好的缸。（姜山供图）

瑕疵而淘汰的成品，他们会将其搬回家中，用作院子的围墙，这样的习惯传承了几百年。如今，我们依然可在缸窑镇见到由缸堆砌而成的院墙。"缸障子"因此也成了缸窑镇独特的风景。

缸陶有型，泥土无声。这座曾经有着"北国陶都"美誉的东北小镇，几经风雨，历尽沧桑。它也有着不屈服于殖民侵略的倔强。在新中国的工业发展浪潮中它曾无比辉煌，也经历了产业转型调整时期的阵痛与忧伤。

陶，取之于土，合之于水，淬之于火，终涅槃重生。我们相信，跨越四个世纪传承下来的，不仅仅是传统的技艺，更是那追求卓越的工匠之魂。

时代变迁，更多人搬进楼房，早年存水、腌酸菜的大缸逐渐失去用武之地，加上传统工艺不能满足现代社会的陶瓷需求，当地缸窑行业走了下坡路。大水缸没了销路，人们便把眼光瞄准了小小的家用水具。（姜山供图）

《吉林乡土志》有载，"清雍正时，以该地土质可做陶器，故曾设陶厂。而厂内尤以制造大缸为著名产品。因名其地曰缸窑。"而今，"大缸"即将谢幕退场。（姜山供图）

2007年，缸窑传统制缸烧制技艺入选吉林省第一批非物质文化遗产名录。（姜山供图）

如何从土法粗制、产品单一的困境中走出，适应时代、适应市场，走出一条精制细作、多元多样的新路；充分发挥当地的资源、历史、文化优势，开发并提供了地情文化存史、资政的功能；也为在历史与地情中汲取养分、开发资源，重振缸窑镇特色产业，再现昔日辉煌盛景，服务于吉林省的经济社会发展，提供了思考和探索之路。（姜山供图）

整齐排放的缸。（曹保明供图）

北国陶都

301

承载长春记忆

吉长道尹公署旧址

天时地利

长春，是吉林省省会，东北亚经济圈中心城市，是国务院定位的中国东北地区中心城市之一。220多年的城市发展历史虽称不上古老，但也足够令人回味。而这里则记录着长春这座城市历经两个世纪发展至今的点点滴滴。

亚泰大街是长春市的城市主干道之一，每天都有无数车辆在这条宽敞的快速路上穿行而过。这条大街贯穿市区南北，串联老城新区，始终给人一种喧嚣之感。在亚泰大街北端与东七马路交汇处，有一处由六座青砖单层建筑组成的院落，院内垂柳莺莺，分外安静，与墙外的喧嚣迥然不同。这座院落名为"吉长道尹公署旧址"，至今已有110多年的历史。老长春人非常亲切地称呼它为"道台衙门"。这"道台衙门"历史悠久，可以追溯到清朝。

伪满洲国时期，吉长道尹公署大门照片。（图片来源于网络）

长春，地处松辽平原的中部，流经此地的伊通河则被誉为这座城市的母亲河，古称益褪水、易屯河。伊通河纵贯城市南北，每年夏季，水清柳绿，景致宜人。而长春的起源与它也有着密不可分的关系。早在新石器时期，榆树人就在这里繁衍生息，到西汉初年，濊貊的夫余人，在这里建立了夫余国，南北朝时夫余国灭亡，隋唐时，高句丽统治这里，唐中期以后是渤海国在这里设夫余府，辽代时，

属于东京道黄龙府，金代时归属于上京路隆安府，元代则属于辽阳行省的开元路，明代在这里设置了其塔木卫、亦东河卫、木古河卫等治所。

开荒垦田

1644年，清军入关。清王朝入主中原伊始，政局并不稳定。南方的征战尚未结束，北方又存在蒙古的潜在威胁。为巩固东北这片"龙兴之地"，清王朝决定在辽东划定禁区。在禁区范围内，以明辽东长城为基础，加以修补，插以柳条，以作为禁区之标志，这就是东北历史上著名的柳条边。柳条边，又名"柳墙""条子边"。清顺治年间开始分段修筑，至康熙年间陆续完成。柳条边因修筑年代不同，有老边、新边之分。老边在辽宁省开原市以东，归盛京将军管辖，边墙以东为围场禁地。自开原市以西，归奉天将军管辖。新边则归吉林将军管辖，边墙以西为蒙古部落驻牧地。初设边门21座，后减为20座。每门常驻官兵数十人，管理出入。

靰鞡鞋是用厚厚的牛皮缝制的一种鞋子，具有良好的保暖效果。其样子十分特别，鞋面抽成一圈均匀的褶儿，在褶儿的后面有一个向上凸起的舌头，鞋口周边再串上细细的牛皮带子。再续上事先砸好的靰鞡草，靰鞡草要用草榔头经过反复颠砸才会变得 柔软，然后絮在靰鞡鞋里既温暖又舒服。即便是在零下四十摄氏度的严寒天气里在外面劳作一天也不会冻脚。（曹保明供图）

然而，即便严令禁止百姓闯关越边，但自清王朝中期开始，关内人口逐年增多，战乱灾荒，使得不少关内百姓选择流亡至东北讨生活。而管辖伊通河流域的蒙古王公们为了增加领地内的收入，也开始私自招募流民进入封地垦殖。渐渐地，伊通河流域聚集了流民两千余户，形成了宽城子、长春堡等聚居的村落。对于这些百姓，清政府既需要直接管理，又要顾及蒙古王公们的利益。经过多番考量，清王朝最终决定"令设官弹压，不令经征，并不准照吉林地

丁收租"。这就是所谓的借地设治，或称借地养民。

嘉庆五年（1800年），清廷应吉林将军林秀的要求，在蒙古郭尔罗斯前旗、札萨克辅国公的封地伊通河畔的新立城设置长春厅。

清朝时期行政单位的设置分为省、府、县三级，但是在处理一些特殊问题时，例如少数民族地区问题时，为方便当地统治，会临时设州、厅这样的行政单位。当时的伊通河和饮马河流域，长春厅管辖汉人，蒙古王公管辖蒙古人，吉林将军管辖旗人。长春厅是清政府在蒙古王公的封地内设置的第一个地方行政单位，同时也是吉林将军辖区内的第二个行政单位。

由于长春厅是在蒙古王公的土地上借地设置的，所以这片土地的租子收取完之后，还需再转交给蒙古王公，这些大量的现银可以增加蒙古王公的经济收入。

1825年，随着地区经济增长及人口的增加，长春厅由新立城迁至人口更为密集的宽城子。从1840年开始，出于增加税收的目的，清廷开始对东北放垦弛禁，至1860年，柳条边墙被彻底废弃。1864年，长春厅属范围已有大小集镇、村屯共500余个。1888年，长春厅升为长春府。与厅相比，府在中国古代地方行政区划中早已存在，地位相当于如今的市。可见，在当时，长春的发展已初具规模。

中日甲午战争之后，俄国开始加紧对中国东北的侵略，从19世纪80年代开始，沙皇俄国计划修筑一条穿过中国东北的铁路，将海参崴和西伯利亚连一起。1896年，清政府与沙俄签订《中俄御敌互相援助条约》，允许俄国在中国东北修筑铁路。两年后，这条最初定名为大清东省铁路的著名铁路正式动工。1899年，在长春城西北约5千米处的二道沟，中东铁路南支线宽城子车站建成。

1904 年，日俄战争在中国东北的土地上爆发。次年，沙皇俄国战败，9 月，日俄双方签订《朴茨茅斯条约》，俄国将宽城子至旅顺段的中东铁路支线，及其所属的一切权利财产均移让给日本。

在日俄《朴茨茅斯条约》签订后不久，日本于 1905 年 11 月派外务大臣小村寿太郎来到北京，与清政府交涉东三省善后事宜。双方签订《中日会议东三省事宜条约》，在完全满足了日本继承俄国在南满的权利要求的同时，清政府还被迫在东北 16 个城镇开埠通商，而长春正是其中最主要的一个。

在徐世昌主持编纂的《东三省政略》一书中，关于长春开埠经商，曾有这样的记载："长春为三省之中心点，日俄战后强分南北满。于是铁轨所经，以宽城子为分线之区域。而长春一埠交涉日繁，外人之以财力、权力、商力相竞争者，咸集视于该埠，无大员以管理之，将势力微薄。"

1908 年，清廷在已经成为俄日两国势力分界点的长春，设置吉林西路分巡兵备道——此为当时长春的最高官府。并建造相应的官署建筑，官署建筑于 1909 年 5 月竣工。

首任道员是陈希贤，他作为当时吉林巡抚的派出官员，主要负责当时吉林西部的行政事务，同时监管长春的开埠及外交和关税事宜。到 1909 年，改称吉林西南路分巡兵备道，而吉林西南路分巡兵备道正是"道台衙门"的前身。

"道"在清朝的地方行政区划中，属于"省"的下一级的行政区划。道分为两种，一种是在省内划分出几块片区，每一个片区，设立正四品"道员"一名；另一种道则是以省内某些专项事务，如河道、屯田、教育、驿站、海关等事务专门设立的。吉林西南路分巡兵备道即是后者。

管辖"道"的官员被称为道台。其与道员一样，同为正四品。吉林西南路分巡兵备道设立之初，长春已经存在三个具有相当规模的城区，依照时间顺序分别是长春旧城、宽城子铁路用地以及"满铁"长春附属地。规划中的商埠地则是长春的第四块城区。

战略枢纽

1909 年，长春商埠地开始筹建。规划之初，长春商埠地的范围如下：以位于大马路与长春大街交汇处的旧城北门为起点，向北至头道沟，再至二道沟，再从聚宝门向西至十里堡的一大片地方。但在当时，头道沟周边土地却被"满铁"秘密收购，导致商埠地面积大大缩水。为了遏制"满铁"长春附属地进一步向南扩张，衙署的选址最终确定在商埠地最北端的高岗之上。

而时任道台颜世清将衙署选址在这里，主要出于政治和交通两方面因素的考量。政治上，选择这里将十分有效地抑制当时长春"满铁"附属地的向南扩张，遏制了"满铁"附属地的不断扩大；交通因素上，这个位置是从长春到农安的交通节点之一，战略位置十分突出。

日本人撰写的《长春发展志》一书中，这样描述了当时的情形："在临近附属地之高处修建道台衙门，附属地处于该处，恰有居高临下，睥睨、威震附属地之势。道台衙门宏伟壮观，中国国旗高高飘扬，亦增其威严"。

整个新衙署建设工程一共花掉白银 9 万多两，历时两年完工。作为 20 世纪初长春第一座花费巨资修建的重要官厅建筑、清政府的地方一级治所，吉林西南路分巡兵备道衙署在建筑布局上却和中国传统官衙建筑布局大相径庭。

在中国，官衙建筑自古均遵循着坐北朝南的建筑布局。但是，长春这座道台衙门却没有遵循这一传统，它的正门是朝东的。

关于长春道台府的大门为什么向东开，长期以来在民间有很多传说，如"紫气东来说""怕奔风都说"等，但客观来说应该是从政治因素和交通因素来考虑。

吉长道尹公署外墙抹水泥沙拉毛浆，立面采用希腊神庙和意大利文艺复兴的西洋建筑风格，整体建筑采用外围廊设计。主体建筑门楼、大堂、二堂、三堂在同一中轴线上，且一律朝东临街开门。水泥门楼高12米，门柱垛头装饰山花，巴洛克曲线连接整体，门楼高大典雅，颇有气势。正面上部为高起的弧形山花，山花中间开有半圆形窗，正门入口两侧，还分别装饰有一对圆形倚柱和一个方形壁柱，柱头的造型杂糅了巴洛克式和古罗马式风格。门楼左右各有五间配房，作为衙署传达室和卫队办公室，配房外墙装饰有圆形倚柱装饰，四周转角处檐口多层水平线脚以上有砖砌科林斯壁柱，外部以水泥抹面，占地面积700多平方米。

穿过门楼，向西前行约20米，即是整个院落的核心建筑"大堂"。

一品文官补子：仙鹤　二品文官补子：锦鸡
四品文官补子：云雁　五品文官补子：白鹇

补子，是明清时期在官服胸前或后背上织缀的一块圆形或方形织物。文官的补子图案用飞禽，武将的补子用猛兽。据史料记载，官服补子的根源要追溯到唐代武则天统治时期。

真正代表官位补子的官服定型于明代。而到了清朝，不再像明代将补子绣于官服之上，而是缀于官服之上，更加便于官服的制作。

"衣冠禽兽"一词最早用以形容明代官员服饰，明朝对于官员服饰有着较为严格的规定：文官官服绣禽，武官官服绘兽。所以，"衣冠禽兽"这个词最初的寓意非但不是贬义，反而有着令人羡慕和崇拜的意味。清朝各等级官员待遇如下：

一品：红宝石顶戴（亮红），九蟒五爪蟒袍，文官补服仙鹤，武官补服麒麟。准乘八人抬绿呢大轿。

二品：红起花珊瑚顶戴（杂红），九蟒五爪蟒袍，文官补服锦鸡。武官补服狮。准乘八人抬绿呢大轿。

三品：蓝宝石及蓝色明玻璃顶戴（亮蓝），九蟒五爪蟒袍，文官补服孔雀。武官补服豹。准乘八人抬绿呢大轿。

（白山市长白山满族文化博物馆供图）

大堂高 7 米，14 根水泥圆柱撑起三角头品字形厅堂，厅堂内宽敞明亮，为长官办公地。吉长道尹公署的大堂由前堂和二堂两栋建筑组成，前堂和二堂平面均呈长方形，面积相等，均为 400 平方米。大堂后面由木质走廊连接通往二堂，二堂略低于大堂，面积与大堂等同，二堂后面也由木廊连接到后面房屋。在大堂、二堂的北面有四座坐北朝南的正房，占地 900 多平方米，为道衙官员家属的住宅。南侧为木廊，与大堂和二堂相通，四周为木质回廊，整体建筑采用围廊式设计。

吉长道尹公署旧址中前堂、后堂和衙署长官官邸等，在建筑设计上均采用了典型的围廊样式，可以说这是中国近代围廊式建筑的北方案例。这种最早在中国沿海城市被引进的西方建筑样式，虽然外部造型美观，不适合冬日里缺少阳光的东北地区。在气候寒冷的东北地区，宽大的围廊会将冬日里难得一见的阳光遮挡在室外，影响室内温度。不过这样的建筑风格却也丰富了长春近代建筑的样式。

在当时长春开埠的大环境之下，吉长道尹公署不仅建筑风格令人倍感新奇，其内部的电灯、电话和暖气等洋玩意儿也都一应俱全。一时间，这座院子成了长春商民们平日里最大的谈资。在历任道台的推动下，商埠地也日渐繁荣起来，鼎丰真、东发合、泰发合、世一堂等老字号让这里成为了长春最热闹的城区，商家总数一度甚至超过了"满铁"附属地。

清末民初，长春共经历了四任道台，分别是陈希贤、颜世清、李澍恩，以及最后一任道台孟宪彝，其中的第二任道台颜世清任期内，主持修建了这座与众不同的道台府。第三任道台李澍恩任期内，成功的扑灭了长春鼠疫。1913 年时全国进行了行政体制改革，当时的也是最后一任道台孟宪彝，由道台改任为观察使，也就结束了长春道台的时期。

1911 年，辛亥革命爆发。1912 年 1 月 1 日，中华民国宣告成立。同年 2 月，清王朝最后一位皇帝，宣统帝爱新觉罗·溥仪正式下诏退位，清朝灭亡。1914 年，民国政府对地方机构进行改革，吉林西南路分巡兵备道改为吉长道尹公署，负责管辖长春府和伊通州等地事务，成为当时长春的最高机行政构。

1914 年，吉长道尹公署作为地方行政机构，内设总务、外交两科，管辖吉林、长春、伊通、农安、德惠、长岭、舒兰、桦甸、磐石、双阳、蒙江（今靖宇）、乾安等十二县。1927 年，民国政府在此设外交部驻长春交涉员办事处。1929 年，撤销吉长道，吉长道尹公署改为长春市政筹备处。

1931 年，九一八事变爆发，9 月 19 日，长春沦陷。日本侵略者派汉奸接管长春市政筹备处，占据了这个地方。由于时间仓促，关东军为溥仪选定的由盐仓改建的宫殿还没有装修完成，所以把伪满洲国的"执政府"暂时安置在了长春的"吉长道尹衙公署"，关东军命人对这座衙署进行了简单的装修。

（白山市长白山满族文化博物馆供图）

四品：青金石及蓝色涅玻璃顶戴（暗蓝），八蟒五爪蟒袍，文官补服云雁。武官补服虎。准乘四人抬蓝呢轿。

五品：水晶及白色明玻璃顶戴（透明），八蟒五爪蟒袍，文官补服白鹇。武官补服熊。准乘四人抬蓝呢轿。

六品：砗磲及白色涅玻璃顶戴（白），八蟒五爪蟒袍，文官补服鹭鸶。武官补服彪。准乘四人抬蓝呢轿。

七品：素金顶戴（金），五蟒四爪蟒袍，文官补服鸂鶒。武官补服犀牛。

八品：起花金顶戴（金），五蟒四爪蟒袍，文官补服练雀。武官补服犀牛。

九品：镂花金顶戴（金），五蟒四爪蟒袍，文官补服鹌鹑。武官补服海马。

未入流：镂花金顶戴（白），五蟒四爪蟒袍，黄鹂补服。

（监察御史、按察使等监察、司法官员的顶戴、蟒袍均按正常品级，但补服的图形却一律绣獬豸，以示司法公正。）

1932 年 2 月 5 日，日本关东军司令部。由沈阳迁至长春。同年 3 月 8 日下午 3 时，溥仪在日本关东军的挟持下到达长春，在各方人士的簇拥下，溥仪从长春火车站直接乘汽车来到这里。

3 月 9 日下午 3 时，道台衙门内外警戒森严，在衙署的一间大厅里，日本伪满官员挤在大厅里。在乐曲声中，溥仪在礼官的引导下，在文武侍从的护卫下，步入大厅，全体人员向溥仪三鞠躬，溥仪答一鞠躬还礼，溥仪就任伪满洲国"执政"的典礼开始。张景惠、熙洽分别进呈国玺和"执政"印，郑孝胥代读《执政宣言》，日本代表内田康哉致祝词，罗振玉代表溥仪致答词。然后，以溥仪为首的伪满官员来到院内举行伪满国旗升旗仪式，溥仪与全体人员合影，溥仪就任"执政"仪式仓促结束。吉长道尹衙公署充作了满洲国的临时"执政府"，也成为溥仪的暂住宫殿。所以，刚刚拼凑起来的伪满洲国国务院、伪满洲国参议府、伪满洲国外交部等机构也都暂时设置在了这个院落里面。由于房间较少，伪国务院与执政府秘书长办公室甚至仅有一墙之隔。但是，溥仪只在这里住了 26 天。4 月 3 日，关东军将伪满洲国"执政府"搬到了新修缮的原吉黑榷运局。

道台衙署建成后，历经了清末民国时期，机构先后改为：吉林西南路分巡兵备道、吉长道尹公署、长春市政筹备处等。1985 年 12 月，旧址被定为长春市级文物保护单位。1999 年 2 月，旧址升级为吉林省级文物保护单位。2013 年，该建筑群被确定为全国重点文物保护单位。吉长道尹公署旧址，经历过两次大的修缮，第一次是 2002 年，长春市市政府

出资修缮，当年年末重新对外开放，成为长春市城市建设展览馆；另一次长春润德投资集团作为建设主体实施修缮，2018 年修缮工程和内部布展工程完工，同年 12 月，方志馆开馆试运行。

如今，已过期颐之年的吉长道尹公署旧址，已经成为长春这座城市重要的历史文化遗存。作为曾经管理长春地区的最高行政机构所在地，它记录了清末民初地方政府官员们与日俄列强抗争的历史过程。作为长春近代历史的代表性建筑之一，其建筑风格与工艺凸显了 20 世纪初中西方文化的融合碰撞。风雨百年，重获新生，它展示着长春这座城市历经两个多世纪的发展轨迹，并于闹市之中，静静地感受着这座城市于新时代稳步前行的活力。

承载长春记忆

311

东北近代工业始祖

吉林机器局

　　吉林省吉林市位于长白山脉至松嫩平原的过渡地带，呈"远迎长白，近绕松花"之势。因明、清两代均在此地设厂造船，历史上吉林也有着"船厂"的别称。16世纪末，沙皇俄国疯狂向西伯利亚地区扩张，并于1643年起，袭扰黑龙江、松花江流域。为应对沙俄入侵，清政府于此地设水师营，后依船营建城，吉林城成为清政府抗击沙俄侵略的军事重镇。

远东兵工厂

　　当年以吉林城为后方军事基地，清军在两次雅克萨之战中重挫沙俄军队。1689年，中俄签订《尼布楚条约》，东北边境也迎来了长达一个半世纪的和平。1840年，第一次鸦片战争爆发，闭关锁国多年后的清政府

吉林机器局是东北地区第一家近代工业，也是清末洋务运动中东北地区唯一的兵工厂。（姜山供图）

已不复往日勇武，1842年《南京条约》的签订成为了中国沦为半殖民地半封建社会的开端。1849年，沙俄进犯黑龙江。吉林城，这一中国东北地区的军事重镇，再次回到了历史的舞台。

吉林市昌邑区松江东路11号有一座建筑，这座建筑在历史上曾赫赫有名，它是我国东北地区第一家近代工业，也是清末洋务运动中东北地区唯一的兵工厂"吉林机器局"。因位于吉林城东，这里也被人习惯地称为"东局子"。它始于19世纪60年代的洋务运动，在吉林大地上有着"师夷长技以自强"的历史。

第一次鸦片战争后，西方资本主义列强相继侵入中国，与此同时，他们并没有打算给清政府喘息的机会。1849年至1853年，沙俄海军侵入黑龙江下游，建立侵略据点。随后，大批沙俄侵略军闯入黑龙江，对中上游北岸和下游两岸实行军事占领。1856年，第二次鸦片战争爆发，战争中沙俄出兵后以"调停有功"自居，并胁迫清政府割让大片领土，从而成为最大的赢家。

在第二次鸦片战争中，清王朝的精锐王牌，僧格林沁所率的八旗军惨败八里桥，咸丰帝逃出北京，避难承德。清王朝不得不接受长弓马刀已无力对抗坚船利炮的事实。

《北京条约》签订后，清政府用领土主权以及一系列经贸特权暂时填充了列强的欲望。但是在清朝统治集团中，一些当权者，像曾国藩、李鸿章、左宗棠等，并没有因为这种"和局"的出现而减少他们对统治覆灭的危机感。为了维护统治，一场"师夷长技以制夷"的洋务运动随即展开。

历史上，吉林机器局几经战火摧毁：
光绪二十六年（1900年）九月沙俄入侵吉林后，将机器局捣毁，设备运走。
光绪三十一年（1905年）改为"吉林造币局"。
1909年又建"吉林军械专局"，1928年予以重修。
伪满时期在此成立了吉林第一国民高等学校与伪省地方警察学校，用以训练敌伪的爪牙。
（姜山供图）

东北近代工业始祖

313

洋务运动开始的标志是 1861 年曾国藩在安庆建立的安庆内军械所，清末全国一共建了 35 个军工厂局，其中吉林机器局在建立时间上排在第十五，但是按照存续来说，它是当时第十个机器局，按总规模投入来看则排在第八位。

内忧外患

1871 年，沙俄借阿古柏侵略中国新疆而出现的边疆危机，悍然出兵侵占伊犁地区。彼时，推行洋务运动已十年的清政府派左宗棠督办新疆军务。历时七年西征，至 1878 年，左宗棠已收复除伊犁外新疆全境。同年，清政府命吏部左侍郎崇厚为钦差大臣赴俄谈判收回伊犁问题。在圣彼得堡，崇厚代表清政府与沙俄签订了《里瓦几亚条约》。回顾晚清的外交史，几乎形成了一种定式，即在列强的威逼之下，清政府不论战事胜败，最终都会以签订某一丧权辱国的不平等条约为结束。然而，对于这《里瓦几亚条约》，清政府却拒签了。

《里瓦几亚条约》一共有三个方面的内容：一是通商、二个是设馆、三是割地赔款，割地要把伊犁北边、南边和西边全部割出去，这样伊犁就成为孤城了；赔款 500 万的卢布，相当于中国的 280 万两银子。

崇厚带着这份条约返回北京后，举国哗然。就连一向主和的恭亲王奕䜣也认为如此条约万不可接受。时任文渊阁校理的张之洞在《熟权俄约利害折》中这样写道："若尽如新约，所得者伊犁二字之空名，所失者新疆又万里之实际"，而针对沙俄提出松花江航行权的要求，张之洞则这样写道："伯都乃吉林精华，若许其乘船至此，即与东三省任其游行无异；且内河行舟，乃各国历年所求而不得者，一许俄人，效尤踵至。"

就这样，崇厚被革职论罪，1880 年，清政府派曾国藩之子曾纪泽出使俄国，重议条约。与此同时，左宗棠兵分三路向伊犁方向挺进，这位年近七旬的老帅更是带着棺材由肃州出发入疆，以表示收复伊犁血战到底的

决心。与之相对，沙俄也开始增兵伊犁，并在东北地区布置军事力量牵制清军。

为了应对沙俄对东北地区的侵略威胁，光绪六年（1880年），清政府做出相应部署，授河南河北道道台吴大澂正三品衔，赴吉林随同吉林将军铭安帮办东北防务。河南河北道是当时清政府地方行政机构中河南省下设的分巡道之一，驻河南武陟，兼河务、水利职能，主官道台，为正四品官职。而在当时，吴大澂调任河南也仅一年的时间，两年时间擢升两级，吴大澂究竟有何过人之处呢？

吴大澂是同治年间进士出身。1870年，到湖北投靠李鸿章，在李鸿章的幕府当中工作时期，李鸿章的洋务思想深刻地影响着吴大澂。而且他的能力也得到了李鸿章的赏识。

吉林机器局建成后，正式生产抬枪、骑铳、雷管、鸟铳、子弹、开花弹、水雷、机枪、来复枪、汽艇等。1894年还制造出一艘名为"康济号"的小火轮。这些军火供给吉林、黑龙江两省的边防军后，在保卫边疆、防御沙俄战略中大显神威。吉林机器局是当时东北第一座近代兵工厂，同时也是洋务运动中东北唯一的兵工厂。（姜山供图）

东北近代工业始祖

315

1880年6月，吴大澂赴任吉林，当时中俄双方关于修改《里瓦几亚条约》的谈判正胶着进行中，而沙俄对东北地区的侵略越发明显。俄兵船十五只泊日本长崎附近，预备战事，扬言将封辽海，并拟由烟台至大连湾、日本海、黑龙江三路进兵。清政府于8月31日命李鸿章、曾国荃、岐元、铭安、吴大澂等密筹严防。另一边，经过长达十个月的交涉之后，曾纪泽代表清政府于1881年2月24日与沙俄签订《中俄伊犁条约》。条约主要内容包括：中国收回伊犁，部分取消原约的割地规定；只许俄国在嘉峪关、吐鲁番设领事馆；俄商在蒙古等地贸易改免税为"暂不纳税"。《中俄伊犁条约》签订后，左宗棠对和议结果表示满意，说道：

"中俄和议，伊犁全还，界务无损。领事只设嘉峪关、吐鲁番两处，此外均作罢论，则商务亦尚相安。吉林俄船撤还，松花江不许俄船来往。"

与此同时，中俄东北边境的紧张气氛也有所缓和，但强敌在侧，清政府也意识到，东北边疆防务不能因议和而懈怠。5月，发上谕至吉林：

"现在俄事虽已议定，惟念中国边境与俄毗连，必宜慎固封守，以为思患预防之计。吉林之三姓、宁古塔、珲春防务，即著责成吴大澂督办，并将各处屯垦事宜，妥为筹办。"

藏器待时

吴大澂刚到吉林不久，就接到清廷上谕，他从帮办晋升成督办。清廷对吴大澂一年来进行建立边防军、屯垦实边两项业绩给予了充分的肯定，但认为还有继续发展的空间，所以要给他更大的权限。吴大澂从防饷中提出部分资金，专门用于购置新式武器。这其中，包括格林炮、克虏伯炮共24门，哈奇开斯机枪1000挺，来福枪、毛瑟枪共7000支。9000名吉林边防军几乎都装备了西式枪炮。

吉林市解放后，吉林机器局最初为军工部第七办事处吉林三厂，后改为国营江北机械厂第五车间，1995 年成了军工塑料分厂，2001 年被批准为市级文物保护单位。2007 年 5 月，吉林机器局被定为吉林省重点文物保护单位。（姜山供图）

早在购置西式武器之时，吴大澂就提出了"文字尚古，器用尚新"的观点，与李鸿章渊源颇深的他也是洋务派之中提倡改革的人物。在增强防务的同时，吴大澂对东北地区的矿藏储备也进行了细致了解。他认为，在盛产铁矿、铅矿、煤炭资源丰富的东北地区建立一座军工厂再合适不过。1881 年 6 月 18 日，吴大澂会同吉林将军铭安上奏清廷，请求在吉林城修建吉林机器局。

1881 年 6 月 26 日，仅八天之后，吴大澂与铭安的奏折就得到了光绪帝的批准。同年 10 月，吴大澂补授太仆寺卿之职。接到上谕后，吴大澂立即着手筹建，亲自勘定了位于吉林城东部松花江北岸的厂址。

在上奏机器局创办的奏折同时，同时申请的还有一个表正书院，因为机器局偏远，外地人才输进困难，必须本地培养，由地方的教授衙门推荐30 个满汉学童前来学习。

东北近代工业始祖

317

　　1882年3月，吉林机器局破土动工。历时一年半，于1883年9月竣工，吴大澂亲自主持验收。10月，这座东北历史上第一座近代军工企业正式投产。同年12月，吴大澂补授通政使司通政使之职。

　　吉林机械局建成后，来自全国各地的技术工匠汇聚于此，并引进了大量西方先进设备。这对于相对封闭落后的吉林城来说，是一件石破惊天的大事。

　　吉林机器局创建之初，设备都是都是从英国、美国、德国进口的先进设备，这些设备都是从天津或者营口上岸后，再拉到吉林的。建成不久，员工规模就已经超过四百人。到1898年的时候，吉林机器局从管理人员到一线的操作的师傅、徒弟，已经达到828人，吉林机器局成为东北最大的军火工厂。

　　洋务运动时，在李鸿章等人的主持下，江南机器制造总局、金陵制造局、福州船政局、天津机器局等一批大型近代化军事工业相继问世。自1861年开始，短短几年中，中国就已经具备了铸铁、炼钢以及机器生产各种军工产品的能力。与此同时，大批新式学堂陆续出现。而吉林机器局里的"表正书院"作为为机器局培养人才的新式学堂，为这些近代工业的发展培养了一大批新式技术人才。

　　从1883年开始，人员整齐、设备先进的吉林机器局先后生产出抬枪、骑铳、来福枪、毛瑟枪、葛尔萨格林炮等枪支火炮。1886年，松花江南岸建成了两座火药厂，专用于储存火药。

　　英国驻营口领事詹姆士曾在1886年来到吉林机器局参观，詹姆士在其所著的《长白山下》一书中曾这样写道：

　　"在吉林最值得注意的是吉林机器局，一座座大厂房装满了英国和德国机器，看着好像到了伍尔维奇和埃尔斯威克，整个工厂全部由中国人装配管理，没有任何外国人协助，这会使得那些自认为只有西洋各国才具有

吉林机器局铸币厂旧照（皮福生供图）

技术和管理才能的欧洲人感到惊奇！"

　　詹姆士将吉林机器局和当时英德两国最著名的两座兵工厂放在一起比较，足可见吉林机器局当时的规模和生产水准。

　　除生产枪支弹药等军需品外，吉林机器局还因铸造银元而被载入中国货币史。两次鸦片战争之后，外国银元由于制作精巧，重量、成色标准统一，且以枚计值便于交易与计算，故此在中国广为流通。其间，一些外国商人更是套购中国的白银从中渔利，七钱银币换纹银一两，中国白银大量外流，损失极大。为应对这场"白银危机"，清廷决定顺应时势，自铸银元。在这样的背景下，吉林厂平银币诞生了。1882年，吉林机器局便开始试铸银币，到了1884年，由吉林机器制造官局进行监督铸造，当时生产出来的银元叫吉林厂平银元，这样的厂平银元有一两的、一钱的、半两的不等。

作为中国自行设计、自行雕模制造的第一种官方机制银币，吉林厂平银币的问世改变了中国货币制造沿用了几千年的浇铸工艺，开创了中国机器造币先河，被誉为中国近代机制银币之祖，在中国货币史上具有划时代意义。时至今日，其因图案精美，铸工考究，存世罕见，被收藏界列为"中国银币二十珍"之一。

1884年，中法两国在越南开战，吴大澂回京会办北洋事宜。1886年底，因在中俄东北交界勘界有功，吴大澂被擢升为广东巡抚。1892年，转任湖南巡抚。1894年，中日甲午战争爆发，年逾花甲的吴大澂奏请出关抗敌，光绪帝诏准。为应对战争需要，吉林机器局更是满负荷投入生产，供给赴奉参战的吉、黑两省军队。

然而，历时近一年的中日甲午战争终以清朝的失败而告终，集洋务运动之大成的北洋水师兵败威海卫。曾被李鸿章寄予厚望的大清海军完全丧失了实力，历时34年的洋务运动戛然而止，战争中吴大澂也因兵败被革职。

命途多舛

甲午战争后，没落的清王朝已无力反抗列强对中国的瓜分。1900年，八国联军攻陷北京城，而东北方面，十万沙俄大军入境。9月23日,吉林省城被沙俄的军队占领了，作为东北地区最重要军工厂,吉林机器局难逃被洗劫的厄运。24日俄军进入机器局,将机器局现存的银元洗劫一空。俄军把吉林机器厂铸造的军械、枪械、弹药全部扔到机器局前面的松花江里。25日,俄军攻击到副都统衙门和吉林机器局弹药库时,看守弹药库的清军,毅然引爆了弹药库,与之同归于尽。这场激烈的战斗,极大地向沙俄侵略者展现了中华民族捍卫家国的民族血性和战斗意志,也给沙俄侵略者以迎头痛击,让他们损失惨重。但中国东北最大的机械厂,吉林机器局也遭到了毁灭性破坏。

吉林机器局旧址（姜山供图）

由吴大澂一手创办，宋春鳌等悉心经营了 20 年的吉林机器局毁于一旦。1902 年 3 月，吴大澂卒于家中，时年 68 岁，这位东北近代工业之父与他所创办的吉林机器局相继退出历史舞台。

光绪三十一年（1905 年），吉林机器局旧址改建为吉林造币局，这座曾经被英国人詹姆士誉为"远东伍尔维奇"的兵工厂再也没能重现往日

的辉煌。这座大院历经百年沧桑，先后被用作奉军的军火仓库、日伪警察的修械所。吉林解放后，这里初为军工部第七办事处吉林三厂，后改为国营江北机械厂。

2001 年，吉林机器局旧址被定为吉林市重点文物保护单位，大院腾空闲置。2007 年 5 月，吉林机器局被定为吉林省重点文物保护单位。2011 年，这里被划拨给吉林市文联运营，并改建为吉林市艺术中心。

100 多年过去了，这座大院内绿草成茵，阳光透过树叶的缝隙照进来，令整个院子格外幽静。每逢春季丁香花开，这里更是景色怡人，甚至让人淡忘了这里曾是东北近代第一座兵工厂。院内的几棵古树骨子里透着一份刚毅，似乎在倔强地向来访的人们述说着它曾经的辉煌。

吉林机器局旧址
（姜山供图）

东北近代工业始祖